| 산방(山房)에서 지혜의 길을 묻다 |

산방일기

박래훈 수필집

Edia

책머리에

산방일기

내 고향 나지막한 산기슭 아래 놓인 옛터에 둥지를 틀었다. 은퇴하고 시골 삶을 시작한 지 벌써 10년이 되어 올해로 내 나이가 75세가 되었다. 나는 이 자리에 앉아 글을 쓰면서 처음으로 나라는 존재를 살펴보았다. 내 심장(心臟)은 75년이란 긴 시간 동안 단 몇 초도 중단하지 않고 계속 맥박을 유지해 왔으며, 내 허파 또한 단 몇 분도 쉬지 않고 호흡을 지속해 왔다는 점을 발견(?)하고 나도 모르게 놀라고 내 자신의 삶이 경이롭다는 생각을 했다. 내가 살아 있다는 사실이 새삼스럽지만 스스로를 느끼며 감지할 수 있었다. 참으로 하나님께 감사한다. 혹자는 자기만 심장을 가지고 있나? 남이 없는 허파를 가진 것도 아닌데, 뭘 그리 별것도 아닌 것을 대단하다고 호들갑인가 하고 나무라지 않을까? 하는 생각이 들기도 하였지만, 하여튼 나에게는 앞으로 당분간은 이 놀라운 감동이 계속 지속되리라고 본다.

앞으로 늙어지고 또 늙어질 이 한 몸을 어떻게 세워갈까? 그러면서 누구에게 의탁하면 좋을까? 하는 생각은 이제까지 해본 적이 없었다. 또한 이 몸이 무엇보다 소중하게 여겨지면서도 내 것이라고 생각해 본 적도 없었다. 그러나 내 몸이 이렇게 있기까지 내가 사는 이유를 가질 수 있도록 나를 낳아주시고 길러주셨던 부모님, 내가 설 수 있도록 내 몸을 지탱케 해준 교회, 이웃들, 자식들 등이 모두 내 몸의 생명붙이들이기 때문에 내가 살아야 하는 것이 아닐까? 모두가 내게 사랑의 빚을 가득 안겨준 자들이요 나를 기도하게 만든 사람들이다. '그들 덕분에 내가 지금까지 서있다.'고 생각할 때, 하나님께 감사한 마음이 가득하다. 그러므로 내 몸은 내가 주인이 아니라 그들이 주인이라고 말하지 아니할 수 없다. 그렇다면 이들의 도움으로 이렇게 긴 삶을 이어온 나 자신은 나를 사랑하는 이들에게 무엇으로 보답할 수 있겠는가?

나는 결국 내 삶 자체를 송두리째 그들에게 내어줄 수밖에 없다. 이제부터라도 비로소 내 삶을 뜻있게 살아드리는 것 이상, 내가 그들에게 줄 수 있는 것이 또 무엇이 있겠는가? 그런데 내가 간직하고 있는 내 삶의 한 부분, 곧 남아 있는 내 내면적인 삶도 내 육신과 함께 생명을 내어주고 언젠가는 종말을 고할 것이다. 그 안에 어떤 것이 담겨져 있더라도 그 이후에는 무의미할 것이다. 그래서 그것에 조금이라도 의미 있는 것으로 담겨 있다면, 내가 살아 움직일 때 그것을 쏟아놓지 않으면 안 된다.

마치 누에가 뽕잎을 먹고 실을 뽑듯이 내 내면에 토해낼 실이 얼마나 될 런지, 그 실이 얼마나 소중하게 쓰일지는 내가 관여할 문제가 아니다. 나는 우선 넉 잠을 잔 누에처럼 실을 토해 놓고 볼 일이다. 그래서 내가 가진 모든 것을 내 진정한 주인들에게 전해주고 가야 한다.

내가 건강검진을 받는 것처럼 우선 내 지나온 자취를 점검해 보기로 했다. 내 삶에 부족한 점이 무엇인가를 생각해본다. 다행히 쉽게 발견되었다. 그것은 내가 알고 있는 것인데, 곧 나의 '앎'의 부족이었다. 앎의 부족이란 지식적인 부족보다 성찰(省察)의 부족 곧, 깨달음의 부족이었다. 할 수만 있다면 깨달음의 부족을 위해 아무 방해도 받지 아니하고 하루 24시간을 오롯이 몰두할 수 있다면 얼마나 좋을까? 하는 간절함이 내게 있었다. 그러나 그렇게도 염원했지만 그간의 사정이 내게 좀처럼 허용해주지 않았다.

나는 2015년 초여름, 오세용 담임사관의 안내를 받아 통영 앞바다에 있는 섬, 소 매물도로 여행을 갔었다. 통영 여객선 터미널에서 배를 타고 1시간 30분 걸려 매물도에 도착해서 산을 넘어 등대가 있는 작은 섬, 소매물도에 도착했다. 이 섬은 간조(干潮)로 하루에 두 번씩 썰물로 물이 빠져나감으로 바다가 둘로 갈라지면서 섬 사이에 길이 나고 하나였던 섬이 두 개가 되는 신비한 섬이 된다. 그 중 작은 섬을 소매물도라고 부른다. 이 섬은 남쪽으로 기암괴석을 안고 있어 파도가 부딪칠 때 하얗게 부서지면서 물보라 치는 아름다운 모습이 우리들의 시선을 오래 동안 붙들어준다. 산 정상에는 등대가 있어 밤바다를 비추는 아름다운 풍광을 연출해 주고 있다.

소매물도에는 등대지기 한 사람이 살고 있는데 매월 15일씩 교대 근무를 한다. 우리는 등대장과 밤하늘 수많은 별을 보면서 별지기가 되어 많은 이야기를 나누었다. 나는 이런 생각을 했다. 나 홀로 아무것도 방해받지 않고 책을 읽고 명상하고 쓰고, 기도하는 것이 나의 염원인바 이곳에서 몰두할 수 있으면 얼마나 좋으랴….

나중에 나는 우연히 어떤 책을 읽으면서 아인슈타인도 역시 나와 비슷한 꿈을 꾸고 있었음을 알게 되었다. 그는 이러한 꿈을 현실 속에 실현할 구체적 방안까지 마련했다. '등대지기가 되자.' 등대지기야말로 혼자 지낼

방 하나와 하루 세끼 식사가 보장되면서도 거의 모든 시간을 학문적 사색을 위해 바칠 수 있는 이상적인 자리가 아니겠는가? 아인슈타인은 깊이 생각하고 그 결심을 실행하려고 했다. 대학 졸업 후 그는 주위의 만류에도 불구하고 등대지기 자리를 알아보는데 적극적이었다. 아인슈타인은 등대지기가 되기 위해 특허국 3급기사 자격을 얻기까지 하면서 많은 공을 들였다. 그러나 그의 소원대로 등대지기는 될 수가 없었다. 그래도 비교적 자유롭게 학문을 연구할 수 있는 대학교 학술연구소에서 그의 생애의 대부분을 보냈다.

다산 정약용 선생은 강진에서 18년 동안 유배생활을 하는 중에 초당을 세웠다. 현판을 '보은산방'이라 써서 걸어 놓고, 하고 싶은 학문을 연구하고 수많은 책을 집필하면서 후학들을 양성하였다. 세상 권력은 그를 귀양살이로 몰아붙이고 생사를 가늠할 수 없는 큰 시련을 안겨 주었으나 다산은 그의 불행을 선으로 바꾸어 전화위복(轉禍爲福)하는 빛나는 삶을 살아낸 것이었다.

나는 뒤뜰에 작은 별채를 지어 놓고 현판을 '보은산방'이라 걸어놓고 옛 현인(賢人)들의 흉내를 내고 있다. 내가 하고 싶은 일을 주변의 어떤 방해도 받지 아니하고 기도하고 생각하고 쓰는 것에 몰두하고 싶어서였다. 이런 생각으로 작은 누옥(漏屋)에 몸을 기대지만, 내 인생이 마치 '넉 잠을 자고 난 누에와 같다'는 생각이 든다. 하지만 나는 '번데기'가 되기 전 좋은 실을 토해 놓고 싶다.

지금 우리가 살고 있는 시대를 흔히 정보화 시대라고 한다. 수많은 정보 속에서 자기 철학을 지니고 살기 위해서는 무엇이 필요할까? 생각하는 힘과 세상을 바라보는 건강한 지혜가 필요하다. 내 삶에 스며들듯 찾아오는 뜻하지 않은 많은 문제들은 불안으로 엄습하고 나를 힘들게 하고 내 힘을 다 소진시키려는 듯이 달려든다. 내 인생에 닥친 문제들을 피하고 싶은 생각이 들기도 한다. 소극적으로 대처하다가는 나는 점점 작아지고 도전할 의지를 잃어버리고 말 것 같다. 결국 내 인생의 문제라면 이제는 보다 더 나를 깊이 있게 연구하고 또 이해하고 구체적으로 생각하며 논리적으로 판단하는 창조적인 능력으로 적극 대응할 수 있어야 되는 것이 아닌가 싶다.

외형적으로 풍부해 보이는 물질생활과는 달리 현대인의 내적인 정신세계는 허약하고 병들어가고 있는 것을 볼 때 안타까운 일이 아닐 수 없다. 물질 중심의 이기주의는 인간성을 추락시킨다. 내가 지니고 있던 양심에 맑은 것을 찾아볼 수 없고, 구정물 속에서 허우적거린다. 별다른 생각 없이 휩싸여 떠밀려 가는 듯하다. 그 속에 나를 발견할 수 없는 소외현상, 현대인들은 더더욱 고독한 존재로 몰아가고 있다. 인간 본연의 기능이 상실되고 있음은 참으로 가슴 아픈 일이다.

무너진 도덕과 가치관 속에 방황하는 현대인, 맹목적인 삶, 눈 뜬 장님의 삶, 이런 깊은 늪에서 허우적대며 살고 있는 것이 현대인의 삶이 되었다. 여유가 없는 각박함 속에서 더 이상 까칠한 삶이 되어서는 안 되겠다. 인간성의 회복! 이것이 가장 시급한 문제이다. 서로에 대한 따뜻한 애정으로 다가가는 관심을 가지고, 상대의 내면을 바라보면서 가장 소중한 것이 무엇인가를 새롭게 발견하고 메마르고 적막한 이 시대를 시원하게 적셔줄 한줄기 샘물 같은 마음의 양식을 나눌 수 있어야 할 것이다.

세상을 바라보는 안목과 처세의 가르침을 보여주는 책을 쓰고자 했다. 보통사람이면 누구나 지니고 살아야 할 보편적인 지식을 얻게 하고, 상식적인 사람이 되기를 원하는 마음으로 이 글을 쓴다. 하루하루 최선을 다하고, 고민하고 성찰하고 도전하려는 사람들의 머리맡에 오랫동안 이 책이 놓여 있기를 바란다.

인류가 수천 년에 걸쳐 만물의 영장으로서 눈부신 발전을 거듭해 온 배경엔 지혜로운 현인들의 지혜와 통찰 같은 '이끎'이 있었기 때문이다. 어떻게 살아야 할 것인지, 어떻게 사는 것이 인생의 참된 진리를 따르는 것인지, 우리는 끊임없이 배워야 하다. 그 배움을 생의 마지막까지 밝은 등불로 삼아 걸어갈 수 있을 때, 우리의 삶은 지혜와 통찰이 꽃피는 정원에 이르게 될 것이다.

이 책을 읽으면 일반적인 지식과 함께 이해력, 판단력을 갖춘 사람으로 사려분별(思慮分別)하는 힘을 얻게 될 것이다. 삶의 지혜를 들려주어 인생의 소중함과 가정과 사회의 가치를 새롭게 깨닫게 될 것을 기대한다. "진리는 길바닥에 떨어진 돌멩이처럼 어디에나 흔하게 있다. 그런데 그 돌멩이를 줍기 위해서는 허리를 굽혀야 한다. 문제는 사람들이 진리를 줍기 위해서는 허리를 구부리는 일조차 하지 않는다는 것이다." 그만큼 진리를 아는 사람은 많아도 그것을 실천하기는 어렵다는 말이다. 누가 진리를 말하면 다 아는 얘기 같다. 그중에서 몇 가지나 실천하고 있는지를 셈해 본다면, 실천하고 사는 것이 얼마나 어려운 것인지 새삼 느낄 수 있다.

육체의 생명을 연장시켜 나가는 것은 누구나 할 수 있다. 그러나 정신적인 영원성을 찾는다는 사실은 축복받은 사람에게만 이루어지는 것이다. 우리들의 인생이란 과거의 가장 고귀한 것을 찾아 나의 것으로 삼고 그것을 터전으로 더욱 높고 빛나는 미래를 창조해 나가는 데 가치가 있음을 깨달아야 한다.

고대 중국의 아이들을 위한 계몽서인 《중광 현문》에는 '좋은 약은 입에 쓰지만 병을 고치고, 좋은 말은 귀에 거슬리지만 행하면 이롭다.'라는 구절이 나온다. 워낙 유명하고 쉬운 말이지만 본래 자신이 원하는 말만 듣는 것이 사람의 본성이라 지키는 사람이 많지 않다. 실제로 듣기 좋은 말이 사람을 해치는 경우는 비일 비재하다. 우리는 가치 있는 삶, 인간다운 삶을 위하여 진정한 눈을 뜨려고 노력해야 한다. 이제까지의 삶이 인간의 다양한 물질적 욕구를 충족시키려고 있는 힘을 다 쏟았다면 이제는 인간의 존엄성을 되찾고 휴머니즘(Humanism)적 인간다운 삶을 살기 위해 인성교육에 힘써야 할 것이다.

톨스토이는 "내가 글을 쓰는 목적은 단순히 위대한 위인들의 글을 옮기는 데 있지 않다. 오히려 일반 대중들이 매일매일 쉽게 읽고 접하여 그들의 위대한 지적 유산들을 활용하자는데 있다."고 말했다. 톨스토이는 "한 권의 책을 만들기 위해서는 만권의 책을 읽어야 한다."고 했다.

2021년 4월에

박 래 훈

목차

책 머리에 _ • 003

01 세상에서 가장 아름다운 이야기

세상에서 가장 아름다운 이야기 • 017
그릇이 큰 사람이 되라 • 024
부드러운 카리스마 • 029
즐거운 나의 집 • 032
왜 세계의 절반은 굶주리는가? • 037
모든 생물 중에서 인간만이 웃는다 • 040
사람이 임종하는 순간 • 044

02 신이 감추어둔 사랑

신이 감추어둔 사랑 • 049
은행 털러 가자 • 052
세종대왕 • 055
게으른 자여 개미를 보고 지혜를 배우라 • 059
삼중 장애를 이긴 헬렌켈러 • 063
베풀면서 사는 삶 • 066
자신의 일을 지극히 사랑하라 • 070
사막에서 별을 찾은 여인 • 075

03 깨닫는 자의 행복

깨닫는 자의 행복 • 081
운명(運命) • 084
여행은 정신을 젊어지게 하는 샘이다 • 088
칭찬하라, 행복이 배가 될 것이다 • 092
천재는 1%의 영감과 99%의 땀으로 • 096

웃으면 인생이 행복해진다•099
마음이 밝으면 얼굴에 빛이 난다•103
건강한 사람•107

04 결혼은 30%의 사랑과 70%의 용서다
결혼은 30%의 사랑과 70%의 용서다•113
현명한 경쟁의 기술•116
경청이 사람을 얻는다•120
계획을 세우고 도전하라•126
우리는 고독(孤獨)한 존재인가? •130
사랑이 없으면 공포만 있을 뿐•135

05 자족하는 마음을 가지라
자족하는 마음을 가지라•145
당태종의 정관정요•151
나는 누구에게 어떤 친구인가?•159
진실한 우정은 인생을 아름답게 한다•167
물질적 결핍보다 정신적 빈곤을 경계하라•171
현대인의 가장 심각한 병, 우울증•175

06 진정한 지혜란?
진정한 지혜란?•181
저녁이 되고 아침이 되니•183
칭찬과 아첨의 기술•186
하루에 30분씩, 일주일에 네 번 운동하기•190
실패가 주는 교훈•192
멋지게 나이 들기•195
어린 왕자•197

07 믿고 싶은 리더의 자격

믿고 싶은 리더의 자격 • 203
내 마음을 100% 보여주는 방법 • 206
행복은 어디서 오는가? • 209
인생은 행복으로만 살 수 없다, 불안도 동반한다 • 212
기상청 슈퍼컴퓨터 • 217
아직도 기회는 충분하다 • 219
작은 기쁨이라도 함께 나눠라 • 223

08 매력 있는 개성이란?

매력 있는 개성이란? • 229
위대한 침묵 • 233
항상 책을 손에 들고 읽는 사람이 되라 • 237
베트남을 여행하면서 • 243
떠나지 않으면 나의 길은 없다 • 260
서로 도움을 주고 도움을 받으라 • 264
악성 베토벤(Beethoven) • 270
시간을 낭비하지 마라 • 272

09 지혜로운 거짓말이 어리석은 진실보다 낫다

지혜로운 거짓말이 어리석은 진실보다 낫다 • 279
링컨의 원칙, 남을 함부로 비판하지 않는다 • 284
오늘을 사랑하고 내일을 창조하라 • 289
끊임없이 뛰는 사람이 고요함을 얻는다 • 294
불행한 가족은 그들만의 독특한 방식이 있다 • 297
이성은 인간을 창조하고, 감정은 인간을 이끌어간다 • 300
절대로 쉬운 성공은 없다 • 303

10 실패는 우리를 단련시키는 엄격한 시험이다

실패는 우리를 단련시키는 엄격한 시험이다 • 311
최선을 다하라, 최선의 이익이 돌아온다 • 316
사물의 이름을 정확하게 말하고 쓰는 것 • 320
인생의 지름길, 대부분은 위험하다 • 323
언제 어디서나 진심은 통한다 • 326
말하는 것의 두 배는 듣도록 하라 • 334
감사한 마음은 겸허한 마음에서 나온다 • 338
유대인은 머리 속에 문화를 지니고 다녔다 • 340

11 세상에 기여하며 살아라

세상에 기여하며 살아라 • 347
사람을 얻는 능력 • 349
아직도 화(火)를 내고 있는가 • 352
거꾸로 가는 것이 도(道)이다 • 355
디테일에 강하라 • 362
제티슨(Jettison) 인생 • 367
행복지수를 높이는 방안 • 370

01

세상에서 가장 아름다운 이야기

세상에서 가장 아름다운 이야기

그릇이 큰 사람이 되라

부드러운 카리스마

즐거운 나의 집

왜 세계의 절반은 굶주리는가?

모든 생물 중에서 인간만이 웃는다

사람이 임종하는 순간

세상에서 가장 아름다운 이야기

나는 1993년도 영국에 있는 구세군국제사관대학에 유학을 다녀온 적이 있다. 그때 스웨덴에서 온 여사관이 나를 찾아와서 한국에 대해 특별히 알고 싶은 것이 있다고 해서 대화를 나누게 되었는데, 자기는 스웨덴 스톡홀름에 있는 구세군 사회사업부, 입양시설에서 근무하는 사관이라고 소개했다. 스웨덴으로 해외에서 입양되어오는 어린이 입양자 중, 한국에서 입양되어 오는 어린이들이 제일 많다면서 한국에서는 아기들을 해외로 많이 입양시키는데, 그 사정이 무엇인지 그는 알고 싶다고 했다.

"국가 경제가 어려워서인가? 일반적으로 한국의 국민들이 입양을 꺼리는 문화가 있느냐? 입양기관은 몇 곳이나 되느냐? 한국은 남북으로 분단되어 있다는데 전쟁이 일어날 위험이 있느냐? 앞으로도 계속 이렇게 많은 아기들을 해외에 입양시키려 하는지, 국가에서 어떤 대책을 가지고 있는지 알고 있는 대로 들려주면 감사하겠다."

나는 스웨덴 여사관의 말을 듣고 아주 창피(猖披)스러운 마음이 들었다. 그리고 고개를 들 수 없을 정도로 부끄러웠다. 그러면서도 정중하게 대답을 들려주어야겠다는 마음으로, 그리고 친절하게 설명했다.

"한국의 어린이 입양자들을 잘 돌보아주는 것을 진심으로 감사한다. 한국은 1950년 6.25 전쟁이 일어나 100만 명 이상이 죽어 온 나라가 피로 물들고 산업기반은 다 무너지고 불에 타버린 처참한 땅이 되었다. 그 전쟁으로 인해 가장 불쌍하게 된 것 중 하나가 수많은 고아들이었다. 그 많은 고아들은 전쟁 중에 부모를 잃은 자들, 한국 전쟁을 돕기 위해 파송된 미군 등과의 관계에 낳은 혼혈아 등으로 돌볼 수 있는 여력이 없어 불가피하게 여러 우방국가의 도움을 받을 수밖에 없었다.

한국구세군에도 어린이 양육시설이 몇 군데 있었지만 국내 엄청난 수의 고아들을 다 돌볼 수 없어 안타까움은 말로 다 표현할 수 없었지만 최선을 다할 뿐이었다. 그때 노벨문학상을 받았던 소설가 펄벅(Pearl S. Buck·1892~1973) 여사가 한국을 사랑하는 마음으로 1965년에 사회복지법인을 세우고, 1967년 부천 심곡동에 보호자가 없는 혼혈인 고아들과 일반 고아들을 위한 복지시설인 『소사희망원(Sosa Opportunity Center)』을 건립하여 돌보는 사업을 하는 중, 절실하고 시급하게 돌보아 주어야 할 전쟁고아들을 위해 해외입양의 길을 열었다. 이것을 기점으로 어린이 양육시설이 세워졌고 아동복지 사업에 활기를 띠게 되었다.

한국의 사회사업에 관한 일은 구세군에서 선두주자로 이일에 앞장서고 있으나 아직도 부족한 점이 많다. 지금은 전쟁고아는 없지만 아직도 해외로 입양되는 어린이들이 여전히 있다. 다행히 한국의 경제발전이 눈부시게 이루어지고, 지금은 외국 입양보다 국내 입양이 활발하게 이루어지고 있다."

우리나라는 언제부터 '혐오(嫌惡)시설'이란 단어가 생겼는지 모르겠다. 자세히는 모르지만 우리 민족의 한으로 여겼던 가난이 물러가고 경제적인 수준이 높아져 살기가 좋아지면서부터 좋은 환경을 찾아 집을 짓고 아파트를 세우면서 행복한 삶을 누리려고 한다.

그러나 안타까운 것은 더불어 살면서 서로 행복하고 서로 돕고 사는 우리 민족의 전통 사회가 무너지고 나만 잘 살면 된다는 이기주의가 팽배해지는 현실이 되었다. 가까운 곳에 장애인 시설이 들어서려고 하면 집값이 떨어진다고 주민들이 '결사반대' 시위를 한다. 무슨 전염병자들이 있는 곳도 아닌데 저급한 이기주의가 이 나라의 품격을 떨어트리고 있다. 예전 서울 강서구의 주민 토론회에서 장애학생 학부모들이 특수학교 설립을 읍소하며 무릎을 꿇은 사진이 사회적 큰 반향을 불러일으킨 적이 있다. 지역 내 특수학교 설립을 둘러싸고 찬반 격론이 벌어지는 가운데 이를 반대하는 주민들 앞에서 한 학부모가 무릎을 꿇고 읍소했고 뒤이어 수십 명의 장애 학생 부모들이 함께 무릎을 꿇었다. 이들의 호소는 절실했다. "우리를 모독해도 좋지만 우리 아이들만은 편하게 학교에 다닐 수 있게 해 달라."

이들 장애학생 부모들의 절절하고 진심 어린 호소가 잔잔하지만 큰 울림으로 사진과 영상을 많은 이들에게 전해졌다. 부모의 호소에 응답해 일주일 만에 10만 명이 넘는 시민들이 SNS를 통해 특수학교 설립을 찬성하는 서명에 동참했다고 한다.

보건복지부의 장애인 실태조사에 따르면 2014년 기준 우리나라 장애인은 272만 7000명으로 전체 인구의 5.6%를 차지한다. 18명당 한 명 꼴로 적지 않은 숫자다. 우리 주변에서 장애인과 마주 하는 일이 그만큼 흔치 않다면 그것은 장애인 정책을 잘 펼쳐서가 아니라 우리 사회에서 장애인들이 사회 일원으로 정당하게 자리매김하고 있지 않기 때문일 것이다. 미국이나 유럽의 일상을 경험해본 사람이라면 장애인이 사회 곳곳에서 당당하게 섞여 있는 모습을 어렵지 않게 보았을 것이다.

장애는 개인이 책임져야 할 잘못이 아니다. 1975년 유엔 총회에서 채택된 장애인 권리선언에 따르면 장애인은 '선천적이던 후천적이든 신체적이든 정신적 능력의 불완전으로 인해 일상의 개인적 또는 사회적 생활에 필요한 것을 확보하는 데 자신의 힘만으로는 완전하게 할 수 없는 사람'으로 정의된다. 당연히 사회가 개인의 부족함을 보완해 주어야 한다는 메시지가 담겨 있다. 심지어 스웨덴의 경우는 의사소통이 어려운 외국인 이민자도 일정 기간 장애인으로 간주해서 지원한다. 그것이 선진국의 모습이다.

스웨덴 나라 이야기가 나왔으니 스웨덴 국가는 어떤 정책을 펼치고 있으며 국민들은 평소에 장애인을 대하는 모습이 어떻기에 선진문화를 이루었는가? 짐작할 수 있는 감명 깊은 이야기 하나를 소개하고자 한다.

레나 마리아는 태어날 때부터 두 팔이 없고 한쪽 다리마저 짧은 중증장애인이었지만 수영 선수로서, 가수로서 뛰어난 실력을 보였다. 그녀는 발가락으로 그림을 그리는 가하면 수영도 무척 잘해서 스웨덴의 국가 대표로 뽑히기도 하였다. 88올림픽 때에 우리나라를 방문했고, '열린 음악회'에 나와서 노래를 부른 적도 있었다. 미국이나 유럽의 일상을 경험해본 사람이라면 장애인이 사회 곳곳에서 당당하게 섞여있는 모습을 어렵지 않게 보았을 것이다.

장애는 개인이 책임져야 할 잘못이 아니다. 레나 마리아가 불편한 몸으로 태어났을 때 부모님의 심정은 어땠을까 싶었다. 우리가 흔히 볼 수 있는 세상의 가장 불행한 자의 모습으로 "내가 전생에 무슨 죄를 져서 저런 장애아가 태어났는가?" 하고 울면서 불평과 원망을 해대는 일을 흔히 본다. 하지만 그녀의 부모는 정상적인 아이들과 똑같이 키우겠다는 굳은 의지가 있었다. 그 부모의 교육법은 우리에게 많은 감동을 안겨 주었다. 우리는 몸이 장애인이 되고 불편한 삶을 살게 된 것을 불행이라 생각을 한다. 세상에는 마음이 몸보다 불편한 불행한 사람들이 너무 많다.

레나 마리아의 〈발로 쓴 내 인생의 악보〉라는 책을 읽고 나는 마음에 큰 감동을 받았다. 그의 인생이 아름다움이 소리가 되어 마치 내 마음에 부딪치고 그것은 다시 메아리처럼 울려 퍼져나가는 것을 기대하며 짧은 글이지만 소개한다.

레나 마리아는 병원에서 태어나자마자 격리됐다. 그리고 3일 만에 부모와 첫 대면을 하게 됐다. 2킬로그램이 조금 넘을 정도로 말랐고 팔이 없고 한쪽 다리가 짧았지만 방긋 미소 짓는 아이의 모습을 보고 엄마, 아빠는 외쳤다. "아. 귀엽다!" 그의 부모는 레나가 생각했던 것보다 훨씬 귀여웠다고 말했다. 레나는 그 부모가 가진 여유와 긍정의 마인드를 고스란히 받아가지고 태어난 아이였다.

그녀의 부모는 딸을 독립적으로 키우기 위해 이런 말을 자주 했다고 한다. "얘야, 너는 혼자서도 잘할 수 있단다. 팔이 없지만 너는 팔이 있는 사람보다 몇 배는 더 잘할 수 있어!"

그녀의 부모는 딸이 도움을 청하면 하나에서 열까지 다 도와주는 대신 스스로 해결책을 찾을 수 있도록 충분한 시간을 주었다고 한다. 덕분에 레나는 참 잘하는 아이가 되었고, 상황에 맞게 스스로 문제를 해결하려고 하는 일이 많았다고 한다.

이런 부모의 양육 방식은 신기한 '마술' 같았다. 마술을 부려 호박이 마차로 변하듯 레나를 용기 있는 사람으로 만들어 줬다. 그녀는 스웨덴의 국가대표 수영선수가 되어 유럽 선수권에서 금메달 네 개를 따는가 하면,

가스펠 전문 가수가 되어 전 세계를 돌아다니며 천상의 소리로 하나님을 찬양하는 큰 감동과 은혜를 끼쳤다. 그녀는 어렸을 때부터 자신감이 꽉 찬 사람으로 성장했다.

레나 마리아는 태어났을 때부터 밝고 명랑한 아기였다고 한다. 비록 그에게는 두 팔도 없고 한쪽 다리도 짧았지만 나머지 한쪽 다리를 이용해 모든 것을 해결했다. 엄지발가락으로 꽃을 따고 그림을 그리는가 하면 재봉틀을 돌리기도 하고 젖병을 발가락에 끼워서 먹곤 했다. 통화를 할 때는 전화기를 어깨 위에 척 올리고 발로 전화번호부를 들추면서 아랫입술로 번호를 눌렀다. 그녀가 말하기를 "사는 게 조금 불편할 뿐 자신은 밝은 삶을 살지 못할 이유가 없었다."라고 했다. 그녀는 자신에게 용기와 격려를 해주신 부모님 덕분에 항상 행복했다고 말했다.

레나 마리아는

"내 인생은 순탄하게 시작되었다.
시골의 좋은 공기와 즐거운 놀이 때문만은 아니었다.
내게는 참으로 소중한 부모님이 계셨다.
물론 장애가 있는 아이를 키운다는 것은,
부모에게 있어서는 큰 부담이요, 큰 도전이기도 하다.
하지만 부모님은 처음부터 나를 보통 아이들처럼 키우리라고 다짐했다.
'장애인'으로서가 아니라, 딸 레나가가 우연히 장애를 안고 있다고
여기셨다.
두 분은 '이 아이가 무엇을 할 수 있을까'가 아닌,
'있는 그대로 나를 사랑해 주셨다.'
이것이 곧 나의 자신감이 되었고 나를 편하게 해 주었다."

레나 마리아는 뛰어난 아이였다. 그녀의 유전자는 긍정의 신경세포가 잘 연결(synapse) 되어 있을 것 같은 생각이 든다. 그녀가 모든 시련을 딛고 꿈을 펼칠 수 있었던 데는 '좋은 환경'도 한몫했다. 그녀가 태어난 곳은 북 유럽 국가 중 하나인 스웨덴이었다. 그녀는 스웨덴에서 태어난 것을 감사했다. 스웨덴은 전 세계의 롤 모델이 될 정도로 복지 면에서 세계 최고 수준을 자랑하는 곳이다. 또 대부분의 사람들이 장애인에 대한 편견이 없다고 한다.

그녀는 원하는 대로 대학 교육을 받을 수 있었고 자립할 수 있었다. 이것은 부모님이 계신 집의 환경과 비슷하도록 국가가 지원해준 덕분이다. 이런 복지의 문제는 레나 개인의 의지를 넘어선 일이다. 모든 책임을 개인에게 짊어지게 하는 국가와는 차이가 있을 수밖에 없다. 몸이 불편한 사람에게 '너만 잘하면 된다.'는 식의 방법에는 분명 한계가 있을 것이다. 국가와 더불어 모두가 함께 할 때에 수많은 '레나 마리아'를 만들어 낼 것이다.

가끔 내 인생의 악보가 잘 그려지지 않을 때, 운이 없고 돈이 없어서, 시간이 없어서, '나는 안 돼'라는 생각이 든다면 레나 마리아를 떠올려보고 피곤한 몸에 포도당 주사를 맞는 것처럼 새로운 기운이 나고 힘을 얻었으면 한다.

나는 두 가지 생각을 했다. 하나는 내가 장애인을 대하는데, 편견은 없었는가? 반성을 한다. 또 하나는 우리나라도 선진국의 대열에 들어서려고 한다. 스웨덴처럼 장애인 복지가 활발하게 이루어지는 복지국가가 되었으면 좋겠다. 우리나라가 행복한 나라가 되기를 간절히 바란다.

그릇이 큰 사람이 되라

도량(度量)이란 원래 기물의 용량이 되는 말(斗)이나 되(升)를 가리키거나 크기를 가리키는 말인데 지금은 사람의 마음이 크고 작음이라는 뜻으로 쓰인다. 도량이 있어야 한다는 것은 인간과 세상을 관용할 수 있어야 한다는 뜻이다. 사람을 대할 때 너그럽게 받아들일 수 있고, 또 어떤 사람이든 사랑할 수 있는 마음과 생각을 담을 수 있는 그릇을 뜻하는 단어로 쓰이는 말이다. 그 사람 도량이 '크다', '작다'라고 말할 때 그 사람의 됨됨이가 어떤가를 표현하기도 한다.

"사람은 그릇대로 사용되어진다"라는 말을 한다. "나는 어떤 사람이 되어야 하겠다."라고 말하기 전에 자기 그릇을 잘 만들어 준비하는 자가 되어야 할 것이다. "그릇이 커야 큰일을 할 수 있다."고 해서 자기 그릇을 공장에서 그릇을 만들 듯 인위적으로 크게 용량을 늘릴 수가 없는 것이다.

나는 사랑하는 자식들에게 꼭 들려주는 말이 있다. 나는 애들에게 장래에 어떤 사람이 되라고 말한 적은 없다. "너희들이 가장 좋아하는 일을 하는 사람이 돼라"고 했다. 장차 어떤 인물이 될까? 훌륭한 인물이 되고자 목표를 세우는 것도 중요하다. 그러나 어떻게 쓰임 받느냐? 쓰임을 받기에 합당한 그릇을 준비하는 것이 가장 중요하다. 잘 준비하고 있으면 그릇대로 쓰이게 될 것이다." 대기만성(大器晩成)이란 큰 솥이나 큰 종을 만들 때 오랜 시간이 걸리는 것처럼 사람도 크게 될 사람은 갑작스럽게 이루어지는 것이 아니다. 잘 준비되어 있는 그릇이 되어질 때, 아름다운 소명을 이룰 수 있는 것이다.

관용은 넓은 마음으로 사랑을 알고 남에게 베풀 수 있어야 한다. 그렇게 함으로써 사랑받는 그릇으로 자신도 모르는 사이에 점차로 크게 되는 것이다. 그릇이 커질수록 더 많은 아름다움을 느끼게 한다. 따라서 아무리 하찮은 것이라 하더라도 소중한 눈길로 바라보게 된다. 그리고 세상 사람들이 행하는 여러 가지 잘못들도 용서하게 된다. 아울러 우리가 우리에게 지은 죄를 사하여 준 것처럼 우리의 죄도 사하여지게 된다.

러시아의 위대한 작가 톨스토이는 "사람과 사람 사이에 서로 이해하느냐 못하느냐 하는 문제는 존재하지 않는다. 중요한 것은 서로 이해하느냐가 아니라 서로 관용하느냐다."라고 강조했다.

관용은 다른 생활 방식, 다른 가치관, 다른 사상, 다른 언론, 다른 종교 등에 대한 이해와 존중이며, 자신의 의견을 다른 사람에게 강요하지 않는 것을 가리킨다. 우리는 다른 사람의 생각과 행동에 동의하지 않을 수는 있지만, 다른 사람의 선택을 존중하고 그 사람도 나와 다른 사상과 생활을 선택할 권리가 있음을 인정해야 한다. 관용은 인간관계를 좋게 하며, 생활을 밝고 유쾌하게 만들며, 사업을 쉽게 성사시키고 남을 이롭게 한다. 덕과 지혜를 쌓으라고 하는 말은 사랑받는 그릇의 크기를 늘리는 데 노력을 게을리 하지 말라는 뜻이다. 바울 사도는 "너희 관용을 모든 사람에게 알게 하라"(빌립보서4:5)고 당부했다.

사람은 항상 지혜로운 말을 쓰고 때로는 슬기로운 기지(機智)가 있고 누구를 대할 때, 대화가 막히고 답답한 분위기가 닥칠 때에도 재치 있게 대화할 수 있는 슬기, 위트가 있어야 한다. 기지는 무심히 생각해서는 좀처럼 떠오르지 않는다. 평소에 훈련으로 닦여져야 값있는 멋진 기지가 떠오른다.

중국 춘추시대 제나라에 안영(晏嬰)이란 사람이 있었는데 그는 몸집이 왜소하고 얼굴은 미남이라 할 수 없지만 말을 잘하고 아주 민첩했다. 제나라 영공 26년에 안영은 아버지 안약이 죽은 후 아버지의 지위를 계승하여 제나라 대부가 되었다. 한 번은 안영이 제나라 왕의 명을 받아 초나라의 사신으로 가게 되었다. 당시 초나라는 제나라보다 강대했는데, 사신으로 온 안영의 몸이 왜소하고 용모가 볼품이 없다고 해서 온갖 방법으로 그에게 먼저 망신을 주어 제나라를 모욕하려고 했다. 초나라 왕은 안영의 신체적인 특징을 조롱하기 위해 손님을 맞이하는 궁궐의 정문 부근에 보통사람이 들어가기 힘든 작은 문을 만들어 그곳을 통해 들어오도록 했다.

안영이 초나라 왕의 궁궐 앞에 도착하여, 이 특수한 작은 문을 보니 화도 나고 우습기도 했다. 초왕이 이런 유치한 방법으로 사신을 맞이할 줄은 예상치 못했기 때문이다. 초나라 왕의 시종이 안영을 맞으며 "안 대사님, 우리 왕께서 안에서 기다리고 계십니다."라고 말하면서 작은 문 쪽으로 안내했다. 안영은 시종들의 말을 듣지도 못했다는 듯이 태연하게 바로 궁궐의 정문으로 갔다. 그러자 문을 지키는 병사들이 안영을 막고 들어가지 못하게 했다. 안영이 멈춰 서서 병사들에게 큰 소리로 호통을 쳤다.

"개(犬)나라에 사신으로 온 사람이라야 개구멍으로 들어가는 것이다. 내가 지금 초나라에 온 것인가? 개 나라에 온 것인가?"

문을 지키는 병사들이 대답했다.

"당연히 초나라지요."

"초나라라 하면서 어찌 정문으로 들어가지 못하게 하는가?"

위병들은 대답할 말이 없었고, 안영은 득의양양하게 정문으로 들어 초나라 왕을 만났다.

재치 있는 말은 그 사람의 기민한 사고를 나타낸다. 안영의 얘기는 당하는 자기나, 상대방이나 서로 얼굴 하나 붉히지 않고 상대를 이길 수 있었던 것이다.

이렇게 안영에게 오히려 망신을 당한 초나라 왕이 달가워할 리가 없었다. 그는 외교적인 예의와 대국의 풍모를 돌아볼 겨를도 없이 안영을 대놓고 모욕했다.

"제나라같이 당당한 나라가 어찌 당신처럼 초라한 사람을 사신으로 보낸단 말인가? 보아하니 제나라에는 인재가 없는가 보군." 하고 초왕이 거만하게 말했다.

안영은 초왕을 주시하다가 생각 끝에 말했다.

"우리 제나라에서는 사신을 보낼 때 한 가지 원칙이 있습니다. 재주가 있는 사람을 상등 국가에 파견하고 재주가 없는 사람은 하등 국가에 파견합니다. 대인(大人)은 대국에 파견하고 소인(小人)은 소국에 파견합니다. 저는 소인이고 재주가 없어 우리 제왕께서 저를 이렇게 초나라에 방문 하라 보낸 것입니다." 안영이 교묘하게 초나라를 하등의 가치밖에 안 되는 나라로 폄하했다.

초왕은 그래도 기회를 봐서 안영의 체면을 깎아내려 자기체면을 회복하려고 했다. 온갖 방법을 짜낸 끝에 한 가지 묘안을 생각해 냈다.

다음날 초왕은 일부러 궁전 앞뜰에서 안영을 대동하여 이야기를 나누었다. 그때 갑자기 힘센 병사 몇 명이 죄인을 호송하여 앞뜰을 거쳐 초왕 앞을 지나갔다. 초왕은 일부러 죄인을 데려오라 명령하고는 직접 심문했다.

초왕이 큰 소리로 꾸짖었다.

"대담하기 짝이 없는 도둑놈, 네가 한 짓을 이실직고 하렸다!"

죄인은 두려움에 떨며 대답했다.

"저는 죽어 마땅하옵니다. 다른 사람의 물건을 훔쳤습니다."

초왕이 잠시 멈칫하더니 물었다.

"어디 사람인고?"

"제나라 사람입니다."

죄인이 말하고 고개를 숙였다. 그러자 초왕은 이상하다는 듯이 안영을 힐끗 쳐다보며 말했다.

"안영 대사, 당신네 제나라는 어찌 도적이 이렇게 많은가? 이제 초나라까지 도망을 오는 구려!"

마음을 가라앉힌 안영은 정황을 유심히 살폈다. 그리고 이 또한 초나라 왕이 제나라를 모욕하려는 계략임을 알아차리고는 대답했다.

"회남(淮南)땅에 귤나무가 있는데 그 귤이 특별나게 맛이 있습니다. 그런데 그것을 회북(淮北)에 옮겨 심으면 탱자나무가 됩니다. 생긴 것은 닮았지만 열매는 매우 다릅니다. 왜 이렇게 되는 걸까요? 그것은 각 지역의 토양이 다르기 때문입니다. 이 사람이 제나라에 있을 때에는 남의 물건에 손을 대지도 않고 본분을 지키며 잘 살았는데 초나라에 오자 나쁜 짓을 저지르며 도둑질을 일삼으니, 이것은 아마도 초나라 환경에 물든 결과인 듯합니다."

초왕은 이번에도 망신을 당했지만 결국 안영의 지혜로운 말에 탄복할 수밖에 없었고 태도를 바꾸어 그를 잘 대우했다.

부드러운 카리스마

'강한 사람'이란 물리적인 의미에서 강하다는 것은 힘이 넘치고 단단하며 튼튼하다는 것을 의미한다. 그리고 동물의 세계에서 강하다는 것은 상대적인 의미를 갖는다. 파리를 잡아먹는 개구리는 파리보다 강하지만, 자신을 잡아먹는 뱀보다는 약하다. 하지만 뱀 또한 자신을 잡아먹는 매나 독수리보다는 약하다. 궁극적으로 생태계의 약육강식이라는 측면에서 볼 때, 지금은 먹이 사슬의 최상위에 있는 인간이야 말로 가장 강한 동물처럼 보인다.

하지만 누가 누구를 잡아먹느냐 하는 치원에서 벗어나, 누가 오랫동안 생존하느냐의 차원에서 생각해보면 강하다는 의미는 완전히 달라진다. 그 단적인 예를 들면 공룡이다. 수억 년 전 공룡은 지구 상에서 존재하는 그 어떤 동물보다도 힘이 넘치고 단단하며 튼튼했기 때문에 먹이사슬의 최상위 위치에 있었었다.

하지만 그토록 강한 동물이 환경의 변화에 적응하지 못하고 결국 멸종하고 말았다. 긴 시간을 놓고 볼 때 공룡은 강한 동물이 아니었던 것이다. 그래서 진화론자 찰스 다윈은 이렇게 말했다.

"강한 자가 살아남는 것이 아니라 살아남는 자가 강한 것이다."

강함의 의미는 인간 사회에서 더욱 극적으로 전복된다. 인간 세상에서는 키(身長)가 작거나 몸무게가 덜 나가거나 힘이 약해도 충분히 강할 수 있다. 즉 인간 세상에서 '강한 사람'이란 물리적으로 힘이 센 사람을 의미하는 것이 아니라 다른 사람보다 어떤 일에 대처하는 능력이 뛰어난 사람을 뜻한다.

그래서 「탈무드」에서는 "아무리 크고 힘이 강하더라도 반드시 무서운 존재라고 할 수 없다. 매우 힘이 약하더라도 어떤 조건만 갖추어져 있다면 강한 자를 이길 수 있는 것이다."라고 했으며, 시인 에머슨은 "강한 자들은 인간관계를 믿는다."고 했다. 중국 전한(前漢)의 「회남자(淮南子)」에서 "부드럽고 약한 것은 사는 길이고, 단단하고 강한 것은 죽는 길이다"라고 까지 했다.

그러면 어떻게 해야 강한 사람이 될 수 있을까? 동양의 현인 노자는 진정으로 강한 것이란 부드러운 것이라는 역설을 통해 강해지는 비결을 제시한다.

"강해지려면 흐르는 물처럼 되어야 한다. 물이란 장애물만 없으면 유유히 흐르고 장애물이 있으면 흐르지 않는 법이다. 네모난 관이면 네모나게 흐를 것이요, 둥근 관이면 물은 둥글게 흐를 것이다. 물은 부드럽고 마음대로 흐르기 때문에 가장 불요불급(不要不急)하고 강하다"

또 「탈무드」에서는 "강한 사람이란 자기를 억누를 수 있는 사람과 적을 벗으로 바꿀 수 있는 사람이다."라며 인내와 관용을 중시했으며, 마틴 루터 킹 목사는 "진정으로 강한 사람은 치열하면서도 온화해야 한다."면서 치열함과 온화함의 조화를 중시했다.

지금까지의 얘기를 통해 우리가 분명히 알 수 있는 사실은, 강함은 약함이 존재하기 때문에 의미를 갖게 된다는 사실이다. 그래서 작가 E.스펜서는 "아무리 강하고 지위가 높다 해도 자기보다 약한 자의 도움을 필요할 때가 많다"라고 했으며, 철학자 니체는 "강한 사람들이 약한 사람을 헤치는 것은 결코 강한 자들이 될 수 없고 오히려 그들은 약한 자들인 것이다"라고 했다.

현대 사회에서는 누군가가 강하다는 증거로 부와 권력과 명예가 거론되곤 한다. 하지만 강하다는 증거로 아무리 돈이 많고 권력이 막강하고 명예가 드높다 할지라도 그것을 떠받쳐줄 수많은 약한 사람들이 없다면 그것들은 이내 무너지고 만다. 그래서 진정으로 강한 사람들은 자신들이 아무리 부와 권력과 명예를 많이 갖고 있다 하더라도 자신이 강하다고 생각하지 않으며, 자신이 강함의 증거로써 갖고 있는 부와 권력과 명예를 약자들에게 나누어 준다. 그리고 그들은 스스로 '나는 여전히 약하다'고 생각하는 가운데 강해지기 위해 노력할 뿐이지 강하다고는 생각하지 않는다.

즐거운 나의 집
(Home Sweet Home)

행복이 넘치는 가정(Home sweet home)

가정은 하늘로부터 내려진 가장 귀한 선물
그리고 우리를 신성하게 만드는 곳
온 세상을 온통 다 찾아보아도 이런 아름다움을
다른 데서는 찾을 수 없네.

가정! 감미로운 나의 가정 같은 곳은 다시없도다.
정다운 아버지의 미소 짓는 넓은 품에 안기는 것이 얼마나 즐거운가.
나를 위로하고 달래시는 어머님의 어루만지심이 얼마나 다정한가.
이 세상에 쾌락과 궁전 가운데로 내가 돌아다닐지라도
나를 언제나 겸손케 하고 평안을 주는 곳은 내 집뿐이다.

다른 사람들이 새로운 쾌락을 찾아 배회할지라도
나에게는 다만 가정의 즐거움만을 다오.
가정! 가정! 가장 감미로운 내 집 같은 곳은 다시없도다.
많은 근심의 짐을 지고 나는 돌아가리라.
내 마음이 가장 사랑스러운 위로와 따스함이
거기서 나를 향해 반겨 주고 미소하리라.

나는 다시는 그 오두막집을 떠나지 않으리.
그처럼 포근한 내 집 같은 곳은 다시없으리.
가정! 가정! 감미로운 내 가정 내 집 같은 곳은 다시없도다.

– 존 하워드 페인 –

'즐거운 곳에서는 날 오라 하여도'로 시작되는 노래의 원제목은 '홈 스위트 홈(Home Sweet Home)'이다. 우리나라에서는 김재인이 번안해 우리에겐 '즐거운 나의 집'으로 알려진 명곡이다. 노랫말을 지은 존 하워드 페인(1791.6.9~1852.4.10)은 미국의 극작가이자 배우였다. 열세 살에 어머니를 잃고 아버지마저 세상을 뜨자 가족이 흩어졌다. 그때부터 그에게는 집이 없었다. 웅변 선생이었던 아버지의 가르침 덕분에 뛰어난 배우가 된 그는 영국 무대로 진출한 최초의 미국 연예인이기도 하다.

헨리 비숍이 곡을 붙인 '즐거운 나의 집' 노래는 오페라 가수 '클라리가 밀라노의 아가씨'(Clari, The Maid of Milan)에서 불려진 뒤 세계적으로 유명해졌다. 미국 제16대 대통령 에이브라함 링컨 대통령 부부가 이 노래를 특별히 좋아해서 가수를 초청하여 대통령궁에서 연주되기도 했다.

이 노래는 미국뿐 아니라 전 세계인이 즐겨 부르고 지금까지도 부르는 명곡이 된 것이다.

미국 역사상 가장 잔인하게 많은 사람의 생명을 빼앗고 평화를 앗아간 남북전쟁은 북부 연합군 1만 2천명과 남부 동맹군 5,000명의 사상자를 낸 버지니아 주의 레파하녹크 전투를 미국 사람은 잊을 수가 없다. 이 전투에서 양쪽의 군사들은 강 하나를 사이에 두고 전투를 위하여 대치하고 있었다. 낮에는 서로를 공격하여 많은 군사들이 전사하고 부상을 입는 상황에서도 밤이 되면 병사들을 위로하고 힘을 북돋아 주기 위한 음악회가 매일 각 진영에서 열렸다.

어느 날 밤 그 음악회가 끝나고 각자 텐트로 들어가 잠이 들려는 즈음에 북부 연합군 쪽에서 한 병사가 하모니카로 '즐거운 나의 집' 노래를 부르는 선율이 고요한 진영으로 펴져 나갔다. 고향을 그리워하던 병사들이 더 이상 텐트에 머무를 수 없었다. 모두 밖으로 나와 선율에 귀를 기울이게 되었다. 강 건너 남부 동맹군에게 까지 전해져 갔다.

모든 병사들이 고향을 그리워하고 사랑하는 부모 형제 가족을 그리워하는 마음은 모두가 같은 마음이었다. 군인들은 '즐거운 나의 집'을 노래하며 강으로 뛰어 들어갔다. 서로가 적이라는 사실을 잊은 채 얼싸안고 눈물을 흘리며 '즐거운 나의 집'을 부르기 시작했다. 서로 찔러 죽이고 대적했던 이곳은 이제 같은 조국, 하나 된 동포애로 눈물을 흘리기 시작했다. 고향의 평화와 사랑을 함께 느끼게 해 준 것이다. 그리고 나아가 남북전쟁을 종식시키는데 가장 큰 영향력을 끼치게 한 노래이다.

"아무리 초라해도 내 집만 한 곳은 없다"라고 한 존 하워드 페인은 평생 결혼을 하지 않고 가정을 가져 본적이 없이 이 지구 위를 떠돌아다녔다. 이 노래를 지은 것은 프랑스 파리에서 동전 한 푼 없는 처량한 신세였을 때 이 노래를 지었다. 그는 죽기 한 해 전 1851년 3월 3일 그의 친구 C. E. 클라크에게 "세계의 모든 사람에게 가정의 기쁨을 자랑스럽게 노래로 를 쓴 나 자신은 아직껏 내 집이라는 맛을 모르고 지냈으며 앞으로도 맛보지 못하고 말 것이오."라고 쓴 편지를 보냈다. 이 편지를 쓴 1년 뒤 튀니스에서 사는 집도 없이 길가에 쓰러지듯, 이 세상을 떠났다.

"내게 돌아갈 가정은 없지만 나를 내 고향 공동묘지에라도 묻히게 해 주오"라는 유언에 따라 사망 31년이 지나 미국 정부는 군함을 보내 그의 유해를 본국으로 운구했다. 프랑스 파리에서 31년 만에 시신으로 돌아온 존 하워드 페인을 맞는 필라델피아 항구에는 유해가 도착하던 날 미국 대통령과 각료와 많은 상원의원도 있었고 수많은 시민들이 페인의 귀국을 환영했다. 조용한 귀국에 엄청난 환영객의 엄숙한 마중이었다. 유해를 실은 군함이 입항하는 순간 군악대의 연주와 예포 소리가 울려 퍼졌고 대통령을 비롯한 수많은 사람들이 거대한 환영 퍼레이드를 했다.

무엇이 그토록 전 국민의 관심을 집중하게 만들었는가? 그것은 그가 작사한 단 한곡의 노래 때문이었다. 그는 누구인가? 고향을 그리워하고 고국을 사랑하며 피를 같이한 부모형제가 안겨 있는 허름한 내 집을 그리워하며 구차해도 행복한 '즐거운 나의 집'을 노래하였으나 정작 자기만은 너무도 아이러니하게도 반겨줄 집하나 없이 쓸쓸하게 고국에 죽어서 돌아온 것이다.

존 하워드 페인의 귀국을 미국의 국민은 이렇게 맞아 준 것이다. 그의 유언대로 워싱턴 오크 언덕 공동묘지에 이장되어 비로소 안주할 땅을 얻은 것이다.

죽어서야 집을 구한 그의 묘에는 이렇게 씌어 있다.

"'즐거운 나의 집' 이 노래로 미국을 건강한 나라로 만들어주신 존 하워드 페인이여. 편안히 잠드소서."

즐거운 나의 집 (Home sweet home)

즐거운 곳에서는 날 오라 하여도
내 쉴 곳은 작은집 네 집뿐이리
내 나라 내 기쁨 길이 쉴 곳도
꽃피고 새 우는 집 내뿐이리
오, 사랑 나의 집 즐거운 내 집 뿐이리

고요한 밤 달빛도 창 앞에 흐르면
내 푸른 꿈길도 내 잊지 못해
저 맑은 바람아 가을이 어디뇨
벌레 우는 곳에 아기별 뜨는
오, 사랑 나의 집 즐거운 내 집 뿐이리

—존 하워드 페인—

왜 세계의 절반은 굶주리는가?

아프리카를 비롯한 제3세계의 기아문제를 심도 있게 파고든 장 지글러의 보고서이자 그가 쓴 책 이름이다. 《왜 세계의 절반은 굶주리는가?》에서 전하는 세계 기아 수준은 아주 심각한 상태였다. 열 살 미만의 아동이 5초에 한 명씩 굶어 죽고 3분에 한 명꼴로 시력을 상실한다. 전 세계에서 1분에 250명의 아이들이 태어나는 데 그중 197명이 기아와 질병, 전쟁이나 폭력의 위협에서 자유롭지 않다는 내용이다. 아이들의 현실은 우리가 생각하는 것보다 절박했다. 부모와 아이들은 굶주림에서 이별해야 했다.

전 세계에서 하루에 200만 명의 신생아들이 배가 고파서, 혹은 저체온증으로 태어나자마자 사망하고 총 400만 명의 아이들이 한 달을 버티지 못하고 세상을 떠난다고 했다.

'왜 세계의 절반은 굶주리는가?' 송곳 같은 질문과 마주 대하면서 왜, 이런 일이 지금도 여전히 일어나고 있을까? 세계 각국에서 기부도 많이 하고 있는데, 왜 아프리카의 기아는 줄어들지 않는 것일까? 동물들은 배불리 먹으면서 인간은 굶어 죽고 있는가? 세상에는 60억 인구를 뚱뚱하게 만들어 줄 식량이 있다는데 왜 세계 인구의 절반 인구가 굶어 죽어야 하는가? 그곳에는 불편한 진실이 숨어 있었다.

국민들이 제일 편안하게 살 수 있는 나라는 식량을 비롯한 기본 생활비가 적게 드는 나라이다. 국가에서 책임을 지고 아무리 가난한 사람들이라도 먹고사는 데는 별 어려움이 없도록 나라 살림을 해야 한다. 정치가 혼란스럽고 부정과 부패가 심하면 필연적으로 물가가 오르고 물가가 오르면 그 피해는 가난한 사람들의 몫으로 남기 때문에 그들이 수 없는 고통을 당하는 것이다. 예를 들면 식량 가격을 누군가 정하는 것인데, 거기에 투기세력이 들어간다. 식량을 가지고 투기세력이 들어가고 매매를 거치면서 큰 이익을 창출하는 기업들 간의 이권 싸움이 있는데, 이런 경제적인 부분 때문에 가난한 나라 국민들은 식량을 살 수 없는 높은 가격이 책정되기도 한다. 이런 구조적인 슬픈 얘기가 너무 많이 들어 있는 것이다.

전 세계에서 옥수수의 4분의 1이 부유한 나라의 소들이 먹고 있다는 사실이다. 부유한 나라들은 식량을 대량으로 폐기 처분하거나 법률이나 그 밖의 조치를 통한 농산물의 생산을 크게 제한하고 있으며 세계 곳곳에서 수백만의 빈민이 부자들의 쓰레기로 연명하고 있다. 배고픔으로 저주를 받는 세대에서 다음 세대로 대물림되는 것이다. 심각한 영양실조에 걸린 수백만의 엄마들이 매년 지구 곳곳에서 수백만의 건강하지 않은 아이들을 낳고 있다.

지구 한편에선 쓰레기가 될 정도로 음식이 남아도는데, 아프리카나 동아시아 빈국의 아이들은 빵 대신 흙을 파 먹어야한다는 사실에 눈시울이 붉어졌다. 아프리카 소말리아엔 '시체의 산'을 이룰 정도로 극심한 기근을 겪고 있다고 한다. 소말리아엔 여러 가지 기아의 원인이 있지만 그중 첫 번째는 수십 년이 지나도록 이렇다 할 정상적인 정부가 없다는 것이다. 아프리카 대부분은 수많은 종족이 있어서 종족간의 갈등이 심하다. 대신 권력과 부의 가축을 독점하려는 군인 집단들이 대치하고 있어서 국제적으로 식량을 원조 받을 수 없는 상황이다. 이로 인해 수만 명의 국민들이 먹을 게 없어서 굶어 죽고 있다. 군벌 우두머리들로 인해 아이들은 어쩔 수 없이 기아 상태가 된 것이다.

모든 생물 중에서 인간만이 웃는다

인간 중에서도 현명한 사람일수록 잘 웃는다. 웃음은 암도 고치는 명약이다. 웃음을 모르면 지식이나 지혜도 보잘 것이 없게 된다. 웃음은 또한 여유이다. 웃을 여유가 없는 사람은 궁지에 몰려서 몸이 움츠러들고 만다. 웃음은 지성을 가는 숫돌이기도 하다. 웃음을 유발하는 유머나 위트, 조크는 사물의 진면목에서 약간 벗어나서 바라봐야 창출할 수 있다. 그래서 유머를 이해하려면 재빠른 두뇌회전 폭넓은 지식과 연상력(聯想力), 그리고 끊임없는 훈련이 요구된다.

전 세계에 흩어져 핍박을 받아온 유대인들은 다른 어느 민족보다 유머를 즐긴다. 그래서 '웃음의 민족'으로도 불린다. 한국 사람들은 농담을 잘하는 사람을 보면 흔히 '실없는 사람'으로 여기지만, 유대인들은 그렇지 않다. 히브리어 '호프마'는 예지, 지혜를 뜻한다. 그들은 유머를 단순한 농담으로 여기지 않고 수준 높은 지적 활동으로 간주한다.

아인슈타인은 노벨 문리학상을 받는 자리에서 유머의 중요성을 이렇게 강조했다. "나를 키운 것은 유머였고, 내가 보여줄 수 있는 최고의 능력은 조크였다. 세상 사람들은 규칙을 지키는 것이 가장 중요한 가치라고 생각하지만, 나는 반대로 규칙을 뒤집었을 때 우리에게 가장 필요한 새로운 규칙이 탄생할 것이라고 말하고 싶을 때가 있다.

마빈 토케이어는 "자기목표를 향하여 달려가는 사람에게 웃음은 자동차의 가속페달과 같다. 낯설고 긴장된 자리에서 던지는 한 마디 유머는 화기애애한 분위기로 이끌 뿐 아니라 자신의 가치와 역량을 드높이는 힘이 된다."고 말했다. 그래서 유대인은 유머가 부족한 사람을 만나면 "머리를 숫돌에 갈아야겠다."는 말을 쓴다. 칼날을 숫돌에 갈 듯, 유머가 인간의 지성을 날카롭게 연마한다고 믿었던 것이었다.

유머를 잘하는 사람은 두뇌가 유연하고 창조력이 있다. 그래서 새로운 상황을 재빨리 파악해 자신의 것으로 소화 할 줄 안다. 열심히 공부하는 것만으로는 성공하기 어렵다. 유대인들은 성실하기만 한 사람은 성공 확률이 낮다고 본다. 성실하고 고지식한 머릿속에는 상상력과 개성이 들어갈 자리가 없기 때문이다. 항상 잃지 않는 여유와 유머는 유대인 성공의 원동력이다. 웃음이나 칭찬에 인색한 한국 사람들이 배워야 할 덕목이다. 우리도 웃어야 한다. 다른 사람을 웃을 수 있게 하여야 한다.

인간은 즐거우면 웃고 슬프면 운다. 웃을 일이 많은 상황에 있는 사람은 행복하고, 울지 않으면 안 되는 사람은 불행하다고 생각한다. 그러나 슬플 때에도 웃음을 잃지 않고 미소를 지어보이면 마음이 조금 편안해진다. 웃음은 가장 강력한 전염성을 가진 행동이기 때문이다. 반대로 슬프지 않아도 우는 얼굴을 하고 있으면 온몸이 슬픔을 받아들여 정말 슬픔을 느끼게 된다.

우리가 큰 소리로 웃을 때 몸속 근육의 40%의 206개의 뼈가 한꺼번에 움직인다. 이때 엔돌핀이 분비되는데, 약리학자 한스 코스테리츠는 '이 때 분비되는 엔돌핀은 모르핀의 300배에 가까운 진통효과를 가졌다고 발표했다. 엔돌핀은 육체적 피로와 통증을 잊게 해주고 스트레스를 이겨낼 수 있는 힘을 주며, 우리 몸의 면역세포와 항체 생산을 촉진시키는 역할을 한다. 한마디로 만병통치인 셈이다.

웃음의 의학적 효과를 연구하는 미국의 리버트 박사는 자주 웃는 사람의 혈액에는 암을 일으키는 세포를 공격하는 킬러 세포가 많다고 주장했다. 차분한 마음으로 입 꼬리를 지긋이 올려보자. 한 번 더, 더 세게 입 꼬리를 올렸다면 이번에는 입을 크게 벌리고 소리 내어 웃어보자. 주변의 공기가 바뀌고 웃음 바이러스가 서서히 퍼져나가는 게 보일 것이다. 우리는 기뻐서 웃는 것이 아니라, 웃으면서 기쁨을 느끼고 행복해진다. 인간은 행복하기 위해 태어났다.

노벨평화상을 수상한 알버트 슈바이처 박사는 '이 세상에 해야 할 일이 있다는 자각과 미소감각이 조화를 이루면 모든 병을 물리치는 약이 된다.'는 신념을 전파했다. 그는 늘 유머러스함을 강조했으며 식탁에서도 유머로 주변 사람들을 미소 짓게 만들기로 유명했다. 실제로 미국의 유명잡지인 〈새터데이 리뷰〉의 편집장 노먼 커즌스의 이야기는 우리에게 웃음의 위대함을 전한다. 그는 5세가 되던 1964년 강직성 척추염이란 희귀한 질병에 걸려 치료가 불가능하다는 선고를 받았다.

강직성 척수염은 골반에서 염증이 시작돼 척수로 번져 척수가 대나무처럼 굳는 병이었다. 이 병이 진행되면 잠도 제대로 잘 수 없을 정도로 극심한 통증에 시달려야 했다. 게다가 500명 중 한명이 살아난다는 절망적인 병이었다. 병원에서 그에게 준 것은 다량의 진통제와 안정제뿐이었다. 그럼에도 노먼은 포기하지 않았다. 살아남을 수 있다는 희망을 갖고 긍정적이고 적극적인 생각으로 즐거운 마음을 유지하려고 노력했다. 코미디 영화를 즐겨보고 유머집을 읽으며 웃음 요법으로 자가치료를 시작했다. 매일 10분 이상 큰 소리로 웃으며 인생의 즐거움을 느꼈다. 그러자 서서히 변화가 보이기 시작했다. 처음 병원을 찾았을 때는 진통제와 수면제 없이는 잠들 수 없었지만 몇 년 후에는 아무런 고통도 느끼지 않고 잠들 수 있게 된 것이다. 결국 노먼은 완치 판정을 받고 다시 편집장으로 복귀해 75세까지 건강하게 살았다. 이처럼 웃음은 불치병도 극복하는 힘을 준다.

웃음보다 큰 만족은 없다. '하루에 15번 이상 웃는 사람은 의사를 멀리할 수 있고, 하루에 세 번의 큰 웃음은 아침조깅과 같다.'

사람이 임종하는 순간

사람이 임종하는 순간의 모습을 크게 두 가지 유형으로 나뉜다. 하나는 사는 동안 뜻있고 즐거웠던 일을 회상하며 미소를 잃지 않고 편안한 모습으로 생을 마치는 사람이다. 다른 하나는 죽음의 공포에 시달리다 고통스러운 몸짓과 표정으로며 생을 마치는 사람이다.

인생을 끝마칠 때 입가에 미소를 잃지 않는 사람들은 대부분 감성이 풍부한 편이다. 감성이란 자기 삶의 주변에 가치 있는 것들을 느낄 수 있는 마음의 움직임이다. 생을 끝마치는 날까지 우리의 삶을 지속시켜줄 수 있는 힘이 되었던 소중한 것들이다.

감성이 풍부한 사람은 내 삶에 절망이 찾았을 때 희망을 찾을 수 있고 또 희망이 있기에 절망도 있을 수 있는 삶의 철학을 깨닫는다. 그리하여 죽음을 인생의 종말이 아닌 인생의 완성이라 믿는다. 그 완성에 만족스러워하는 미소를 남길 수 있는 것이다.

사람들은 언제나 아름답고 신비한 것에 감동한다. 신비는 언제나 깊숙한 곳에 내재하기 마련이듯 우리 몸이 신비로우며, 아름다움은 주로 외형에 나타나므로 느낌을 형상화한 몸의 표현은 아름다움을 동반한다. 의학은 사람의 몸 속 신비를 캐는 작업이며 예술은 사람의 아름다움을 찬양하는 작업이다.

02
신이 감추어둔 사랑

신이 감추어둔 사랑

은행 털러 가자

세종대왕

게으른 자여 개미를 보고 지혜를 배우라

삼중 장애를 이긴 헬렌켈러

베풀면서 사는 삶

자신의 일을 지극히 사랑하라

사막에서 별을 찾은 여인

신이 감추어둔 사랑

심장은 하루 종일 일을 한다고 한다.

심장이 하루 뛰는 것이

10만 8천639번이라고 한다.

내뿜는 피는 하루 몇 천만 톤이나 되는지 모른다고 한다.

지구에서 태양까지의 거리가 1억 4천960만㎞인데

하루 혈액이 뛰는 거리가

2억 7천310만2천㎞라고 한다.

지구에서 태양까지 두 번 갔다 올 거리만큼

당신의 혈액이 오늘 하루 뛰고 있는 것이다.

바로 너, 너, 너, 그대

그렇게 당신은 파도를 뿜는다.

그렇게 당신은 꺼졌다 살아난다.

그대가 하는 일에 나도 참가하게 한다.

이 사업은 하느님과 동업이다.

그 속에서 나는 사랑을 발견 하겠다.

이제 누군가 앞에 있다면, 그 사람의 얼굴이나 직업이나 재산 같은 것을 생각하지 말자. 그 사람하고 친해져서 좋은 것은 뭐가 있을까 따져보지도 말자. 그 몸 안에서 흐르고 있을 피를 상상해 보자, 하루에만 지구에서 태양까지 두 번이나 다녀올 정도로 뜨겁고 힘찬 피와 그 붉음을, 생각하고 사랑하는 건 너무 쉬운 일일 것이다.

우리가 서로에게 하찮아지지 않을 수 있다면, 우리는 대단한 존재이다. 아니 우리라기보다는 우리의 피는, 그리고 우리의 심장은 하나님이 이 세상 모든 것을 사랑하듯, 우리 모두는 사랑받아 마땅하다. 사랑은 발견되기를 기다리는 보석 같은 것, 거기 사랑이 보이지 않는 인생도 있지만, 그렇다고 없다고 말할 수 없지 않은가? 지구와 태양을 생각해보라, 그리고 그 피를 생각해보라, 그 안에서 사랑을 발견하자.

피아니스트 굴렌 굴드의 말을 그대로 옮겨본다. "당신의 평범한 날은 1,440분이고, 다시 8만6,400초로 구성된다. 한 달은 평균 30일로 잡을 때 이것은 259만2천초이고, 다시 한 해란 30일이 열두 번 반복 된다고 보면 이것은 3천110만4천초다. 이제 내 36세 생일이 다가오고 있으니 사실 나는 10억8천864만초를 산 샘이다."

나는 72세가 되었으니 21억7천728만초를 산 샘이다. 내 생애에 2억이란 숫자를 셀 수 있다니 참으로 놀랍고 엄청난 삶을 산 셈이다. 매 순간 우리가 선택할 수 있는 것은 둘 중의 하나이다. 무엇을 하거나 하지 않거나, 그렇다면 우리가 뭔가를 할 수 있는 기회는 모두 3천110만4천번, 다른 누구 때문에, 혹은 상황 때문에 내가 이렇게 사는 것이라고 말하지 말자. 하나님을 원망하지도 말고, 기회는 충분했으므로, 지금도 우리는 충분히 다르게 살 수 있다. 우리가 원한다면.

은행 털러 가자

대전에 가면 은행동이 있고 대전역 앞에서 시작되는 중앙로를 한 5분 정도 걸으면서 목척교를 지나 으능정이 문화의거리가 나온다. 으능은 은행나무를 옛날 사람들이 부르는 고어인데 찾아보니 은행나무의 잎사귀가 오리 발가락을 닮아서 '오리나무'라고 불렀다하기도 하고, 할아버지가 심은 나무의 열매를 손자가 딴다고 해서 공손수(公孫樹)라 부르기도 했다는 것이다.

우리는 은행나무에 대한 향수가 있다. 가을이 되면 노랗게 물든 은행잎을 주워 책갈피로 끼워 넣고 고이 간직했던 일, 소슬바람에 떨어져 쌓인 노란은행잎을 밟으며 사랑하는 사람과 함께 거닐던 아름다운 추억을 만들어준 나무이다. 그래서인지 서울시가 웬만한 도로에 가로수를 은행나무를 심어 도시전체가 가을이 되면 노랗게 물든 적이 있었다. 잘 자라서 서정적인 거리가 되어 시민들의 메마른 마음을 어루만지는 듯, 은행잎을 밟으며 거리를 산책하는 여유도 가지게 했다. 그러나 환경미화원, 청소부 아저씨는 달랐다. 그렇게 아름다운 거리에 낙엽을 쓰레기로 여기고 모질게(?) 빗자루로 싹싹 쓸어버리는 것을 보고 시민들은 투덜투덜 불평을 해댔다. 그것도 여론이라고 당장 말고 나중에 쓸 것을 지시해서 청소를 잠시 멈추도록 했다.

은행잎을 밟으며 걸었던 발걸음을 잠시 멈추도록 한 것이 있었다. 그것은 다름 아닌 은행열매였다. '님도 보고 뽕도 따랬다고' 한 알 두 알 줍기 시작했다. 은행열매는 특이한 냄새가 아주 고약하다. 그러나 껍질을 물에 씻어 말려 놓으면 보기도 예쁜 열매를 얻게 되고 구워 먹으면 맛이 참 별미다. 사람이 많으면 별사람이 있게 마련이고 하찮게 보이던 그것에 욕심이 생긴 것이다. 이제는 은행나무를 털어서 많이 따려고 배낭을 메고 장대까지 들고 나선 것이다. '집에서 놀면 무엇 하나, 은행이나 털러 가자' 은행을 턴다…

충북 영동에 가면 유명한 관광명소로 '양산팔경'이 있다. 유유히 흐르는 강물을 따라 펼쳐지는 '금강둘레길'을 따라 걷노라면 노송이 가득히 들어찬 '송호리 숲' 얼마나 아름다웠으면 선녀들이 하늘에서 내려와 목욕을 했다는 '강선대' 옛날 선비들이 모여 시를 읊고 풍류를 즐겼다는 '함벽정' 등이 있다.

양산 팔경 중 제일경은 소금강이라 불리는 천태산 기슭에 영국사가 있고 그 아래 수령 1000년이 된다는 은행나무가 있다. 이 은행나무가 양산팔경중 제1경이다. 이 나무는 양평 용문사에 있는 은행나무와 크기와 나이가 비슷하여 쌍벽을 이룬다. 이 영국사 은행나무는 지난 2005년 천태산에 일어난 대화재로 영국사가 모두 불타버리고 꺼질 줄을 모르는 화마는 이 은행나무를 곧 집어 삼키려고 할 때 '이 은행나무만은 살려야한다'

고 은행나무를 사랑하는 이들의 고군분투로 이 나무를 지켜 지켜냈다는 눈물겨운 사연을 듣고 그 때 그 큰 위기 속에 살아줘서 '고맙고 감사하다'는 생각에 나는 은행나무를 다시 쳐다 보았다. 만고풍상을 다 겪고 1000년을 살아온 저 은행나무의 잔잔한 미소가 떠오른다. 내가 몇 년을 살았느냐가 중요한 것이 아니라 내 삶에 지워지지 않는 미소를 영원히 간직하며 살고 싶다.

세종대왕

세종대왕은 지금의 통의동 근처에 있는 태종왕의 집에서 1397년 임진(壬辰)일에 태어났다. 우리는 이날(음력 4월10일)을 양력으로 환산하여 5월 15일을 '스승의 날'로 정하여 기념하고 있다.

세종(1397~1450년, 제위1418~1450년)은 태종의 셋째 아들(충녕대군)로, 휘(諱) 왕이 생전에 쓰던 이름이다. 어머니는 원경황후 민씨, 부인은 심온의 딸 소헌황후 심씨(1305~1446년)다.

세종이 즉위한 시기는 조선이 건국 된지 26년 밖에 되지 않아 해야 할 일들이 많았다. 그의 나이 22세, 아버지 태종은 상왕으로 있으면서 죽을 때까지 4년 동안 후견인 노릇을 한다. 이종무를 시켜 대마도 왜구를 정벌한 것은 태종의 주도로 이루어진 것이다.

세종은 31년 6개월이란 재위기간에 역사, 지리, 정치, 경제, 천문, 도덕, 예의 문자, 운학(韻學:한자와 음운을 영구하는 학문), 문학, 종교, 군사, 농약, 의

약, 음악 등 각종 분야에서 훌륭한 업적을 남겼다. 당대의 인재를 적재적소에 배치했는데 과학기술 분야에는 장영실과 이천, 군사 분야에는 김종서와 최윤덕, 음악분야에 박연, 정치 분야에는 조말생. 황희, 맹사서 같은 인물들을 등용했다.

무엇보다도 오늘날 한글이라 불리는 훈민정음(訓民正音)을 창제함으로써 우리 민족이 세계에서 가장 과학적인 문자를 사용하게 한 업적은 세계 역사상 그 유래를 찾아볼 수 없다. '백성을 가르치는 바른 소리'라는 뜻을 가진 훈민정음(1997년 유네스코 세계기록 유산에 등재) 창제는 오로지 세종의 결단력으로 이루어진 것이나 마찬가지다. 집현전 학사들, 대소신료(大小臣僚 여러 신하들)와 사대부(士大夫)등 소위 조선의 모든 지식층이 반대했다. 그럼에도 불구하고 세종은 집념을 불태우며 측근이었던 아들 수양대군(후에 세조), 광평대군, 세자(후에 문종), 둘째 딸 정명공주 등 신하들의 도움을 받고 한글을 창제 했다. 창제 이후에도 반대가 많았지만 세종은 일관되게 한글 전파에 총력을 기울였다. 이뿐만 아니라 백성들의 생활에 도움이 되는 일이라면 분야를 가리지 않고 제도를 만들었다. 오늘날 우리는 '세종대왕'으로 부르는 것이 더 친숙하다. 세종을 기리기 위해서 세종이 태어난 5월 15일을 스승의 날로, 훈민정음을 반포한 10월 9일은 한글날로 지정했다. 세종은 훈민정음을 반포한 4년이 지난 1450년에 54세로 세상을 떠났다.

세종시대는 우리 역사에 가장 큰 획을 긋는 중흥기로 평가되고 있다. 경제, 문화, 과학 등 각 분야의 비약적인 성장과 발전이 국운 융성의 뒷받침이 되었다. 특별히 과학 기술의 눈부신 발전을 이룰 수 있는데 그것은 과학적으로 생각하고 과학적인 행동을 했다는 것이다. 흥미로운 것 중의 하나는 서양보다 200년가량 앞선 강우기기인 측우기와 관련된 ≪세종실록≫ 속 이야기이다. 1441년 4월에 세종은 눈병 치료차 충남 온양의 온천에 갔었는데, 전날 밤에 황사비가 내렸다는 예조의 보고가 들어왔다. 당시 황사비는 재이(災異)라 일컬었는데 이것은 곧 하늘에서 내리는 재앙으로 왕은 반찬수를 줄이는 등 삼가하고 근신을 취해야했다. 재이에 대하여 유독 민감한 세종이었기에 온천욕을 중단하고 상경할 준비를 했다.

그때 서울에 있는 셋째 아들 안평대군에게서 긴급 연락이 왔다. 궁궐에 내린 빗물을 자세히 조사해보니, 어떤 곳은 노란 물질이 떠 있고, 다른 곳은 그렇지 않았는데 그 맛과 색깔을 정확하게 조사해보니 황사비가 아닌 소나무에서 떨어진 송화가루였다는 것이다.

세종은 귀경을 보류한 채 환관을 서울로 보내 상세한 조사를 실시토록 했다. 그 결과 안평대군의 말처럼 서울에 내린 것은 황사비가 아니라 송화가루였음이 밝혀졌다. 세종은 이와 관련해 측우기의 발명 사실을 신하들에게 다음과 같이 말했다.

'근년 이래로 세자가 가뭄을 근심하여, 비가 올 때마다 젖어 들어간 분수(分受)를 땅을 파고 보았었다. 그러나 정확하게 비가 온 분수를 알지 못하였으므로, 구리를 부어 그릇을 만들고는 궁중에 두어 빗물이 그릇에 괴인분수를 실험하였다.'(세종실록 23.4.29)

인평대군이 송화가루를 분별할 수 있었던 것은 세자 이향에 의해 발명되어 궁궐에 배치해 놓은 측우기 덕분이라고 말했다. 여기서 보듯이, 세계 최고의 우량계인 측우기는 아버지의 건강과 휴양을 기원하는 아들 안평대군의 마음과, 정확한 비의 양을 측정하기 위한 새로운 발명품을 고안해 낸 이향의 노력, 그리고 정확한 사실 여부를 중시하고 사실에 근거하여 판단을 내리는 세종의 합리적인 정신이 결합되어 세상에 선보인 것이다.

측우기는 강우량을 측정하기 위하여 세종 23년(1441)에 장영실 등이 세계 최초로 발명한 우량계(雨量計)이다. 이는 이탈리아의 가스텔라가 만든 것보다 앞선 무려 200년이나 앞선 것이다.

우리나라 사람이 제일 존경하는 사람이 누구일까? 제일 존경하는 사람은 세종대왕일 것이다.

후대 사람인 율곡 이이(李珥, 1536~1584)는 세종이 조선의 국운 융성의 기틀을 다진 성군으로 추앙하고 있으며, 특히 인재를 믿고 아끼며 신뢰를 보인 세종의 태도를 높이 보았다. 세종의 인재 쓰기에 대해 이이는 이렇게 말했다. "세종대왕은 사람을 쓰되 자기 몸과 같이 하였다. 현인과 재능 있는 이를 쓰되 그 부류를 따지지 않았다. 임용한 사람의 말을 채택할 때 오롯이 하여 참소와 이간질이 들어갈 수 없었다. 또 지위가 그 재능에 합당하면 종신토록 바꾸지 않았다." 율곡 이이는 또 세종시대를 이렇게 평가하였다. "우리나라 만년의 대운(大運)이 세종에게서 처음 기틀이 잡혔다. 백성들의 살림이 겨우 넉넉해지고 인구가 많아졌다" 긴급히 기근을 극복하게 하는 차원을 넘어서서 근본적으로 조선의 경제 상황을 윤택하게 만들었다는 얘기이다.

우리 역사에서 세종시대는 '해동의 요순시대'로 알려져 있다. 중학교 교과서(국사)에서도 '세종 때 정치, 경제, 사회가 안정되고 문화가 융성해졌다.' 고 소개되어 있다. 한마디로 "우리나라 전 역사에 가장 영광된 시대"였다는 것이다.

게으른 자여
개미를 보고 지혜를 배우라

농부들이 힘들어 하고 가장 바쁘게 만드는 일은 잡초를 제거하는 일이다. 조금만 방심한다든지 게을리 하면 농사를 망치게 된다. 소위 풀매기 작업은 잡초와의 전쟁이다. 그 다음의 전쟁은 병충해를 퇴치시키는 일이다. 개미는 해충인가 유익한 곤충인가? 사실 개미가 우리 사람에게 크게 유익을 주는 것은 별로 없고 잘 자라는 나무들의 뿌리에 진액을 빨아먹어 나무를 고사시킨다. 그뿐 아니라 집안에까지 들어와 사람을 괴롭힌다.

그럼에도 옛날 사람들은 개미를 한자로 '의로운 곤충'이라는 뜻에서 '개미 의(蟻)'자를 쓰는데 이것은 우리 주변에 흔히 볼 수 있는 개미를 보고 그 부지런함을 배우고, 자기 맡은 일에 충실함과 의로움을 교훈으로 삼고 본받으라는 뜻에서 개미를 일컬은 것이리라.

성경은 우리에게 교훈하기를

"게으른 자여 개미에게 가서 그가 하는 것을 보고 지혜를 얻으라.

개미는 두령도 없고 감독자도 없고 통치자도 없으되 먹을 것을 여름 동안에 예비하며 추수 때에 양식을 모으느니라"(잠언 6장 6~7절)

초등학교시절 부지런하게 일만 하는 개미와, 노래만 부르고 게으르기만 한 베짱이 이야기는 모르는 사람이 없을 것이다.

개미의 세계를 자세히 보노라면 조직을 이루며 살아가는 현대인을 가장 닮은 동물은 아마도 개미가 아닐까? 하는 생각이 든다. 작고 보잘 것 없는 곤충이지만 그들의 세계를 들여다보면 우리네 살림살이와 너무나도 비슷하다는 사실에 새삼 놀라게 된다. 개미는 곤충을 포함한 동물 가운데 가장 먼저 농사를 짓고, 가축을 기르며 분업 생활을 했다. 미국 대륙 열대 지방에서 살고 있는 일꾼 개미들은 사람보다 5천만 년 전에 이미 버섯 농사를 지었다고 한다.

일꾼 개미들은 자기 몸보다 300배나 더 큰 나뭇잎을 실어 나르는데, 이 나뭇잎을 비료로 사용해 먹이로 이용한다. 또한 어미는 젖소를 길러 우유를 짜듯이 진딧물 같은 곤충을 키워서 단물을 짜 먹는다. 진딧물은 초목의 잎이나 가지에 붙어서 그 식물의 진액을 빨아먹고 사는 해충이다. 개미는 그 단물을 얻는 대신에 무당벌레와 같은 천적들로부터 진딧물을 보호해 준다. 또한 진딧물이 식물의 진액을 더 이상 빨아낼 것이 없는 식물이라면 개미는 그들을 이동시켜 주기까지 한다.

개미 사회는 여왕개미의 혼인을 위한 비밀스러운 움직임으로 시작된다. 다 자란 여왕개미는 초여름이 되면 습도가 높고 바람이 불지 않는 날씨가 좋은 날을 골라 하늘 높이 비행을 하면서 수개미들을 만나 교미를 한다. 여왕개미는 단 한 번의 바깥나들이 때 여러 수개미들과 교미를 하고 알을 낳는다. 수개미들은 평생 빈둥거리며 혼인날만 기다리다가 여왕개미와 교미를 한 후 2~3분 뒤 덧없이 죽고 만다.

여왕개미는 평생 아무 일도 하지 않고, 일개미의 보호를 받으며 알만 낳는데 평균 15년 동안 살면서 1억 5천만 개의 알을 낳는다. 반면 수명이 2~3년인 일개미들은 어렸을 때는 여왕개미의 수종을 들고 알과 애벌레를 보살피다가 어른이 되면 바깥세상에서 먹이를 구해오는 일을 맡는다.

개미들의 모습을 자세히 관찰하면 배의 끝 부분을 땅에 끌면서 가는 것을 알 수 있다. 시각이 그리 발달하지 못한 개미들은 몸속에 있는 '페르몬'이라는 화학 물질을 분비해서 냄새로 길을 만들어 먹이가 있는 곳을 동료들에게 알린다. 만약 침입자를 발견하면 즉시 '경보 페르몬'을 분비하여 동료들에게 위험 신호를 보낸다.

개미가 작다고 얕잡아 보다가는 큰코 다치기 쉽다. 유랑생활을 하는 군대개미는 수만 마리가 한꺼번에 무리지어 이동하는데, 군대개미가 나타나면 사자들도 도망친다. 군대 개미가 휩쓸고 지나간 자리엔 생명의 흔적을 찾아볼 수 없기 때문이다. 맥시코 사람들은 군대개미가 오면 잠시 집을 비우고 피난하는데, 돌아와 보면 군대개미가 집안의 바퀴벌레, 쥐, 도마뱀 등을 모조리 먹어 치우고 집안을 깨끗이 청소해 놓았다고 한다.

개미는 무엇보다도 작은 존재이면서도 또한 얼마나 놀라운 존재인가? 작은 몸임에도 불구하고 무수한 조직으로 구성되어 있다. 작은 발과 촉각, 작은 눈과 털, 이러한 것이 다시 어떻게 구성되어 있는가 생각하는 것만으로도 머리가 아득해지는 느낌이 든다.

이 미세한 기관이, 본능이 지시하는 하나의 목적을 위해 움직인다. 그것도 단 한 마리의 개미가 아니라, 같은 집에 사는 모든 개미를 위해서, 이것이야 말로 자연의 경이(驚異)라고 표현하지 않으면 무엇이겠는가. 이것에 비해 인간이 만든 컴퓨터 따위는 얼마나 꼴사납고 초라한 것인가. 인간으로서 반드시 머릿속에 넣어두어야 할 것은 '작은 것은 인간에게 큰 의미를 갖는다.'는 것임에도 우리는 그것을 종종 망각한다.

"큰 것이든 작은 것이든 모든 것을 깊이 사랑하는 사람이야 말로 가장 진실하게 기도하는 사람이라고 할 수 있다. 우리를 사랑하는 하나님은 모든 것을 만들고 모든 것을 사랑하기 때문이다." 라고 콜리지가 묘사 했듯이 생각하는 사람이 되라. 사물을 보고 단지 느끼는 것에 그치지 말고 언제나 그 밑바탕에 무엇이 있을까를 생각해야 한다. 인간 존재의 의미는 그것을 어떻게 사용하여 사물을 생각하는가에 달려 있다.

개미가 떼를 이루어 셀 수 없이 많은 개미가 길바닥에 나와 있는 것을 보고 개미들 집에 무슨 일이 있는지 알 수 없지만 사람이 다니고 차가 달리는 길이기에 너무 위험해 보였다. 그 개미들에게 크게 소리쳐서 위험을 알려주고 싶었다. 개미가 내 말을 알아들을 리가 없다.

하나님이 죄악의 구렁텅이에 빠져 허우적거리는 인생을 보고 "인생들아 사망의 길에서 어서 나오라" 수없이 소리쳤지만 인간이 어찌 하나님의 소리를 알아들을 수 있겠는가? 개미는 개미의 음성, 개미의 언어가 필요한 것이다. 그래서 하나님은 우리를 구원하시려고 사람(예수)으로 오셔서 이 땅의 인간들에게 구원의 복음을 전하게 하신 것이다.

삼중 장애를 이긴 헬렌 켈러

성공이란 자신이 가진 모든 것을 이용해 최선을 다하는 것이며, 주어진 목표를 이루겠다는 긍정적인 사고방식으로 삶을 살아가는 것이다. 이렇게 자신을 사랑하고 발전시켜 나가면 맑은 마음의 창을 통해 참다운 인간관계가 발현된다.

인생에서 성공이란 종종 그 사람의 동반자들에 의해 판단되기도 한다. 지금 당신 곁에 있는 사람들은 과연 어떤 사람들인가? 화려하게 치장한 겉모습이 아니라 따뜻한 영혼을 가진 사람, 행복을 몸소 실천하는 사람들과 교감한다는 사실은 참으로 아름다운 것이다.

그런 면에서 헬렌 켈러야 말로 고난을 딛고 일어서 진실로 아름다운 삶을 살다 간 대표적인 성공자일 것이다. 1880년 6월 27일 미국 엘라배마주의 한 작은 마을에서 태어났다. 태어난 지 19개월 되었을 때 열병을 앓은 후 결국 보지도, 듣지도, 말하지도 못하게 된다. 그녀는 절대 절망 속에서도 처절한 노력 끝에 마침 닫혀 있던 문을 스스로 열어 젖혔다. 그렇게 함으로써 그 어떤 비장애인도 해내지 못한 사회 활동으로 인간의 존엄을 증명해 냈다.

인간의 존엄성을 가장 인격적으로 증명해낸 인물이 바로 헬런 켈러가 아닐까 생각한다. 특히 그녀는 그런 삼중 장애를 딛고 일어선 뒤 쓰고 말하고 일함으로써 쉼 없이 다른 사람들이 더 나은 삶을 살 수 있도록 헌신했다.

사랑하는 딸의 불행에 상심한 아버지는 그녀가 일곱 살 되던 해에 앤 설리번이라는 가정교사를 집안에 들였다. 장애인을 대하는 사회적인 편견을 이기고 절망하지 않고 자신의 굳건한 의지로 사랑하는 딸을 위해 최선을 다하는 아버지의 노력을 우리는 간과해서는 안될 것이다. 그 후 설리번은 헌신적인 노력과 집념으로 어린 헬렌에게 손가락 움직임을 이용하는 의사소통 방법을 익히게 했고, 브라유 점자를 가르쳐 지식에 눈을 뜨게 했으며, 눈물겨운 성대 훈련을 통해 말하는 법까지 가르쳤다. 앤 설리번이야말로 어둠속에서 허우적거리고 있던 헬렌을 양지로 이끌어 낸 평생의 동반자였다.

헬렌 켈러는 육체적 투쟁에서 자신에게 닥친 삼중 장애를 극복하였다. 사회적 투쟁에서는 장애인과 여성에 대한 당시 편견과 오해에 맞선다. 사회의 약자의 문제를 근본적으로 해결하기 위해 정치적 활동을 모색하고 참여하였다. 88년 동안 헬렌 켈러는 자신에 닥친 모든 것과 싸웠다. 그녀는 모든 점을 종합해 볼 때 대단히 존경스러운 사람이다.

나폴레옹과 헬렌 켈러의 인생을 견주어 생각해 보자. 나폴레옹은 보통 사람이 추구하는 영예, 권력, 돈을 모두 가졌지만 "나는 일생 동안 하루도 즐거운 날이 없었다."고 말했다 그러나 헬렌 켈러는 눈이 멀고 귀가 들리지 않으며 말도 할 수 없는 삼중의 고통 속에 살았지만 오히려 "생명이 이렇게 아름답다는 걸 발견했다"고 말하며 험난한 사회, 어둠을 밝히는 삶을 살았다.

데일 카네기는 상대방의 생각을 알면 그가 어떤 사람인지 알 수 있으며 사람의 특성은 모두 생각에 의해 만들어진다고 말하며 생각의 중요성을 강조했다. 이처럼 운명도 생각에 따라 결정된다. 결국 우리의 인생은 어떻게 생각하느냐에 따라 결정된다.

로마 제국을 통치했던 위대한 철학자 아우렐리우스는 "생활은 생각에 의해 만들어진다."라고 했다. 즐거운 일을 생각하면 즐거워지고, 슬픈 일을 생각하면 슬퍼지며 무서운 생각을 떠올리면 두려워지고 실패만 생각하면 실패하게 되고, 자기 연민에 빠지면 모두가 우리를 피하게 된다.

이에 대해 노먼 빈센트 필은 이렇게 말했다.

"당신은 당신이 상상하는 모습으로 바뀔 수 있다."

이 말은 곧 어떤 상황에서도 긍정적인 태도를 가져야 한다는 것이다. 우리는 분명 문제의 핵심에 관심을 가져야 하지만 그것이 곧 걱정이나 부정적인 상황만을 뜻하는 것은 아니다. 자동차와 사람이 뒤엉킨 복잡한 거리를 지나면서 조심해야 할 필요는 있지만 걱정할 필요는 없지 않은가. 관심이란 문제가 어디에 있는지를 파악한 다음 냉정하게 차근차근 해결해 나가며 내게 미칠 것 같은 걱정과 근심에 마침표를 찍는다.

우리 마음속에 평정과 생활에서 오는 즐거움은 다른데 있지 않으며 우리가 어떤 사람이냐에 달린 것도 아니다. 그것은 바로 우리 마음에 달려 있다. 외부 조건은 그다지 중요하지 않다.

300년 전, 밀턴도 눈이 멀고 나서 똑같은 진리를 발견했다.

"어떻게 마음먹느냐에 따라 지옥을 천당으로 만들 수도 있고 천당을 지옥으로 만들 수도 있다."

베풀면서 사는 삶

연말이면 거리에 울려 퍼지는 구세군의 자선냄비 종소리는 한 해가 다 가기 전 불우한 이웃을 돌아보게 한다. 구세군은 한 손에는 복음을 들고 영혼을 구원하며, 한 손에는 빵을 들고 굶주린 자들을 돌보아준다. 구세군 자선냄비는 적은 정성을 모아 어려운 이웃에게 실질적인 도움을 주는 것도 대단히 중요하지만 그것 못지않게 중요한 것은 우리 국민들에게 베풀면서 사는 삶의 정신을 일깨워주는 데 있는 것이다.

구세군은 19세기 영국에서 시작되었다. 당시의 영국은 산업혁명 후기에 접어들고 있었고 실업자와 빈민으로 인해 사회 제반 문제가 심각해지던 때였다. 일을 할 수 있는 사람들은 하루치의 빵과 우유를 얻기 위해 불결한 환경에서 하루 18시간이라는 장시간 노동을 감수해야 했고 경제적 빈곤은 정신적, 도덕적 타락으로까지 번지고 있었다.

신고전주의 경제학자였던 파레토는 당시 영국의 부와 소득의 유형을 연구하던 중, 인구의 20%가 전체 재화의 80%를 차지하고 있음을 발견했다. 여기서 유명한 "파레토 최적의 법칙"이 나온다. 흔히 20 대 80(이공팔공)의 법칙이라고 하는 것이다.(파레토 법칙은 부와 소득뿐 아니라 사회의 다양한 현상을 분석하는데 응용되었다. 기업의 매출 분석에서 상위 20%, 일반 고객이 전체 매출의 80% 차지하는 현상 또한 파레토 법칙으로 해석할 수 있다). 그러나 파레토는 재산 분배 상태의 정당성 여부는 경제학의 연구 대상이 아니라고 못을 박음으로써 재화의 불균등 분배에 대한 문제는 파고들지 않는다. 그는 내심 세상이 평등하지 않다는 사실을 인정한 것인지도 모른다. 어쨌든 옛날이나 오늘이나 어느 시대를 막론하고 누구는 많은 부와 함께 태어나고 누구는 극심한 환경에서 굶주림에 허덕였다. 그런 상황에서 "모든 재산은 강탈이다"라고 외치던 사회주의자 피에르 프르동과 공산주의 이론의 토대를 닦았던 칼 마르크스 자본론은 혁명의 불씨를 지피고 있었다.

하지만 혁명은 일어나지 않는다. 대신 가난하고 소외된 사람들에게 새로운 힘을 불러일으키기 위해 "가난한 사람을 위한 교회 운동"이 런던 빈민가에서부터 시작되고 있었다. 그들은 국(soup)과 비누(soap)를 나누어주고 '영혼의 구원(salvation)'을 위해 자립과 갱생을 무엇보다 역설했고 지원했던 것이다. 이른바 '3s'운동이 일어난 것이다. 이것이 곧 윌리엄 부스 목사가 시작한 구세군 활동이었다. 구세군 활동은 자선의 혁명이라 불릴 만큼 최초로 조직화된 자선 활동이었다.

그러다가 19세기 영국과 같은 비인간적 자본주의 시대는 지나갔다. 영국을 비롯하여 이제 대부분의 나라는 그와 같이 비인간적인 과정을 통해 재산을 축적하는 것은 묵과하지 않는다. 하지만 불균등과 불공평은 여전히 남아 있다. 모든 사람이 부자가 될 수는 없으며, 자선과 도움의 손길을 필요로 하는 곳도 여전하다.

'빌&멜린다 게이츠 재단'이 있다. 마이크로소프트를 은퇴한 빌 게이츠가 만든 자선 단체다. 자기 재산의 60%를 출원했고, 다른 부자들이 설립한 보통 단체와는 달리 돈만 기부하고 만 것이 아니라 그 자신이 직접 자선 단체에 참여하고 있다는 것이다.

"부자의 큰 행복은 자선을 할 수 있다는 것에 있다."라고 한 도덕철학자 브뤼에르의 말과 "재산을 움켜쥐기만 하고 쓸 줄 모르는 사람은 한마디로 재산을 가질 자격이 없는 사람이다."라고 한 T. 풀러의 말을 되새기면 빌 케이츠는 세계 최고의 부를 이룩할 만한 자격이 충분했던 인물이라고 할 수 있겠다.

이밖에도 세계적인 부자들의 자선 행위는 많다. 워렌 버핏과 빌 게이츠는 자선재단에 거액을 기부했고, 아메리카 온라인의 설립자 스티브 케이스 역시 자신의 자선 단체를 만들었으며, 세계에서 가장 창의적이며 막강한 힘을 가졌다는 구글의 창립자가 만든 자선 조직도 있다. 또 록펠러가 만든 재단은 물가 상승률을 고려했을 때 그 규모면에서 빌 게이츠가 만든 재단의 규모를 능가한다. 하지만 부자들만이 자선을 행할 자격이 가진 건 아니다.

칼릴 지브란은 "가진 것은 많으나 조금만 베푸는 자들의 자선은 세상이 알아주기를 바라는 더러운 욕망"이라고 일침을 가했다. "사람들은 자선의 규모를 보고 칭송을 하지만 하나님은 그가 왜 자선을 하는지를 본다."라는 영국 속담도 있다.

구세군의 시작처럼 가진 것이 없는 사람들의 작은 자선이야말로 세상의 어둠을 밝히는 희망의 시작일 것이다. "조금밖에 없으나 전부를 내놓는 선행이야말로 그 어떤 선행보다도 가치가 크다."고 예수님은 말씀하셨다(막12:41~44). 만약 지금까지 한 번도 기부를 해보지 않았다면 당장 단돈

천 원이라도 해볼 일이다. 기부할 돈이 없다면 단 몇 시간만이라도 우선 자원봉사를 해볼 일이다.

모금함을 만들 돈도 시간도 없어 그냥 집에 있던 냄비를 가지고 나와 거리에 걸어 놓고, "난파선에 겨우 목숨을 구한 저들을 도와줍시다."고 여사관이 외쳤던 것이 오늘날 구세군 자선냄비의 시작이었다.

자신의 일을 지극히 사랑하라

에이브러험 링컨은 "세상에 비천한 직업은 없다. 다만 비천한 인간이 있을 뿐이다."라고 했다. 하지만 이 말을 곧이곧대로 믿는 사람은 없을 것이다. 링컨의 직업관이 도덕적으로 올바른 것이라는 점에는 동의할 수 있지만, 현실적으로는 직업에 따른 차별과 불평등이 엄연히 존재하기 때문이다. 그래서 누구에게나 직업에 대한 우선순위가 있게 마련이다. 선호도가 높은 직업군과 백안시 되는 직업군이 나뉘는 것이다. 이런 이유로 링컨의 말이 옳다는 것은 알고 있지만 그 말에 선뜻 동의하기는 힘들다.

하지만 직업에 대한 편견이 없던 시절이 놀랍게도 역사상 존재했었다. 종교개혁가 칼뱅이 다스리던 16세기에 제네바에서였다.

로마 가톨릭 교회의 타락에 맞서 교회 혁신의 운동을 벌이던 칼뱅은 자신의 개혁안을 담은 비망록을 제네바 의회에 제출함으로써 23년간의 신권정치를 시작한다.

처음 13년은 기성의 권위와 싸웠던 악전고투의 시기였고, 나머지 10년은 승리의 시기라고 평가 받는다. 그는 먼저 교회법을 제정해서 당시 인구 1만 3,000명의 도시 제네바를 세 교구로 구분하고 시민들에게 교회출석을 의무화했다. 그리고 음주, 방탕, 저속한 노래 등을 금지시키는 개혁을 단행한다. 하나님의 구원은 예정되어 있다는 '구원 예정설'을 내세웠던 그가 제네바 시민들에게 가르친 것은 두 가지로 요약할 수 있다. '금욕적 생활'과 '소명으로서의 직업관'이다. '금욕적인 생활'은 선택받은 그리스도인이 가져야 할 자세를 의미한다. "소명으로서의 직업관'은 선택받음에 대한 자기 확신이 위해 필요한 것이다. 어떤 직업이든 하나님께 봉사하기 위해 있음을 의미한다.

기독교 사학자들은 만약 지상에 천국이 있었다면 그가 다스린 23년간의 제네바라고 평가하고 있다. 그도 그럴 것이 당시 신흥 상공업도시로 사치와 방탕, 그리고 범죄가 들끓던 제네바가 완전히 다른 모습으로 탈바꿈했기 때문이다.

칼뱅의 제네바는 어떤 직업을 갖고 있느냐가 아니라 자신의 직업에 얼마만큼 충실한가로 평가를 받았다.

20세기에 이르면 막스베버가 자신의 저서 『프로테스탄티즘과 자본주의 정신』을 통해 이와 같은 윤리의식이 자본주의의 태동을 가능하게 했다는 평을 내리게 된다. 칼뱅의 시대가 우리의 조선시대와 마찬가지로 신분제가 살아 있던 시대였다는 점을 감안하면 가히 혁명적인 직업관이었던 것이다.

하지만 불행하게도 지금은 '소명으로서의 직업관'은 더 이상 유효하지 않은듯하다. 현대인은 누구나 일에 치여 있으며 또 일에서 헤어나지 못하고 고통스러워한다. '3D' 직종이라고 기피하는 직업군도 있다. 보다 많은 부가 가치를 창출하고 안정적인 직종일수록 선호도가 높다. "직업에 귀천이 없다."는 말을 입 밖에 내려면 위선적이라는 비난을 각오해야 할 정도다. 하지만 현실적으로는 모두가 좋고 깨끗한 직장을 가질 수는 없다. 누군가는 기피하는 일을 해야 한다. 하지만 여기서 우리가 잠시 멈추고 생각해야 할 것이 있다. 어떤 일이든 그 일에 최고가 되어 달인이 된다면 많은 사람들의 시선이 달라지고 자신의 운명조차도 바꾸어진다는 사실이다.

"훌륭한 직업은 시종일관 자기희생과 투지, 그리고 창의력이 있어야 수행되는 것이다."라고 막스 비어붐은 지적을 했다. 모든 사람은 자기 일에 대해 예술가가 되어야한다."는 로댕의 말처럼 자기 일에 대한 정열과 애정이 있는 사람에게만 그와 같은 발상의 전환과 혁신이 찾아오는 것이다.

청년실업자가 늘어가는 것이 국가 경제에 가장 큰 우려를 낳고 있다. 그 원인이 무엇일까? 직장인 중에는 대학에서 전공한 것을 살려서 그 방면에 전문직이 되는 자보다 전공과는 상관없는 별개의 직장이나 사업을 하는 자가 더 많다. 대학을 진학하고자 할 때 얼마나 많은 시간과 돈을 투자 했는가? 생각해보면 참으로 후회가 막급하다. 개인적으로나 국가적으로 손실이 크다. 과거에는 자기 적성을 찾기보다 아무 대학이나 들어가고 보자, 남들도 다 대학을 가니 나도 들어가야겠다, 자기가 좋아하는 학문인가? 자기가 좋아하는 길인가를 깊이 생각하고, 구별하고, 택할 여유를 가졌어야 했다.

자기적성에 맞는 직업을 찾는 것이 구직의 첫째 원리라고 하지만 자기 적성에 맞는 직업을 만나기란 그리 쉽지 않다. 더구나 사회적으로 존경받고 인정받는 직업에는 수많은 경쟁자가 몰린다는, 엄연한 현실이 존재한다. 그냥 흘러가는 대로 살아야 하는 것일까? 그건 아닐 것이다. 이에 대한 해답을 하인리히 슐리만의 이야기에서 그 힌트를 얻을 수 있다.

트로이 유적을 발견한 슐리만의 적성과 꿈은 고고학자였지만 가난했던 그는 먼저 돈부터 벌어야 했다. 적성과는 상관없는 무역업에 종사해야 했지만 그는 그 일도 사랑했다고 한다. 무엇보다도 고고학자로서 필요한 외국어 수업을 현장에서 할 수 있었기 때문이다. 이후 그가 각고의 노력 끝에 유적발굴에 나설 즈음엔 영어와 이탈리아어, 그리스어 등 5개 국어를 능숙하게 구사할 수 있었다고 한다. 만약 슐리만이 고고학자만을 염원하고 다른 일을 쳐다보지도 않았다면 트로이는 다른 사람에게 발굴 되었을 것이다.

슐리만에게는 자신이 꿈꾸던 직업이 있었다. 하지만 그 일은 현실적으로 자기 마음대로 구할 수 있는 일이 아니었다. 그래도 그는 그 꿈을 포기하지 않고 자신이 진실로 하고 싶은 일을 하지 못하고 우회로를 택한 현실의 상황을 참고 견디며 극복한 것이다. 슐리만의 이야기는 어떤 일이 됐든 먼저 주어진 직업에 충실해야 자신이 꿈꾸던 일도 이룰 수 있다는, 단순하지만 분명한 메시지를 던져 준다.

"자기 일을 멸시하는 자는 평생 먹을 양식과 싸운다."는 스퍼전 목사의 말대로 직업에 만족하지 못하는 사람은 평생 일이 주는 속박에서 벗어나지 못한다.

우리는 인생의 대부분을 일 속에서 보내야 한다. 직업을 떠나서는 살 수가 없다. 따라서 자기 직업에 대한 만족과 사랑이 없다면 가장 불행한 사람으로 전락할 수 있다. 로댕의 말처럼 일에 대한 예술가적인 열정과 애정을 기울일 때, 비로소 일을 통해 우리 삶이 업그레이드되는 기쁨을 맛볼 수 있을 것이다.

어느 날 프랑스의 극작가 지라르댕에게 비극의 각본을 들고 나타난 청년이 있었다. 그 청년은 자기가 쓴 각본은 훌륭한 것이라 자부하고 있었다. 그러나 지라르댕은 그와 잠시 얘기해 보고는 그가 문학자로서 적합하지 않음을 발견하고 이렇게 일러 주었다.

"대단히 안됐지만 자네는 문학보다 의학 방면으로 나가는 것이 적합하다고 생각하네."

그 청년은 그 얘기를 듣고 낙심하여 살 의욕조차 잃었다. 그러나 그는 지라르댕의 말이 옳다는 것을 알게 되었다. 그는 문학의 관심을 뚝 끊어버리고 의사가 되려고 공부하기 시작했다. 생리학 연구에 전력을 기울인 그는 간장(肝臟)에서 글리코겐을 발견한 생리학 의학 사상 불후의 공적을 이루었다. 그가 바로 클로드 베르나르이다. 지라르댕의 충고를 받아들여 자기의 적성을 찾아내고, 그것이 바로 자기 인생의 성공의 열쇠를 가지게 된 것이다.

사막에서 별을 찾은 여인

셀마는 남편을 따라 사막의 육군 기지에서 생활하게 됐다. 남편이 사막으로 훈련을 하러 떠나면 그녀는 혼자 육군 캠프에 남아있어야 했다. 선인장 그늘에서도 50도가 넘는 뜨거운 날씨인데다 이야기를 나눌 사람도 하나 없었기 때문에 그녀는 너무 외롭고 무료하고 지루했다.

하루하루 사는 것이 너무 힘든 나머지 모든 것을 버리고 집으로 돌아가겠다고 부모님께 편지를 썼다. 아버지는 단 두 줄의 답장을 보내왔다. 그 두 줄의 짧은 편지가 그녀의 생활을 완전히 바꾸어놓았다.

> "감옥에서 두 사람이 철창 밖을 바라보고 있었다. 그런데 한 사람은 땅을 보았고 한 사람은 하늘의 별을 보았단다."

셀마는 너무나 부끄러웠다. 그녀는 우울한 생각을 떨치고 사막에서 별을 찾기로 결심했다.

그 후 적극적으로 현지인을 사귀기 시작했는데 그들의 반응이 놀라웠다. 그동안은 언어가 통하지 않아 이방인 대하듯 서먹하기만 했는데, 이제 웃는 낯으로 가까이 가서 손짓 발짓을 하며 대화를 나누다 보니 생각했던 것보다 진보가 빠르고 언어소통이 자연스러워졌다. 이제는 그녀들의 방직품과 도자기를 그녀에게 선물해 주기도 했다.

셀마는 매혹적인 선인장과 각종 사막 식물뿐 아니라 생태에 대해 연구했고, '타르바간'(설치류 동물, 다람쥐 종류, 몽골 마못과 비슷)에 대해서도 공부했다. 사막의 일몰을 보며 소라껍데기를 줍기도 했는데, 그것들은 몇 만 년 전 이 사막이 바다였을 때 남은 것이었다. 한때는 도저히 견디기 힘들었던 곳이 이제는 그녀를 흥분시켰고 그녀 주변의 경관이 너무 아름다워 차마 떠나지 못하는 특별한 곳이 되었다.

사막은 바뀌지 않았다. 그곳 사람들 역시 바뀐 게 없다. 바뀐 것은 오직 이 여인의 생각이다. 작은 생각의 차이가 열악했던 상황을 일생에서 가장 의미 있는 경험으로 바꾸어 놓았다. 그녀는 신세계의 발견에 흥분을 감추지 못했고 그 결과 《즐거운 보루(堡壘)》라는 책을 출판하게 되었다. 그녀가 감옥이라고 생각했던 사막에서 결국은 별을 보았다.

세상에는 실패한 사람과 평범한 사람들이 대부분이다. 그러나 결국 정신 상태이다. 어려움에 직면했을 때 그들은 항상 손쉬운 길을 택한다. "난 안 돼, 역시 그만 둬야겠어." 그 결과 실패라는 깊은 심연에 빠진다.

하지만 성공하는 사람은 어떤가? 그들은 어려움에 직면했을 때도 여전히 적극적인 마음을 유지한다. "해보자, 난 할 수 있어!" "분명한 방법이 있을 거야!"라고 하면서 자신을 격려하면서 부단히 전진하며 성공에 이른다. 에디슨은 수천 번의 실험에 실패하고도 물러서지 않아 마침내 전기를 발명하여 세상을 밝힌 위대한 발명가가 되었다.

이처럼 성공 여부는 그 사람의 마음에 달려 있다. 성공한 사람과 실패한 사람의 차이는 긍정적인 자세를 가졌느냐, 부정적인 자세로 인생을 바라보느냐 하는 것이다.

03

깨닫는 자의 행복

깨닫는 자의 행복

운명(運命)

여행은 정신을 젊어지게 하는 샘이다

칭찬하라, 행복이 배가 될 것이다

천재는 1%의 영감과 99%의 땀으로

웃으면 인생이 행복해진다

마음이 밝으면 얼굴에 빛이 난다

건강한 사람

깨닫는 자의 행복

'깨닫다'의 의미는 '어떤 사물이나 또는 인생의 본질이나 이치 따위를 깊이 생각하거나 궁리하여 알게 되다.' 라는 의미를 가리키는 말이다.

아주 오랜 옛날부터 사람들은 깨달음의 본질을 알아내기 위해 많은 노력을 하였다. 그리고 깨달은 자를 가리켜 '선각자(先覺者)' 또는 '현인(賢人), 현자(賢者)'라 일컬어 그들을 따르고 그들의 가르침을 즐거워하며 배우려고 했다.

그리고 많은 현자들이 자신이 생각한 깨달음의 의미와 실천방법들에 대해 얘기를 했다. 현자들은 깨달음이란 것이 쉬게 얻어지는 것이 아님을 늘 강조했다.

중국의 유명한 고전으로 우리의 삶속에 진정한 의미를 가르치는 잠언(箴言)집인 「채근담(菜根譚)」에서는 "꽃을 가꾸고 대나무를 심어놓고 학을 즐기고 물고기를 바라볼지라도 또한 그 가운데 깨닫는 바가 있어야 한다."

단지 그것으로 그 광경에 빠져 겉모습만 희롱한다면 이는 역시 유교에서 말하는 "구이지학(口耳之學)으로 남에게 들은 것을 자기 생각 없이 그대로 전하는 것이 고작인 학문으로 끝나고 말 것이다."

불교에서 말하는 "완공(婉空)이란 말처럼 마음속에 아무런 기억도 없는 것이 무슨 아름다운 취미가 되리오."라고 말했다. 이는 깨달음이란 것이, 그것을 얻고자 하는 의지가 있을 때에만 구해질 수 있는 것임을 강조하고 있다.

성경에 "교회에서 네가 남을 가르치기 위하여 깨달은 마음으로 다섯 마디 말을 하는 것이 일만 마디 방언으로 말하는 것보다 나으니라"(고린도 전서14장 19절)는 말씀은 말로써 하나님 나라를 이루는 것이 아니라 깨달음 곧, 실천하는 행동에 가치가 있는 것이다.

공자(孔子) 또한 "배우기만 하고 깊은 생각이 없다면 깨닫지 못하고, 배우지 않고 멋대로 생각에 잠기면 위태롭게 된다."고 했다. 공자의 말 또한 아무리 좋은 강연을 듣고 좋은 책을 읽는다고 해도 생각 없이 재미로 읽는다면 깨달음을 얻을 수 없다는 것을 알려주는 명언이다.

또 시인 유동범은 "깨달음을 향한 수행 길은 거리가 없는 여행길이다. 그것 우리가 처해 있는 곳으로부터 출발하여 우리가 있던 곳으로 돌아가는 여행이다."라고 말했는데, 이는 깨달음이란 어느 한 순간에 얻어지는 것이 아니라 긴 여행 끝에 얻어지는 것임을 강조하고 있다.

그렇다면 그러한 깨달음의 과정을 통해 현자들은 어떤 결론에 이르렀을까? 즉 그들은 무엇을 깨닫는 것이 중요하다고 생각했으며, 깨닫는다는 것의 의미가 무엇이라고 생각했을까?

많은 현자들의 깨달음과 관련하여 공통적으로 강조하는 것은 자기 자신의 미약함, 부족함, 그릇됨, 무지함을 아는 것이다.

그래서 빌리 그레이엄 목사는 "사람은 부족함을 깊이 깨달으면 깨달을수록 좋다. 그것이야 말로 행복의 출발이다."라고 말했다.

철학자 파스칼은 "인간의 위대함은 자기 자신의 보잘것없음을 깨닫는 점에 있다"는 명언을 남겼다. 나아가 프랑스의 시인 부알로는 "가장 현명한 사람은 자기가 전혀 현명하지 않다고 여기는 사람이다."라고 노래했고, 역사가 토마스 칼라일은 "자기 잘못을 하나도 깨닫지 못하는 것이 가장 큰 잘못이다. 이 모든 말들은 깨달음을 얻기 위한 처음이자 마지막 관문이 모두 자기 자신임을 명백히 해준다.

그런데 사람들은 왜 이토록 깨달음을 얻고자 노력하는 것일까? 그 말에 대한 해답은 「채근담」에서 얻을 수 있을 듯하다. 「채근담」에서는 "오직 스스로 깨달은 '선비'만이 시끄러움도 고요함도, 영화도 쇠퇴도 없으며, 가는 곳마다 그 마음에 흡족하지 않은 세상이 없다."고 했다. '선비'라는 말을 '사람이'란 말로 바꾸어 놓고 본다면 결국 깨달은 '사람만'이 제대로 된 행복을 향유할 수 있다는 뜻이다.

"바보는 불행을 겪은 뒤에야 비로소 정신을 차린다."라는 로마 속담이 있다. 이는 당연한 이치처럼 보이지만 그 당연함 속에 깊은 뜻이 담겨 있다. 여기서 말하는 바보란 단순히 지능이 부족한 사람만을 뜻하는 것이 아니기 때문이다. 아무리 지능이 좋더라도 인생의 의미를 제대로 깨닫지 못하고 피할 수도 있었던 불행을 계속해서 겪는다면 그는 여전히 바보인 것이다.

운명(運命)

우리 주변에는 운명의 지배를 받고 있다고 생각하는 사람들이 우리가 생각하는 것보다 훨씬 많다. 이 같은 사람들은 노력을 해도 되지 않을 때, 되지 않으면 그 이유를 운명이나 팔자 탓으로 돌리곤 한다.

사람이 운명에 관심을 기울이기 시작하는 나이는 대체로 사춘기 때부터라고 한다. 사춘기는 보통 질풍노도(疾風怒濤)의 시기라고 한다. 즉 몸과 마음이 변화하는 시기로 어린이가 어른이 되어가는 자신과 주변사람들을 바라보면서 부딪치며 느끼는 시대라고 알려져 있다. 갑자기 내 앞에 닥치는 세찬 바람과 풍랑을 이해하고 감당하기 어려워 불안감을 가지게 된다. 이 시기는 자기 정체성에 대한 불안감이 특징이다. 외모에 대한 집착, 또래문화에 대한 유대감, 기성 권위에 대한 도전 등이 나를 위압한다. 사실 이런 것들은 자기 정체성 형성과정에서 자연스럽게 나타나는 것인데도 처음 경험하는 그들이기에 불안할 수밖에 없을 것이다. 불안감을 어떤 식으로든지 떨쳐버리고 나만의 확신이 필요로 할지도 모른다. 그래서 고민하고 반항하며 소리쳐보기도 한다. 나의 운명은 어떻게 될까하고 가당치않은 생각도 해본다. 통과의례적인 것이리라 말하고 싶다.

흔히 운명이라고 하면, 크고 거대한 어떤 존재가 이미 정해놓은 것이라고 생각하지만 '운(運)과 명(命)'은 서로 다른 의미를 갖고 있다. 사주팔자 학에서는 이미 정해져 고정된 것을 명이라고 부른다. 언제, 어디서, 누구에게 태어나고 언제 죽을 것인지는 모두 이 '명'에 관련된 것이다. 아무리 노력해도 사람의 힘으로는 어쩔 수 없는 것들이다. 나머지는 모두 '운'에 속한다. '운'은 인간의 의지와 노력으로 바꿀 수 있는 것들이다. 이 '운'과 관련된 것들은 꽤 많다. 시험 운, 승진 운, 재물 운, 사업 운 등등. 그런데 우리는 그냥 스쳐지나가지만 잘 들여다보면 '사업운'이라는 말은 있지만 '사업명' 이라는 말은 없다. 그렇게 운과 명은 다른 것이고 운명이란 우리가 흔히 비교대상으로 삼는 숙명과는 다른 것이다.

『군주론』의 저자 마키아벨리는 "운명은 인생의 50%에 대한 결정적 요소이기는 하지만 나머지 50%는 우리 자신이 지배할 수 있다."는 명언을 남겼다. 마키아벨리가 운명에 대해 동양적 사고를 한 것은 아니지만, 그리고 50%라는 것은 그의 주관에 따른 기준이지만, 마키아벨리 또한 '운' 과 '명'만큼은 정확히 구분해서 생각하고 있다.

그런데 고대 로마의 역사가 코르넬리우스 네포스와 같은 인물에겐 마키아벨리조차 어쩔 수 없는 운명론자일 수 있겠다. 그는 "운명이란 것은 결코 신이 지배하는 것이 아니다. 사람은 각자 자기 손으로 자신의 운명을 만든다."라고 말했기 때문이다. 마키아벨리가 옳을까, 코르넬리우스가 옳을까? 무엇이 맞는지는 다음이야기를 통해 각자 나름대로 판단할 것이다.

유사과학과 미신에 대한 비판이 가득한 칼 세이건의 『악령이 출몰하는 세상』에 소개된 프레더릭 베일리라는 흑인의 이야기다. 베일리는 1820년대 메릴랜드에서 노예로 태어났다. 농장에서, 교회에서, 의사당과 법정에서 흑인들은 유전적으로 열등하며 고통을 받는 것은 신의 뜻으로 여기던 시대에 이른바 '검둥이'로 태어난 것이다. 당시 흑인들에겐 어떤 법적 권리도 없었다. 태어나자 어머니 품에서 떨어져 짐승처럼 키워지는 것이 일반적이었다. 그는 그렇게 태어났고 누더기를 걸치고 농장에서 일을 하다 망아지처럼 팔려 볼티모어로 옮겨간다. 거기서 작은 변화가 일어난다. 험한 농장 일에서 벗어나 노예주인의 시중을 드는 집안일을 맡게 된 것이다.

새로운 환경에서 그는 책을 읽을 줄 아는 사람들과 매일 같이 마주치게 된다. 검은색으로 꼬불꼬불 쓰여진 것과 입에서 나오는 소리가 대응한다는 사실을 어렴풋이 파악하고는 어떤 경외감을 느끼기 시작한다. 주인 아들의 그림책으로 몰래 철자공부를 시작하던 그는 주인에게 그 모습을 들켜 심한 매질을 당한다. 그럼에도 그는 배우는 것을 포기하지 않았고 귀동냥과 눈동냥으로 끝내 글을 깨치고 만다. 그리고 노예제도가 불법으로 여기는 뉴잉글랜드로 도망을 친다. 그가 글을 읽을 줄 알았던 재주가 도망 길에 큰 도움이 되었다고 전한다.

그는 1842년 메사추세츠 주 반노예제도단체 회원들 앞에서 연설을 행한다. 이 연설은 지금도 미국인을 감동시킨 역사적인 연설 중 하나로 꼽힌다. 후에 그는 미국역사상 가장 위대한 연사이자 작가이며, 정치 지도자 가운데 한명이 되었다. 미국정부의 자문위원직을 맡은 최초의 흑인이기도 했다. 흑인에겐 교육이 금지되어 있던 시대에 마틴 루터 킹과 버락 오바마와 오프리 윈프라의 정신적인 아버지가 되었던 것이다.

시인 롱펠로우는 "고귀한 인물은 좀처럼 자신의 운명을 탓하지 않는다." 고 했다. 프레더릭 베일리는 분명 고귀한 인물이다. 노예제도가 살아 있는 시절이었음에도 흑인으로 태어난 자신의 운명을 탓하고 있지 않았기 때문이다. 흑인으로 태어난 자신의 "명"에 머물지 않고 적극적으로 '운'을 개척해 나가는 일이 결코 쉬운 일이 아니라는 것을 우리는 충분히 짐작할 수 있다. 현대 사회에서 아무리 척박하고. 열악한 조건을 가지고 있는 사람이라 할지라도 노예제도 사회속의 흑인에 비길 바는 아닐 것이다.

작가 T. W.윌슨은 "운명에는 우연이란 없다. 인간은 여러 운명을 만나기 전에 벌써 그것을 만들고 있는 것이다."라는 명언을 남겼다. 마키아벨리의 말처럼 운명이 50%를 지배한다 할지라도 인간의 의지가 소멸하지 않는 한, 운명의 절반은 자신이 지배할 수 있는 것이다. 같은 뜻이지만 스코트랜드의 현인 새뮤얼 스마일즈는 이렇게 말하고 있다.

> "행운은 흔히 맹목적이라고들 하지만 언제나 부지런한 사람 편에서 있다."

운명과 팔자를 탓하며 스스로 노력조차 하지 않으려는 사람에겐 행운조차 달려들지 않는다.

마지막으로 좋은 운명을 열어 가려면 사주 관상이나 성명학을 찾기보다 영국의 작가 토머스 데커의 말에 귀를 기울여야 할 것이다.

"운명은 그 사람의 성격에 의해서 만들어진다. 따라서 오늘 하루 좋은 행동의 씨를 뿌려 좋은 습관을 거두어들이도록 하지 않으면 안 된다. 좋은 습관으로 성격을 다스린다면 운명은 그때부터 새로운 문을 열 것이다"

노력하는 자에게 운명의 여신은 등을 돌리지 않는다. 이것은 동서고금의 진리인 것이다.

여행은 정신을 젊어지게 하는 샘이다

초등학교 다닐 때 제일 즐거웠던 때가 언제인가? 소풍 가는 날이었다.

40년 만에 정든 고향을 찾아와 새로운 삶을 살고 있다. 정다운 고향사람들을 가까이 대하고 보니 몰라보게 달라졌다. 삶의 질도 꽤나 높아진 것 같다. 각종 모임이 수없이 많이 있다. 그들은 특별한 계획을 세워서 여행을 떠난다. 이곳저곳의 유명 관광지를 다녀와서 사진을 보여주고 즐겁게 구경한 그들의 이야기를 듣노라면 '촌에 산다고 촌놈이 아니라 구경 한번 제대로 못한 내가 촌놈이지'하는 생각이 든다. 참으로 나는 우리 고향사람들 앞에서는 조용히 경청은 하되 나는 유구무언이 될 수밖에 없다. 그래도 그들의 여행하는 모습이 내 눈에 선하다.

가이드의 지시를 따라 쫓기듯 여행지를 구경하면서 기념품과 기념사진을 챙기며 사나흘 짧은 일정 속에 최대한의 본전을 뽑고자 몰려다니는 여행객들, 그들 중에 나도 포함되어있으리라. 우리들이 누리는 휴식과 안정이라는 여행의 기본적인 목적조차 찾아보기가 힘들다. 또 다행히 그 기본적인 목적을 충족시켰다 할지라도 우리의 여행은 홈페이지에 동영상이나 사진을 올려놓는 티 내기 용도를 넘지 못하고 있는 것이 현실이다. 따라서 "당나귀가 여행을 떠날지라도 말(馬)이 되어 돌아올 리는 없다"는 T. 풀러의 지적은 지금 우리의 여행 실태에 딱 들어맞는 말(言)인지 모른다.

그렇다면 여행은 어떻게 하는 것이 좋을까?

일상에서 벗어나 지친 몸과 마음에 안정과 휴식을 얻는 것이 여행의 목적이 될 수 있고, 새로운 경험을 만끽하는 것이 목적이 될 수도 있다. 사람들 마다 여행의 목적이 있고 그 의미가 다를 것이다. 하지만 여행지에서의 착오를 줄이고, 보다 많은 것을 얻고 경험하고 싶다면 여행 준비를 철저하게 해 두는 것이 좋다. 새무엘 존슨은 "여행에서 새로운 지식을 많이 거두고 싶다면 떠날 때 많은 지식을 지니고 가야 한다."고 말했다.

그러나 여행의 목적이 무엇이든, 심지어 '떠난다는 것 자체가 목적이다.' 할지라도 여행이 우리의 경험을 풍부하게 만들고 삶의 풍요로움을 더해준다는 것에 이의를 달 사람은 없을 것이다. 영국의 정치가이자 문필가인 체스터 필드는 "눈과 귀와 발로 배운 지식이야 말로 참지식이다."라고 했다. 그의 말처럼 여행을 많이 하면 저절로 아는 것이 많아지게 마련이고, 그렇게 몸으로 배운 지식이 간접적으로 배운 지식보다 훨씬 무게감이 있다. 하지만 여기서 한 걸음 더 나가고자 한다면 여행을 통해 얻어진 그와 같은 견문과 경험은 나의 내적 성숙과 삶의 충실함으로 이어져야 할 것이다. 만약 그렇지 않고 여행이 단순한 휴식으로만 끝난다면 괴테의 말처럼 "하늘이 푸르다는 사실을 확인하기 위해 세계 일주를 기획하는 바보"가 될지도 모른다.

교통과 정보의 발달로 인해 여행에 관한 현대인의 관심이 점점 높아지고 있다. 소득 수준이 높아질수록 해외여행을 경험하는 국민의 수도 늘어갈 것이다. 조상들보다 더 쉽고 더 편안하게 여행에 나설 수 있게 되었지만 그럴수록 "여행이란 위대하고 엄격한 학문이다."는 알베르 카뮈의 충고를 새겨야 할 것이다. 또 프랜시스 베이컨이 "여행이란 젊은이들에게는 교육의 일부이며, 연장자들에게는 경험의 일부다." 구경거리와 먹을거리에만 몰두한 나머지, 다음 구경거리는 무엇이고 내일 점심은 뭘 먹고 숙박할 곳은 어디인가에만 정신을 빼앗긴다면 사진 밖에 남길 것이 없고 더 피곤함만 누적될 것이다.

우리나라 사람 중에 여행의 본을 가장 잘 보여준 사람이 누구일까? 생각해본다.

연암 박지원이다. 박지원(당시44세)은 1784년 5월 육촌형인 박명원(청나라 건릉황제, 고종의 칠순 잔치에 진하사 겸 사은사)의 사절단을 따라 중국 여행을 하면서 그해 10월에 귀국한다. 그는 전체 26권 10책 분량의 『열하일기』를 남긴다. 여기엔 평범한 견문과 감상에서부터 낙후된 조선을 개혁하기 위해서는 청의 문물을 받아들여야 한다는 개혁방안과 중국의 이민족 문제, 음악과 종교에 관한 논의를 중국 문인들과의 필담으로 교류와 문학과 미술에 대한 단상 등 거의 모든 것이 망라되어 있다.

당대의 최고의 문명을 갖고 있던 국가를 유람하면서 좁은 세계관이 변화하는 과정은 드라마틱하기까지 하다. 중국 중심의 세계관에서 벗어나지 못하고 있던 조선의 현실을 질타하고 어느 곳이나 중심이 될 수 있고 동시에 주변도 될 수 있다는 당시의 조선으로서는 혁명적인 세계관을 그 여행을 통해 확립하게 되는 것이다.

박지원의 대표작이자 조선 시대의 대표적 기행문인 『열하일기』는 한문 문장의 격식을 파괴하는 자유분방한 문체로 보수적인 노론 사대부의 공격을 받기도 했다. 그러나 역사, 지리, 정치, 경제, 사회, 문화 등 폭넓은 분야의 주제를 다룬 데다 북학파의 새로운 사상을 담고 있어 문학사와 사상사에서 중요한 자리를 차지한다.

특히 『열하일기(熱河日記)』에서 강조한 것은 당시 중국 중심의 세계관 속에서 청나라의 번창한 문물을 받아들여 낙후한 조선의 현실을 개혁하는 일이었다. 이때는 명(明)에 대한 의리와 결부해 청(淸)나라를 배격하는 풍조가 만연하던 시기였다. 이 속에서 박지원의 주장은 현실적 수용력이 부족했으나 당시의 위정자나 지식인들에게 강한 자극을 불러일으키는 결과가 되었다.

북학사상(北學思想)으로 불리는 박지원의 주장은 비록 청나라에 적대적 감정이 쌓여 있지만 그들의 문명을 수용해 우리의 현실이 개혁되고 풍요해진다면 과감하게 받아들여야 한다는 것이었다. 또한 조선에 대한 인식의 잘못을 지적하면서 개선책을 제시했으며, 나아가 역대 중국인들이 우리에게 갖는 왜곡된 시각을 바로잡는 방법도 서술하였다. 박지원은 서학(西學)에도 관심을 가졌다. 이는 자연과학적 지식의 근원을 이해하려 한 것이며 새로운 문물에 대한 애착을 보인 결과였다.

때는 정조대왕 4년 청나라 건륭황제 45년(1780년) 여름 음력으로 6월 24일이었다. 중국 체류기간 5개월이었다고 한다. 함께 떠난 사신단의 규모는 약 250여 명의 비교적 큰 규모의 여행단이라 할 수 있다. 그러나 연암과 같은 성취를 보여 준 사람이 없으니 여행을 통해 새로운 세계관과 지식을 습득하기가 얼마나 어려운지를 짐작할 수 있다. 연암을 제외한 사람들은 보이는 것과 보고자 하는 것만을 보고 돌아온 것이다.

칭찬하라,
행복이 배가 될 것이다

행동주의 심리학자 B. 스키너는 '조직적 조건 형성 이론'으로 유명하다. 그 이론의 요지는 바람직한 행동에 대해 긍정적 강화를 제공함으로써 그 행동을 지속시킬 수 있으며 나아가서는 인간의 심성과 사회를 조율할 수 있다는 것이다.

심지어 스키너는 "나에게 백 명의 아이를 맡겨라. 당신이 원하는 대로 그 아이들을 키울 수 있다. 야구선수를 원한다면 야구선수로, 피아니스트라면 피아니스트로…"라는 유명한 말을 함으로 세인들을 경악하게 만들기도 했다.

스키너가 이렇게 과격한 주장을 한 근거는 어린이가 공놀이를 하거나, 피아노를 치거나, 책을 읽을 때 그들의 행동은 특정 자극에 의해 자동적으로 유발되는 것이 아니라, 과거에 어떤 보상을 받았느냐에 따라 달라지기 때문이라는 것이다. 즉 인간의 행동은 그 행동의 결과에 적절한 보상이 주어지면 더욱 강화된다는 것이다.

이러한 스키너의 주장에 대해서는 다양한 반론이 제기됐는데, 반론의 주요 내용은 인간의 심성과 행동은 이 같은 기계론적인 인과율에 따라 움직이지 않는다는 것이다. 다시 말해 사람은 A라는 자극을 투입하면 B라는 결과가 자동적으로 산출되는 '파블로프의 개'(러시아의 생리학자 이반 파블로프가 반복적인 실험을 통해 개에게 먹이를 줄 때마다 종소리를 들려주면 먹이를 주지 않고 종소리만 들려줘도 침을 흘린다는 사실을 발견했다. 파블로프는 이처럼 특정한 조건에 신체가 반응하는 것을 조건 반사라고 이름.)가 아니라는 것이다.

하지만 스키너의 주장들 가운데 인간 심성이 어떤 공통된 기반을 갖고 있다는 주장은 여전히 유효하다. '바넘 효과', '아첨 효과'와 '반사영 효과'와 같이 현대 심리학이 찾아낸 결과물을 보면 인간의 심리 속에는 단순하면서도 공통된 어떤 기반이 있음을 확인할 수 있기 때문이다.

예를 들어 점쟁이의 말이 그럴듯하게 들리고 쉽게 점술에 현혹되는 이유는 바넘 효과와 아첨 효과를 설명된다. 바넘 효과는 19세기 말 곡예단에서 사람들의 성격과 특징 등을 알아내는 일을 하던 P. T. 바넘(Barnum)에게서 유래하였다. 심리학자인 B. 포러가 성격 진단 실험을 통해 처음으로 증명한 까닭에 '포러 효과'라고도 한다.

포러가 한 실험은 이렇다. 먼저 포러는 자신의 학생들을 대상으로 성격 테스트를 했다. 테스트가 끝난 후 포러는 성격 테스트의 결과와는 상관없이 대부분의 사람들이 갖고 있는 보편적 특성을 기술한 신문의 점성술 내용을 수정해서 학생들에게 나누어주고 그 내용이 학생들 자신의 성격과 맞는지 물었다. 놀랍게도 학생들은 대부분 그 내용이 자신과 맞는다고 대답했다.

이러한 실험 결과를 보여주는 것은, 사람들은 누구에게나 적용되는 보편적인 내용이라 할지라도 누군가 그 사람만의 특성이라고 말하는 것을 듣게 되면(특히 그것이 자신에게 유리하거나 좋은 것일수록 더욱 그렇다) 자기만의 특성을 합리화 한다는 것이다.

바넘 효과와 비슷한 맥락을 갖는 아첨 효과란 자신에 대한 긍정적인 진술은 무조건 받으려 하는 경향을 말하며, 반사영광 효과란 긍정적인 것 , 좋은 것, 옳은 것에서 자신과의 동질성을 찾으려 하는 것을 뜻한다. 예컨대 유명인과 같은 고향이라는 것, 같은 학교 출신이라는 것을 자랑하거나 특정일이 자기 생일이라는 것에 자부심을 느끼는 심리 등이 그것이다.

바넘 효과, 아첨 효과, 반사영광 효과라는 것을 통해 우리가 알 수 있는 것은 사람이라면 누구나 긍정적인 것을 선호하고 부정적인 것을 멀리 하려는 경향이 있다는 사실이다. 그래서 점성술과 관련된 책이나 점쟁이들이 하는 말은 70%의 긍정적인 언급과 30%의 부정적인 언급으로 구성되어 있다. 무릇 긍정적인 것은 가까이 하려는 것은 인간의 본성인 것이며, 바로 여기에 긍정의 힘이 숨어 있다.

한때 『칭찬은 고래도 춤추게 한다』는 책이 베스트셀러가 된 적이 있다. 이 책이 베스트셀러가 된 데에는 여러 가지 이유가 있겠지만 무엇보다도 정적인 것을 좋아하는 인간의 심성을 기장 잘 자극해 줄 수 있는 칭찬을 주제로 삼고 있는 것도 한몫했을 것이다.

그런데 모든 칭찬이 똑같은 효과를 보는 것이 아니다. 칭찬에도 기술이 필요하다. 영국의 작가 제임스 보즈웰이 일갈한 바처럼 "누구에게나 칭찬해 주는 사람은 아무도 칭찬하는 것이 아니다." 아울러 철학자 버브나르그가 지적했듯 "언제나 같은 칭찬밖에 하지 못하는 사람은 자신이 우둔하다는 것을 스스로 나타내는 증거다."

하지만 칭찬의 세세한 기술을 연마하기 힘들다고 해서 칭찬을 하지 않는 것보다는 투박한 칭찬이라도 시간이 날 때마다 자주 하는 것이 좋다. 왜냐 하면 성공학의 거장 노먼V. 필 박사가 얘기했듯 "아무리 작은 칭찬이라도 칭찬은 좋은 것이다. 타인을 칭찬하는 것은 당신의 행복을 증가시키는 것"이기 때문이다.

천재는 1%의 영감과 99%의 땀으로

TV에 영재 발굴단 프로그램이 있어 눈여겨 본다.

사람들은 누구나 한 번쯤 천재가 되어봤으면 하는 꿈을 꾼다. 하지만 천재가 되기란 결코 쉽지 않은 일이다. 아니 천재란 '되고 싶다고 다 될 수 있는 것이 아니라 타고난 것'처럼 보인다. 그런데 불행하게도 현대인들은 미디어의 발달로 천재의 삶을 살아가는 사람들을 예전보다 더 많이 알고 지내야 한다.

당신은 지금 국내와 국외에서 천재라고 불리는 사람들을 얼마나 알고 있는가? 당장이라도 농구, 축구, 골프, 바둑과 같은 스포츠 분야나 수학, 음악, 미술과 같은 학문과 예술의 영역에서 두각을 나타내고 있는 사람들을 한두 명씩은 댈 수 있을 것이다. 문제는 자신의 분야나 주변에 그런 천재들이 존재하지 않는다면 그저 가십거리로 즐겨도 상관이 없겠지만, 혹 자신이 걷고 있는 길에 그와 같은 천재나 천재적인 사람들이 있다면 어떻게 하겠는가? 상당한 관심을 가지고 적극적으로 나서 볼까? 하는 고민도 해보는 즐겁지 않은 스트레스를 받을 수도 있다는 사실이다.

게다가 오늘날의 천재들은 과거의 천재들과 다르다. 과거의 천재들 가운데는 가난과 오해 속에 요절하거나 불운한 생애를 보내야 했던 인물도 많았다. 그러나 오늘날 천재들은 대부분 상상을 초월하는 보상과 명예를 얻는다. 따라서 천재란 사실 자체가 경탄과 찬미의 대상이기는 하나 타고난 재능에 부와 명예가 주어진다는 사실에서 범인들은 한편으론 부러워하면서 마냥 즐겁지만 않은 씁쓸한 맛을 느껴 보기도 한다.

하지만 시각을 달리해서 천재를 바라보는 우리의 시각도 달라져야 마땅하다. 천재가 있으니 반갑고 텁텁한 마음에 청량제가 되어 주니 감사하지 않은가? 내가 둔재(鈍才)면 어떠랴, 내게는 부족하니 더 노력을 하고 성실함과 열정까지 천제에게 양보할 수 없지 않은가?

천재란 사실 한 가지에는 뛰어나지만 대다수 방면에서 무능함을 가리키는 의미일 수도 있기 때문이다.

예를 들어 아인슈타인은 마누라 잔소리에도 불구하고 죽을 때가지 빨랫비누와 세숫비누를 구분하지 못했다고 한다. 그의 텁수룩하고 헝클어진 헤어스타일을 보라. 또 현대 방정식 이론의 기초를 닦았으며 어린 시절부터 수학책을 동화책처럼 쉽게 읽었다는 갈루와는 정리하기와 말하기에서는 바보수준을 겨우 면했다고 한다. 천체 물리학자 뉴턴은 사교성과 융통성이라고는 찾아볼 수 없는 고집불통이었으며 유머 감각도 없어 그가 강의 하는 시간엔 한명도 출석하지 않는 일이 흔했다고 전해진다. 그리고 그는 독신으로 죽었다.

천재들은 놀라운 것을 너무 쉽게 창조하는 것처럼 보이지만 생활 속에서의 천재들은 이처럼 고루 분포되어야 할 능력이 우연히 특정한 방향에

만 쏠려 있는 불행한 사람일 수도 있는 것이다. 천재들이 자기 연구에 몰두한 나머지 자기 생활에 행복하지 못했지만 인류역사에 길이 남을 업적을 세운 자들이니 영원히 박수를 받고 존경을 받을 자들인 것이다.

뉴턴은 그 자신이 천재였음에도 "굳센 인내와 노력을 하지 않는 천재는 이 세상에 존재했던 적이 없다."고 말했다. 발명왕 에디슨이 "천재는 1%의 영감과 99%의 땀으로 이루어진다."고 말했던 것 또한 이와 맥락을 같이 한다.

이 같은 명언들에서 우리는 아무리 천재라고 해도 모든 것을 가질 수 없다는 사실을 깨달을 수 있다. 인생사가 모두 그렇지만 어느 하나를 얻기 위해서는 다른 하나를 포기해야 한다. 천재 또한 마찬가지다. 어느 한 방면에 누구도 범접하지 못할 두각을 나타내기 위해서는 다른 많은 것들을 포기해야 한다.

영국의 정치가 디즈레일리는 "천재는 위업을 시작하나 노력만이 그 일을 끝낸다."라고 말했다. 이는 천재라는 사실 자체만으로 이루어지는 것은 아무것도 없으며 결국 노력이 뒷받침되어야만 천재성이 완성된다는 사실을 지적한 말이다. 천재가 되고 싶다면 당신이 우선적으로 해야 할 일은 당신이 가장 잘할 수 있는 일을 찾고 그 일에 몰두하는 것이다. 만약 그렇게 할 수 없다면 천재가 되는 대신에 천재는 얻을 수 없는 평범한 행복을 추구하는 것도 나쁘지 않을 것이다.

웃으면 인생이 행복해진다

각기 다른 사안에 따른 현대인의 스트레스 지수가 발표된 적이 있다. 최대를 100으로 잡았을 때 배우자와 자식의 사망이 80, 실직이 60, 이사가 50, 결혼이 30 등으로 수치가 잡힌다고 한다. 이 스트레스 지수가 객관적이고 과학적인 것인지는 논외로 하고, 이와 같은 수치를 통해 우리는 결혼과 같은 기쁨의 순간까지도 현대인에게는 스트레스가 된다는 것을 알 수 있다.

현대 사회는 웃기엔 너무 팍팍하다. 오죽하면 '웃음'이나 '유머'와 관련된 책들이 하루가 멀다 하고 쏟아져 나오겠는가. 이 같은 책들이 지속적으로 출간 된다는 건 그만큼 현대 사회가 웃기에는 너무 강팍한 사회임을 반증하는 것이며, 또 그만큼 웃음을 필요로 하고 있다는 뜻이기도 하다.

메갈로폴리스(megalopholis)는 프랑스 지리학자 J. 고트망이 명명한 것이다. 그는 미국 동북부의 보스톤, 뉴욕, 필라델피아, 볼티모어, 워싱턴 등의 거대 도시와 이 거대 도시를 잇는 대도시권을 가리켜 메갈로폴리스라 고 일컬었다. 길이 970㎞, 너비 50~160㎞, 면적 1만 3,700㎢의 지역에 3,700만 명의 인구가 집중되어 있다. 면적은 미국국토의 1.8%에 불과하지만 인구는 전체대비 약 21%를 차지하고 교통수단과 통신 수단이 고도로 발달되어 이들 지역이 하나의 유기체로 간주되고, 경제와 사회, 문화 등의 제반 활동이 일체화됨으로써 주민들도 개개의 도시 거주자로서의 의식이 점차 희박해지는 것이 특징이라고 한다. 우리의 경우는 서울을 중심으로 한 수도권이 이에 해당된다.

여기서 주목해야 할 것은 메갈로폴리스에서는 웃음을 돈을 주고 산다는 것이다. 경제, 문화 환경면에서 최적의 생활 조건을 갖추고 있지만 정작 이곳에서는 행복함의 증거 가운데 하나인 웃음이 상품이 되어 팔린다는 것이다. 물질적 풍요가 반드시 정신적 행복을 보장하지는 않는다는 사실을 여기서 확인할 수 있다.

왜 메갈로폴리스에서는 돈을 주고 웃음을 사야 할까? 우리는 그 이유를 일련의 심리학자들이 행한 실험에서 간접적으로 확인 할 수 있다. 그들의 실험은 인구밀도와 친절도의 관계, 생활 속도(예를 들어 우표 한 장 사는 데 걸리는 시간)와 타인의 배려의 관계를 측정하는 것이었다. 실험결과, 인구밀도가 높을수록 친절도가 높지 않고, 생활 속도가 빠를수록 타인에 대한 배려가 없었다.

심리학자들은 다음과 같이 설명한다.

인구 밀도가 높고 생활 속도가 빠를수록 '정보 과부화'와 '경쟁 노출'의 상황에 자주 직면한다는 것이다. 휴대폰으로는 스팸메시지가 수없이 밀려들고, 퇴근 무렵 자동차 와이퍼에 광고 전단지가 바람에 나부끼고, 길거리에는 수많은 옥외 광고판이 시야를 가릴 정도다. 이러한 정보의 홍수 속에서 사람들은 원치 않아도 필요한 것을 취사선택해야 하는 괴로움을 겪고 양보와 배려를 망각한 채 고달픈 인생을 보내야 하는 상황이 이렇다 보니 메가로폴리스의 시민들은 돈을 주고서라도 웃음을 사려고 하는 것이다.

그런데 대한민국의 메가로폴리스에서는 돈을 준다고 해도 웃음을 사기조차 힘들다는 것이다. 작고한 개그맨 김형곤(2006년 3월 11일 48세 사망)이 강남에서 시도했던 코미디 클럽은 일찍이 실패로 끝나고 말았다. 그러한 실패가 미국 메가로폴리스의 문화적 차이 때문일 수 있지만, 이것이 금전적 여유가 팍팍함 때문이라면 한국의 메가로폴리스인들이 더 불행할지도 모른다.

하지만 아직 상황이 극단적이지는 않아서 우리가 비록 웃음을 살 수 없는 상황이라 할지라도 웃음을 잃어버린 것은 아니다. 조금만 노력하면 우리는 웃을 수 있는 얘깃거리를 얼마든지 만들어 낼 수 있고, 얘깃거리가 없다면 웃음 그 자체만으로도 행복해 질 수 있다. 미국의 심리학자 윌리엄 제임스는 "행복하기 때문에 웃는 것이 아니라 웃기 때문에 행복하다."고 말했는데 이는 과학적으로도 증명이 됐다.

과학자들에 따르면 인간의 두뇌는 행복하기 때문에 웃는 것과 웃었기에 행복한 것을 구분하지 못한다는 것이다. 치아사이에 빨대를 가볍게 물고 입술이 닫지 않도록 하면 웃는 표정이 생기는데, 이때 두뇌는 이 표정을 정말 행복해서 웃는 것과 구분하지 못한다는 것이다. 때로는 조물주의 부주의한 실수에 행복의 열쇠가 숨겨져 있는 있는지도 모른다.

영화 「올드보이」를 통해 유명해진 시인 E. W. 윌콕스는 "네가 웃으면 세상이 함께 웃지만 네가 울면 너 혼자 울게 될 것이다."라고 말했다. 사람들은 본능적으로 기쁜 것에는 빨리 달려들어 얻으려 하지만 슬픈 일은 피하려 한다. 따라서 웃음을 통해 기쁜 감정을 전달하는 것은 사람을 얻을 수 있는 하나의 중요한 방편이 되 수도 있다.

기만적으로 생각이 될 수도 있지만 삶이 고단하고 피곤하면 유머가 부족한 세상에서는 행복해지기에 앞서 먼저 웃을 필요가 있다. 빅토르 위고의 말처럼 "인생이 엄숙하면 할수록 웃음은 필요"하며 찰스 디킨즈의 말처럼 질병과 슬픔이 있는 이 세상에서 우리를 강하게 살도록 만드는 것은 웃음과 유머밖에 없다.

마음이 맑으면 얼굴에 빛이 난다

C. H. 스퍼전 목사는 "아름다운 외모는 모든 일의 추천서가 된다."라고 했다. 아직도 사원 모집 광고에 키와 용모 등이 성공 자격조건으로 심심찮게 등장하고 이제는 자기 얼굴 성형하는 것이 조금도 부끄럽지 않게 생각하고 당당하기까지 한 것처럼 보인다. 경제적인 풍요와 삶의 여유로 자기 몸, 외모를 아름답게 가꾸려는 의식이 높아지고, 더 나아가 돈을 벌려는 목적으로 인간의 몸까지 영리 추구의 대상으로 간주하는 '외모지상주의'라는 말이 만연되고 있다. 외모에 지나치게 집착하고 있다. 외모는 그냥 멋이 아니라 인생의 성패를 좌우하는 필수 요소라고 생각한다.

'루키즘(lookism)'이란 신조어가 등장했다. 'look'과 'ism'이 합성된 조어로 외모가 개인 간의 우열과 성패를 가름한다고 믿어 외모에 지나치게 집착하는 것으로, '뉴욕타임스'의 한 칼럼니스트가 인종, 성별, 종교, 이념 등에 이어 새롭게 등장한 차별 요소로 '외모'를 지목하면서 사용한 용어이다.

그러나 이성적으로 생각하자면 아름다움이라는 것이 희귀한 재화가 될 수는 있겠지만 결코 필요로 하는 능력을 입증하는 바로미터는 될 수 없는 것이다. 그럼에도 현실에는 막강한 힘을 발휘한다.

몇 해 전 어떤 텔레비전 프로그램에서 외모에 따른 타인의 친절도를 실험한 적이 있었다. 한적한 도로에서 고장난 차를 세워 놓고 외모가 평범한 여성과 미모가 뛰어난 여성이 각각 남성 운전자의 도움을 요청하는 실험이다. 결과는 미모가 뛰어난 여성이 그렇지 않은 여성보다 4배나 많은 도움을 받았다.

외모에 따른 차별대우는 비단 여성에게만 국한된 일이 아니다. 로버트 치알디니의 『설득의 심리학』에 다음과 같은 일화가 있다.

1960년대 후반 뉴욕에서는 교도소에 수감된 죄수들에게 보기 흉한 얼굴을 바로잡아 주는 성형 수술을 실시했다고 한다. 외모에 대한 사회적 편견이 전과자들의 재범을 부추기므로 그들의 외모를 바꾸면 재범 방지에 효과적일 것이라는 가정을 확인하기 위한 실험이었다.

결과는 성형 수술을 받은 죄수들이 그렇지 않은 죄수들보다 재수감 비율이 낮게 나타났다. 언뜻 재활 교육보다 효율적인 결과이었기에 정책입안자들 사이에 재범 방지를 위한 성형 수술이 진지하게 고려되기까지 했다고 한다. 이 실험 결과를 그대로 믿는다면 성형으로 인한 외모의 호감도 상승이 인간의 인성을 변화시키고 범죄도 막는 것이 된다.

하지만 이 실험에는 맹점이 있었다. 성형수술은 재범 가능성과 아무런 상관관계도 없었던 것이다. 오히려 외모의 변화는 유죄판결의 여부와 관련되었다는 것이 다른 시험을 통해 드러났다. 호감도가 높은 남자는 유죄판결을 덜 받는 경향을 보였다. 게다가 동일 범죄임에도 외모에 대한 호감도에 따라 그 형량이 달리 매겨지기까지 했다. 못생긴 남자는 잘생긴 남자보다 유죄 판결을 받을 가능성이 높을 뿐더러 더 오래 복역하는 경향을 보였던 것이다.

고대 로마의 집정관 키케로는 "지혜로운 사람의 최고의 덕행과 의무는 외모를 믿지 않는 것이다."라고 말했는데, 가장 지혜롭고 공정하고 합리적이어야 할 재판관조차 외모에 대한 편견으로부터 자유롭지 못하다는 사실이 드러난 사례였다. 키케로가 만약 그 사례를 접했다면 땅을 치고 통곡 했을 일이다.

하지만 그렇다고 아름다운 용모 그 자체를 비난할 일은 아니다. 태생적으로 타고난 미모라면 오히려 찬탄의 대상이다. 나아가 후천적인 노력을 통해 성취한 미모라 해도 앞의 사례들에서 알 수 있듯이 아름다운 용모 자체가 현실 곳곳에서 막강한 힘을 발휘하기 때문에 그저 '인공미인'이라고 몰아붙일 수만도 없는 일이다. 추한 외모 때문에 현실 곳곳에서 비참한 일을 수도 없이 겪는 사람에게, 그 사람이 그런 현실을 탈피하고자 성형수술을 받았다고 해서 무작정 비난할 수만은 없다.

문제는 외면적 아름다움 그 자체가 아니라 내면적 아름다움을 등한시하는 것이다. 아름다움을 얻기 위해 우리가 들이는 노력은 대부분 외면적인 것에만 너무 치우쳐있다. 잘 알려지지 않았지만, 삼국지의 영웅 제갈량의 아내는 천하의 박색이었다고 한다. "미인을 얻으면 국사를 소홀히 할까 두렵기도 하지만 한 가정의 아내와 한 나라 재상의 부인으로서 가져야 할 지혜와 덕으로 오직 황씨만한 여인을 찾지 못했다."는 제갈량의 말이 전해지지 않았다면 외모에 집착하는 현대인들에게 그 선택을 선뜻 이해가 되지 않는 일인지도 모르겠다.

중국 당나라 때 관리로 등용하기 위해 갖춰야 했던 네 가지 조건으로 '신언서판(身言書判)'이라는 것이 있었다. 가장먼저 '신체 됨됨이'를 본 것은 재능이 뛰어 날지라도 그에 걸맞은 용모가 있지 않으면 정당한 평가를 받기 어렵다는 것을 옛 사람도 알았기 때문이다. 하지만 여기서 '걸맞은 용모'라고 했지 '아름다운 용모'라고 하지 않았다는 것이고 '말씨, 문필, 판단력'을 함께 보았다는 사실이다. 이 기준은 현대에도 유효하다.

과학 기술이 하루가 다르게 발전하고 있지만, 지금까지도 사람들이 단순히 외모로 많은 것을 판단한다는 것은, 아직도 사람이란 동물이 수천 년을 이어져 내려온 본능에서 크게 탈피하지 못했다는 증거이기도 하다. 진실로 사람이 과학적이고 합리적이라면 어떤 일에 합당한 능력을 가지고 판단하는 것이 옳을 것이나, 우리 모두가 그러한 판단력을 갖기까지 한참의 시간이 흘러야 할 것 같다.

용모가 아름다운 것은 분명 유쾌하고 기분 좋은 것이다. 하지만 용모가 아름다운 것은 기분 좋은 것으로 끝나야지, 그것이 내면의 아름다움까지 보장하는 것이라 생각해서는 안 된다. 그래서 셰익스피어는 "외모로는 그 덕성을 파악할 수 없다."고 말했으며, 계관시인 페트라르카는 한발 더 나가 "아름다음과 미덕이 함께하는 경우도 있지만 중요한건 그 둘이 별개의 사안이라는 사실을 잊지 않는 것이다. 외모를 중심으로 보는 사람은 그 속을 보지 못한다.

세상이 다 알아주는 유명한 절세가인들이 있었지만, 그들의 생애는 결코 아름다운 세상을 살지 못한 비극의 주인공이 대부분이었다. 얼굴을 가꾸기보다 먼저 마음을 아름답게 가꾸어야 할 것이다. 마음에 평화가 가득한 사람은 마음이 맑은 사람으로 자연스럽게 밝은 미소를 띠게 되고 얼굴이 빛이 난다.

건강한 사람

세상에 건강을 원하지 않는 사람은 없다. 영국의 시인 F. 톰슨이 말했듯 "건강은 행복의 어머니"이고 프랑스 사상가 몽테뉴가 말하기를 "부귀도 명예도, 그리고 지식도 미덕도 건강이 없으면 모두 낡고 사라져 버리기" 때문이다. 국어사전을 보면 건강이란 '정신적으로나 육체적으로 아무 탈이 없고 튼튼함, 또는 그런 상태'를 뜻한다. 세계보건기구(WHO)헌장은 여기서 한발 더나가 '건강이란 질병이 없거나 허약하지 않은 것만 말하는 것이 아니라 신체적·정신적·사회적으로 완전히 안녕한 상태에 놓여 있는 것' 이라고 정의하고 있다. 이 같은 건강에 대한 뜻풀이들을 곰곰이 생각해보면 결국 건강은 행복과 동의어처럼 느껴진다.

오늘날 사람들은 건강을 위해 다양한 노력을 기울인다. 아침저녁으로 건강식품을 애용하고 시간이 나는 대로 운동을 하며, 몸에 조금이라도 이상이 있다 싶으면 병원을 찾는다. 하지만 이렇게 하는 것이 과연 건강을 위해 도움이 될까? 물론 도움이 되는 측면도 분명 있을 것이다. 하지만 때로는 건강에 해가 될 수도 있다는 사실이 무심코 간과되는 듯하다.

먼저 동물들과 인간의 선조들과 육체노동자들의 공통점이 무엇인지 생각해보자. 그들에게는 운동이라는 것이 따로 필요하지 않다는 공통점이 있다. 그들은 이미 그들에게 필요한 만큼, 혹은 그 이상으로 몸을 움직였기 때문이다. 그래서 그들은 운동을 하지 않아도 육체적으로 건강하다.

그런데 만약 어떤 여성 육체노동자가 날씬한 몸매를 만들고자 퇴근 후 헬스클럽에 등록해 다닌다면, 그것은 건강을 위한 운동일까? 그것은 건강을 위한 운동이 아니라 질병을 유발하는 운동이 될 가능성이 훨씬 크다. 이미 몸은 필요한 운동을 충분히 한 상태이고, 추가된 운동은 몸의 평형 상태를 깨트리기 때문이다. 운동이란 결국 자기 자신에게 필요한 만큼 움직여 주는 것이지, 몸에 변형을 가하는 것은 결코 아니다. 고대 로마의 시인 비르질리우스가 "건강을 유지하려고 애쓰는 사람은 건강을 해친다."고 말한 것은 바로 이런 맥락에서다.

나아가 종종 우리는 건강하다는 것이란 곧 질병이 없다는 의미로 생각하곤 한다. 이 또한 잘못된 생각이다. 건강한 사람도 질병에 걸릴 수 있다. 오히려 세계 명저 『월든』의 작가 헨리 데이비드 소로우가 말했듯 "가끔은 병드는 것이 건강한 것이다." 사람은 살아가면서 여러 가지 병에 걸릴 수밖에 없고, 그 병의 치유 과정을 통해 몸은 환경에 더욱 잘 적응할 수 있기 때문이다. 하지만 사람들은 조그만 병에 걸려도 약을 과다 복용하고, 병원 문을 두드리고, 다시는 병에 걸리지 않기 위해 건강식품을 찾는다. 하지만 이렇게 병에 대해 과민하게 반응하는 것은 오히려 몸의 저항력을 떨어트리고 신체 기능을 약화시킬 뿐이다. 그래서 현명한 의사들은 자연스럽게 치유될 수 있는 길을 열어 주고자 노력한다. 처음부터 무작정

주사기나 메스를 들이대지 않는 것이다. 진실로 우리가 경계해야 할 것은 자연적 환경이 아니라 자기 자신의 나태함과 안일함에 비롯된 질병이다.

영국의 종교가이자 사상가인 T. 풀러는 "질병은 부도덕한 쾌락의 대가" 라고 했으며, 생물학의 창시자 존레이는 "질병은 쾌락에 부과하는 세금"이라 했는데 이는 지극히 옳은 지적이 아닐 수 없다. 우리는 건강을 염려하면서도 역설적으로 영국의 작가 J. K 제롬이 말했듯 "서로의 건강을 기원하는 술잔을 높이 들고 위하여! 하고 외치고 술을 마심으로 우리 자신의 건강을 해치고 있는 것이다."

움직일 시간이 많지 않은 현대인들에게 운동은 분명 필요하다. 하지만 무엇이든지 지나치면 독이 되듯이 운동이 지나치면 독이 되고 더구나 약이나 식품을 과용하면 건강을 유지하고자 하는 것은 더욱 어리석은 일이다. 헬스클럽에 다니지 않고 아무런 건강식품을 먹지 않아도 술이나 담배를 멀리하고 폭식을 하지 않고, 일찍 자고 일찍 일어나며, 마음을 평안한 상태로 유지할 수 있다면, 그것만으로도 충분히 건강할 수 있다.

'크리스천 사이언스' 교파의 창시자인 에디 부인은 "질병은 몸의 고장이 아니라 마음의 고장이다."라고 말했다. 아무리 근육질의 육체를 가지고 있어도 마음이 고장 난다면 그 육체는 곧 비곗덩어리가 되고 만다. 하지만 아무리 빼빼 마른 몸이라도 그 마음이 튼튼하다면 질병을 물리치며 건강하게 오랫동안 살아갈 수 있다.

건강에 대한 노력은 중요하다. 하지만 그렇게 노력하는 가운데, 미국 건국의 아버지로 불리는 벤자민 프랭클린의 다음 한 마디는 기억하도록 하자.

"건강에 대한 지나친 걱정만큼 건강에 치명적인 것은 없다."

04

결혼은 30%의 사랑과 70%의 용서다

결혼은 30%의 사랑과 70%의 용서다
현명한 경쟁의 기술
경청이 사람을 얻는다
계획을 세우고 도전하라
우리는 고독(孤獨)한 존재인가?
사랑이 없으면 공포만 있을 뿐

결혼은 30%의 사랑과 70%의 용서다

결혼이란 무엇인가? 사전적 의미를 살펴보니, 한 남자와 한 여자가 만나 평생을 같이 할 것을 약속하고 부부의 관계를 맺는 것이다. 그런데 결혼이란 것이 예나 지금이나 한결같았던 것은 아니다.

먼 옛날에는 결혼이라는 제도 자체가 지금같이 '일부일처제'가 아니었다. 아니 결혼이란 제도 자체가 없었던 시절도 있었다. 그 시절에는 그저 종족보존을 위해 맘에 맞는 남자와 여자가 잠자리를 함께 하는 것이 전부였으며, 생식에 대한 과학적 지식이 없었던 때인지라 엄마가 누구인지는 알 수 있었지만 아빠는 누구인지는 알 수 없는 '모계사회'였다.

그러다가 부족이란 것이 생기고 국가라는 것이 만들어지자 모계사회는 '부계사회'로 바뀌었으며, 전쟁을 통해 부와 권력을 거머쥔 남자들은 결혼이라는 제도를 만들어 여자로부터 생산된 아이가 확실하게 자신의 자손임을 증명할 수 있는 장치를 만들고, 자신들이 가지고 있는 부와 권력을 자기 자식에게만 물려주게끔 했다. 모든 사회가 다 그런 것은 아니었지만 이 시절에는 대부분 '일부다처제'의 모습을 띄게 된다. 하지만 일부다처 사회에서도 모든 남자가 다 여러 여자를 거느릴 수 있는 건 아니었다. 권력이 강할수록, 재물이 많을수록 취할 수 있는 여자의 수가 많았지만 아무것도 가진 게 없는 남자들은 한 여자도 취하기가 어려웠다.

우리나라 또한 일부일처제가 정착된 것은 그리 오래된 일이 아니었다. 조선시대만 해도 형식적으로는 일부일처제였지만 부자인 남자들은 '첩'이라는 모양새를 통하여 많은 여자들을 취할 수 있었다. 또 아직까지도 중동의 일부 국가에서는 공식적으로 일부다처제 형식의 결혼제도를 유지하고 있기도 하다.

이처럼 결혼의 역사적인 과정을 살펴보면 한 쌍의 남녀가 동등한 지위를 가지고 함께 살아야 한다는 의미의 일부일처제란 아주 오랜 기간 동안의 시행착오를 통해 이룩한 문명적인 제도로 볼 수 있다.

하지만 공식적으로 일부일처제를 선택한 사회에서도 모든 문제가 사라진 것은 아니다. 하버드 대학에서 동물학을 전공한 알프레드 킨제이 박사는 1938년 인디애나 대학에서 결혼에 관한 강좌를 맡아 달라는 부탁을 받고 강의 준비를 하던 중 인간의 성생활에 대한 연구 자료가 턱없이 부족함을 알게 되었다. 그래서 미국 전역에서 1만 8,000명을 면접하여 얻은 1만 2,000건의 자료를 묶어 1948년 『남성의 성적 행동』, 1953년 『여성의 성적 행동』을 각각 펴내 세상을 발칵 뒤집어놓았는데, 그 내용 가운데 기혼 남성의 절반, 기혼여성의 25%가 혼외정사를 했다는 기록이 있다.

2007년 『월 스트리트 저널』이 재산 3,000만 달러 이상인 남녀 대상으로 행한 설문조사의 결과도 흥미로운데, 이들 백만장자 가운데 남자의 50%, 여자의 75%가 혼외정사의 경험이 있다고 대답했다. 이 같은 조사

결과들을 보고 있자면 한 남자와 한 여자가 만나 평생을 같이 하겠다는 것은 허울일 뿐인 듯하다. 실제로 결혼 후에도 남자는 아내가 아닌 다른 여자를, 여자는 남편이 아닌 다른 남자를 찾아 헤매고 있는 것이다.

이런 관점에서 보자면 한 남자가 한 여자를, 또는 한 여자가 한 남자를 평생토록 사랑하며 함께 한다는 것은 결코 쉬운 일이 아니다. 영국의 시인이자 비평가인 A. 포프는 "사람들은 구애하는 동안에는 꿈꾸고 결혼 뒤에는 깨어 있다."고 말한 바 있다. 이는 젊었을 때는 생물학적 작용으로 사랑에 눈이 멀어 결혼을 했다가 그 생물학적 작용이 끝나자 상대에 대한 매력을 곧바로 상실하게 된다는 사실을 꼬집고 있는 말이다.

따라서 결혼생활에는 반드시 노력이 필요하다. 20세기 프랑스의 문학가 앙드레 모루이는 이렇게 말했다. "충돌이 없는 결혼 생활이 과연 있겠는가? 없는 것처럼 위기가 없는 나라가 지구상에는 없는 것이다." 때문에, 우리는 칼럼니스트 A 랜더스의 말처럼 성공적인 결혼이란 선물이 아니라 성취임을 깨달아야 한다.

그렇다면 성공적인 결혼생활을 위해서 우리는 어떤 노력들을 기울여야 할까? 여러 가지가 중요하겠지만 그 핵심은 용서와 존중이다.

『지킬박사와 하이드씨』의 작가 R. L. 스티븐슨은 "결혼은 30%의 사랑과 70%의 용서다." 라고 말했으며, 세계적인 영화감독 유스티노프는 "결혼은 친밀감, 우정, 사랑의 3단기어이다. 사랑의 기초는 존중이다."라고 말했는데, 이 두 사람의 명언이 결혼의 핵심을 짚은 것으로 보인다.

현명한 경쟁의 기술

인간의 삶은 '경쟁'으로 전철되어 있다. 인간뿐 아니라 '생존경쟁'의 차원에서 넓게 생각하면, 모든 생물이 태어나서 죽을 때까지 치열한 경쟁을 벌이고 있다 해도 과언이 아니다. 물론 경쟁의 반대편에 있는 '협력'이라는 것 또한 생존을 위해 필수불가분한 요소이기는 하지만 어쨌든 경쟁 또한 피할 수 없는 것이 현실이다.

경쟁이란 같은 목적을 두고 둘 이상이 겨루는 것을 뜻한다. 그 목적은 생존일 수도 있으며 학교에서의 성적일 수도 있고 직장에서의 평가일 수도 있으며 돈일 수도 있다. 경쟁의 목적이 무엇이냐에 따라 경쟁의 형태도 달라지고 그 치열한 정도도 달라진다.

경쟁의 첫 번째 전략은 빨리 뛰어야 한다. 경쟁이란 것이 얼마나 치열한 것인지에 대해서는 '붉은 여왕의 효과'(Red Queen Effect)라는 말에서 잘 알 수 있다. 붉은 여왕의 효과란 루이스 캐럴의 『거울 나라의 엘리스』라는 소설에서 비롯된 진화론의 원리다. 『거울 나라의 엘리스』에는 붉은 여왕이 등장하는데, 붉은 여왕의 나라에서 엘리스는 아무리 열심히 달려도 앞으로 나아가지 못한다. 그래서 엘리스가 붉은 여왕에게 그 이유를 묻자, 붉은 여왕은 엘리스가 아무리 열심히 뛰어도 주변 세계 또한 빠른 속도로 돌고 있기 때문에 "제자리를 지키고 싶으면 죽어라고 뛰어야 한다."고 설명해준다. 만약 앞으로 나아가고 싶다면 세계가 움직이는 속도보다 더 빨리 뛰어야 하는 것이다.

이 같은 상황은 자연계에서도 관찰할 수 있다. 여기 한 마리의 사자와 한 마리의 사슴이 있다고 하자. 사자 입장에서는 사슴보다 빠르게 달려가야 사슴을 잡아먹을 수 있고 반면에 사슴 입장에서는 사자보다 빠르게 달리지 않으면 잡혀 먹히고 말 것이다. 따라서 천적관계에 있는 두 동물은 잡아먹거나 잡혀 먹히지 않기 위해 상대보다 더 빠르게 달려야 한다.

인간 세상에서도 마찬가지다. 내가 아무리 공부 잘하고 일을 열심히 한다고 해도 나보다 더 공부를 잘하거나 열심히 일하는 사람이 있다면 경쟁에서 패배하고 만다. 이런 측면에서 보자면 경쟁이란 참으로 냉혹하고 몸서리치는 일이다. 하지만 경쟁이 극단적으로 치닫을 경우 남는 건 모두의 죽음이거나 패배다.

다시 예를 들어 보자.

만약 세상에 한 무리의 사자와 한 무리의 사슴밖에 없는데, 한 무리의 사자가 한 무리의 사슴 모두를 사냥하는 데 성공하면 어떻게 될까? 사자의 무리는 일시적인 경쟁에서는 승리했을지 몰라도 더 이상 포획할 수 있는 사슴이 존재하지 않는 탓에 결국 모두 굶어 죽고 말 것이다. 반대로 한 무리의 사자가 사슴 한 마리도 잡지 못해 굶어 죽게 된다면 어떻게 될까? 천적이 없어진 사슴은 무한대로 그 수가 늘어날 것이고 먹이로 주어진 목초지는 빠른 시간 내에 고갈될 것이다. 결국 사슴 또한 먹이가 부족해서 멸종하고 말 것이다. 이렇듯 극단적인 경쟁이 벌어지면 경쟁 주체 모두가 공멸하기 때문에 자연은 우리에게 협력과 조화를 선물한 것인지도 모른다.

어쨌든 경쟁을 피할 수 없는 우리의 운명이라면, 우리는 어떻게 행동해야 할까? 즉 어떻게 해야 현명하게 경쟁을 할 수 있을까?

우선 역설적이긴 하지만 가장 현명한 경쟁의 기술은 경쟁 없는 곳을 찾아야 한다. "똑똑한 두 사람은 같은 길을 가지 않는다."라는 아프리카 격언은 바로 이 같은 경쟁전략을 일컫는다. 오늘날 사람들이 전문직이나 공무원 직업을 선호하는 것 또한 이와 같은 이유 때문일 것이다. 물론 전문직이나 공무원 사회에서도 경쟁은 존재한다. 하지만 이들 사회는 다른 사기업 조직에 비한다면 상대적으로 경쟁의 정도가 훨씬 덜하다.

두 번째 전략은 가장 강력한 경쟁자를 모방하는 것이다. 철학자 볼프강 몸베르거는 "엉성하게 스스로 하는 것보다는 차라리 제대로 본뜨는 것이 낫다."고 말했다. 이는 모방이 강력한 경쟁의 도구가 될 수 있음을 암시한다. 실제로 경쟁에서 승리한 많은 역사적 인물들은 자신이 살던 시대 이전, 또는 동시대를 살았던 대가들을 모방하는 것으로 경쟁력 개발의 출발점을 삼았다. 물론 더 큰 성취를 원한다면 모방에 그쳐선 안 된다. 그리고 세 번째 전력이 도출된다.

세 번째 전략은 차별화다. 세계적 패션 디자이너로서 불꽃같은 삶을 살았던 가브리엘 샤넬은 "누군가가 대체할 수 없는 존재가 되려면 항상 달라야 한다."고 강조했다. 이는 차별화가 최고의 무기임을 말해준다. 물론 여기서 말하는 차별화란 단순히 남과 다르다는 것에 그치지 않는다. 진정한 차별화란 자신의 경쟁자가 할 수 없는 것을 해 낼 수 있는 능력을 의미한다. 하지만 경쟁자 또한 차별화된 나를 모방하려 할 것이기 때문에 차별화는 지속적으로 이루어져야 한다.

네 번째 전략은 '용의 꼬리보다 뱀의 머리'가 되는 전략이다. 나의 경쟁 상대는 이 세상 모든 사람이 아니다. 나의 경쟁 상대를 너무 넓고 크게 보고 덤비는 것보다 작은 영역이라도 자신만의 영역에서 최고가 되는 것이 낫다는 말이다. 그래서 경쟁 전략가인 헤르만 시몬은 "큰 시장에서 작게 되기보다는 작은 시장에서 크게 되는 것이 낫다."고 말한다.

마지막으로 경쟁과 관련해 잊지 말아야 할 것은 가장 이기기 힘들고 다루기 힘든 경쟁 상대는 바로 나 자신이라는 사실이다. 특히 내가 경쟁에서 승리해 최고의 자리에 올랐을 때 이 말은 더욱 중요함을 갖는다. 왜냐하면 경쟁의 가장 큰 걸림돌은 상대가 아니라 나 자신의 오만함이기 때문이다.

경청이 사람을 얻는다

날마다 텔레비전과 라디오에선 강연 또는 토크쇼 프로그램들이 활발하게 펼쳐진다. 가정주부를 대상으로 한 토크쇼를 비롯해 세간에 민감한 이슈를 다루는 심야토론에 이르기까지 실로 다양한 주제의 프로그램이 우리의 눈과 귀를 사로잡는다. 청산유수와 같이 막힘없이 자신의 의견을 개진하는 패널들을 보면서 우리는 '참, 말을 잘한다.'고 감탄할 때가 많다.

하지만 토론 프로그램에서는 시청자나 청취자들에게는 잘 드러나지 않되 반드시 없어서는 안 될, 가장 중요한 사람이 있다. 바로 진행자다. 사실 토론 프로그램이 열띤 공방을 지속하는 동안에도 진행자의 멘트는 늘 간결하고 짧다. 그는 토론자의 얘기를 열심히 듣고, 그들의 주장을 요약 정리해 주며, 토론이 어느 일방에 치우치지 않도록 조정하는 역할을 할 따름이다. 하지만 패널, 여럿 가운데 한두 명이 빠질 수는 있지만 진행자가 없는 토론은 상상할 수 없다. 그리고 우리는 어떤 프로그램의 객관성과 생산성을 평가할 때 가장 먼저 진행자의 역할을 따져본다.

진행자에게 필요한 가장 핵심적 자질은 경청(敬聽)이다. 만약 진행자가 토론자들의 주장을 경청해 듣지 않고 잠시 딴생각을 한다거나, 토론자들의 주장 가운데 핵심적인 부분을 놓치거나 한다면 그것은 토론 진행에 치명적인 과오가 되고 결과적으로 그 토론은 엉망이 되고 말 것이기 때문이다.

그런데 곰곰이 생각해보면 '경청의 기술'은 토론 프로그램 진행자에게만 필요한 것이 아니다. 모든 사람이 살아가면서 가장 필요한 삶의 기술 중 하나가 경청이다. 특히 어떤 모임이나 조직의 리더로 일하는 사람들에겐 경청이 더욱 큰 중요성을 갖는다.

어렸을 때부터 우리는 어른들로부터 다른 사람의 말에 귀를 기울여야 한다고 배웠다. 하지만 그런 충고를 해주는 어른들조차 경청의 중용을 지키기란 매우 어렵다는 사실을 잘 알고 있다. 나이가 들고 지위가 높아지고 권력이 커질수록 경청은 더욱 요구되는 미덕임에도 오히려 현실에서는 남의 말에 진심으로 귀를 기울이지 않으려 한다.

"사람을 얻는 자는 모든 것을 다 얻는다."는 말이 있다. 자기 자신이 아무리 머리가 좋고 힘이 세고 능력이 뛰어나다 해도 이 세상 모든 사람을 합친 것보다 더 뛰어날 수는 없는 일이다. 따라서 더욱 큰일을 이루고자하면 할수록 다른 사람의 힘을 빌리는 것이 반드시 필요하다. 다른 사람의 마음을 얻어야 하고, 그 사람의 마음을 얻는데, 가장 필요하고도 중요한 것 중 하나가 바로 경청이다. 자신의 말을 들어주지 않는 사람을 기꺼이 도와주고 따르고자 하는 사람은 거의 없을 것이기 때문이다.

미국의 자동차 왕 헨리 포드가 80세가 되었을 때 어느 호텔에서 그를 위한 만찬회가 열렸다. 그의 성공담을 듣기위해 많은 사람이 모인 가운데, 어떤 사람이 그에게 다음과 같은 질문을 했다.

"포드씨, 당신이 일생동안 이루어놓으신 그 훌륭한 성취들 중에 가장 자랑스러운 건 무엇입니까?"

참석자들의 시선이 헨리 포드의 입에 집중되고, 이윽고 그는 다음과 같이 대답을 했다고 전한다.

"그야 물론 아내의 조언이죠. 아내의 조언이 없었더라면 이 자리에 저는 없었을 겁니다.

헨리 포드는 아내의 말을 그저 한 귀로 흘리고 말 잔소리로 듣지 않고, 진지하게 귀담아 들었다. 또 그렇게 아내의 얘기에 귀 기울이는 습관은 자연 다른 직원들과의 관계에서도 적용되었다. 경청은 곧 헨리 포드를 자동차 왕으로 만든 최고의 경영전략이자 최고의 인생법칙이었던 것이다.

그런데 우리의 현실을 들여다보면, 보통 남편은 아내의 얘기를 잔소리로 여겨 진중하게 듣지 않고, 부모는 자식의 애기를 어리고 유치한 생각으로 폄하하며, 회사의 직속 상사나 사장은 직원들의 얘기를 불평불만으로 치부하는 경우가 많다. 그러한 가정이나 회사가 조화롭고 발전적으로 나가기를 바랄 수는 없는 일이다.

많은 사람들의 사랑받았던 자기개발 우화 서적인 『경청』에는 '이청득심(以聽得心)'이라는 말이 나온다. 이는 '귀 기울여 들으면 사람의 마음을 얻을 수 있다.'라는 뜻이다. 이 책에서는 경청의 방법으로 다음 네 가지를 제시하는데, 눈여겨보고 마음 깊이 새겨 놓을 만하다.

경청의 첫째는 상대의 생각을 받아들이고 공감하는 것이며, 둘째는 상대를 완전한 인격체로 인정하는 것이고, 셋째는 자신의 생각을 전달하기 위한 말을 절제하는 것이며 넷째는 상대를 이해하고 존중해 주는 겸손한 마음을 갖는 것이다. 경청은 그저 잘 듣는 것에 그치지 않는다. 온 마음을 다해 상대를 내 사람으로 만드는 것이다.

미국의 정치가 데이비드 러스크는 "남을 설득하는 가장 좋은 방법은 귀를 이용하는 것. 즉 남의 말을 들어주는 것이다"라고 말했다. 독일의 신학자 P. 틸리히 또한 "사랑의 첫째 의무는 귀를 기울이는 것이다."라고 말했다. 이는 모두 경청의 중요성을 강조하고 있다. 경청이란 사랑과 존중의 증거인 것이다. 경청과 관련해 마지막으로 한 가지 덧붙일 것은 '독서' 또한 중요한 경청의 기술이라는 사실이다. 책이란 어떤 사람이 자신의 주장을 얘기하기 위하여 적게는 몇 달에서 많게는 몇십 년 동안을 갈고닦아 정리해 놓은 '글로 된 말'이다. 그리고 우리는 책을 읽는 동안 말하기보다는 계속해서 듣는다. 따라서 책을 읽는 것이야 말로 다른 사람의 진중한 이야기에 귀를 기울이는 또 다른 방식이며, 경청의 기술을 발전시켜 나가는 과정인 것이다.

이처럼 독서가 좋은 경청의 방법이라 할지라도 편식을 하지 말자. 모든 프로그램의 진행자가 다양한 의견을 가진 사람들의 얘기를 공평하게 들어주는 것처럼, 독서를 함에 있어서도 몇몇 사람의 이야기에만 귀를 기울이기보다는 다양한 사람의 이야기에, 심지어 나와 상반되는 생각을 가진 사람의 이야기에도 귀를 기울일 필요가 있다.

"말을 많이 해서는 안 된다. 말하는 것의 두 배는 듣도록 하라" 이것은 〈탈무드〉가 가르치는 중요한 교훈이다. 하나님은 어째서 사람에게 두 개의 귀를 만들고 입은 하나밖에 만들지 않았을까? 그것은 말하는 것의 두 배는 듣도록 하라는 하나님의 가르침이다.

"행복하게 살려고 생각한다면, 코로 신선한 공기를 가득 들어마시고, 입은 다물고 있도록 하라."

즉, 현명한 자는 자기의 지성을 숨기며, 어리석은 자는 스스로 어리석음을 노출 시킨다는 가르침이다. 입은 바로 화(禍)의 근원이 될 수 있다는 점을 명심해야 한다.

주위를 돌아보아도 말을 잘하는 사람보다 말을 잘 들을 줄 아는 사람이 더욱 존경을 받고 있음을 알 수 있다. 말을 잘 들을 수 있는 사람은 지성을 나타내고 있다. 항상 떠들썩하게 자기주장을 하는 사람은 어리석다. 그래서 '현명한 사람이라면, 미소를 지을 정도의 일을 보고 어리석은 자는 소리 내어 웃는다.'고 말하고 있다.

누구라도 자기 인생을 뒤돌아본다면 비밀을 지키고 있었던 것을 후회하는 것보다 말을 해버린 것을 후회하는 일이 훨씬 많다. 자기 혀에게 침묵을 가르치는 것은 인생에 있어 커다란 이익이라 할 수 있다. 〈탈무드〉는 '보물처럼 자기 혀를 신중히 다루도록 하라'고 가르치고 있다. '침묵은 금이요 웅변은 은이다.'라고 하는 것은 그와 같은 뜻에서다. 침묵은 지성이 입는 황금의 갑옷이다. 물론 필요할 때 충분히 자기주장을 하고 자기 의사를 표시하지 않으면 안 된다. 그러나 얘기하는 것보다 입을 다물고 배우는 편이 더 어렵다.

흔히 혀는 칼에 비유된다. 조심해서 다루지 않으면 사람을 다치게 할 뿐 아니라 자기 자신도 다치고 만다. 훌륭한 칼잡이가 되어야 한다. 칼은 정말로 필요할 때가 아니면 빼지 않는 것이 좋다. 혀는 눈이나 귀와는 또 다르다. 눈이나 귀는 우리가 마음 마음대로 보고 싶은 것, 듣고 싶은 것만을 듣는 것이 아니라 원하지 않아도 보고 듣고 보게 된다. 그러나 혀는 자기 스스로가 조절할 수 있다. 혀는 본래 훈련이 가능한 것이다. 어리석은 자에게 대해서 '저 사람은 말이 많다'고 하는 경우를 더러 본다. 사람은 지나치게 술을 마시거나 음식을 먹는 것을 주의 하지만, 지나치게 말이 많은 것에는 그다지 주의를 하지 않는다. 그 결과는 마찬가지로 위험한 일이다.

'말은 당신의 입안에 있을 동안에는 당신이 말의 주인이지만, 한 번 입

밖에 나와 버린 다음에는 당신은 말의 노예가 된다.' 또 '입은 문과 같은 것이다.'라고도 한다. 문은 필요한 때에는 열어두어야 하나, 항상 열어둔다면 도둑들 염려가 있다.

사람은 말에 대해서 어떠한 태도를 지녀야 할 것인가라는 말은 셀 수 있는 것이 아니다. 말은 하나하나 그 무게를 달아봐야 하는 것이다. 말은 또 약에다 비유한다. 적당한 양의 약은 도움이 되지만, 지나치게 사용하면 해가 된다. 이와 같이 혀에 관한 훈계가 많은데 그만큼 혀로 인하여 실수 하는 사람이 많기 때문이다.

'귀는 듣기에 생소한 것을 불쾌하게 생각하며, 눈은 선한 것을 쫓는다. 그런데 혀는 너무 분방하다.'

'마음이 혀를 움직여야 한다. 마음이 혀로 인해서 움직여서는 안 된다.'

계획을 세우고 도전하라

사람만이 계획적으로 행동하는 것이 아니다. 나무도 가을이 되면 잎을 떨어뜨려 겨울을 준비하고 긴 겨울잠을 자기 위해 곰은 가을 동안 충분한 영양을 섭취해 에너지를 비축한다. 하지만 사람은 여느 생물과는 달리 단지 생존이라는 목표를 달성하기 위해 다양한 계획을 세운다. 또 같은 목표라 할지라도 그 목표에 이르게 만드는 계획이 한 가지 만은 아니라는 점도 다르다.

역설적으로 들리지만, 무계획적으로 사는 것은 계획 없이 사는 게 아니다. 무계획도 하나의 계획일 수 있기 때문이다. 아무리 무계획적으로 산다고 해도 죽는 것이 목표가 아니라면 우리는 아침이 되면 잠에서 깨어 일어나 낮에는 먹고 살기 위한 일을 하며 저녁에는 피곤한 몸을 누이고 잠을 청한다. 어쩌면 그렇게 무계획하게 보이는 삶을 사는 것이 최고의 삶인지 모른다. 아무런 계획이 없어도 누구나 먹고 사는데 지장이 없는 세상이라면 그곳이 유토피아가 아닐까?

하지만 현실은 냉혹하다. 전체적으로 보자면 이 세상은 옛날 세상보다 분명 살기가 편하고 풍족해 보이지만, 여전히 우리 주변에는 기본적인 생계조차 힘겨운 사람들이 많으며, 우리가 성공이라고 칭하는 것들을 성취하는 사람들은 늘 소수에 불과하다. 그래서 우리는 먹고사는 데 지장이 없는 삶을 살기 위하여, 더 행복한 삶을 살기 위하여 계획을 하고 실행에 옮긴다.

그렇게 계획을 세울 때 우선적으로 해야 할 것을 세우고, 계획이란 항상 선제적이고 빠를수록 좋다는 것이다.

동양의 성인이라 불리는 공자는 "평생 계획은 어릴 때에 있고, 1년 계획은 봄에 있으며, 하루의 계획은 새벽에 있다"고 말한바 있다. 물론 계획이라는 것이 새로운 상황이 생길 때마다 새롭게 수정되고 다듬어져야 하겠지만 어쨌든 첫 출발은 빠를수록 좋다.

계획의 수정을 고려할 때 경제학에서 말하는 '매몰 비용 효과(Sunk Cost Effect)'를 염두에 둘 필요가 있다. 매몰비용 효과란 쉽게 말해 결과가 나쁠 것이 분명해 보이는데도 지금껏 계획실천 과정에 들어간 비용이 아까운 나머지 계획을 수정하지 못한 채 계속 진행하다가 낭패를 본다는 뜻이다.

예를 들면 다음과 같은 것이다.

어떤 사업가가 석유를 대신할 태양광 대체 에너지를 개발하기 위해 10년 동안 100억 원이란 돈을 투자하기로 계획했다고 하자. 그런데 그 계획을 실천에 옮긴 지 8년째 되던 해(그때까지 80억 원을 개발비로 투자한 상태다)에 얼마 지나지 않아 고갈되리라고 예상했던 석유는 그 생산량이 줄지 않고 오히려 태양광 에너지 생산 비용보다 더 낮은 가격에 판매된다. 또 그 사업가와 경쟁관계에 있는 풍력 에너지를 개발하는 회사는 이미 석유보다 싼 가격으로 에너지를 생산할 수 있는 기술개발을 완료했다. 결국 태양광 에너지는 2년을 더 투자하여 개발을 완료한다고 해도 수익성이 없는 것으로 판명이 난다. 그렇다면 태양열 에너지를 개발하는 사업가는 어떻게 해야 할까? 당연하게도 가슴이 무너지는 슬픔을 감수하고 태양광 에너지 개발을 포기하는 것이 옳은 일이다. 그래야만 남아있는 투자한 비용을 20억 원이나마 건질 수 있다. 하지만 그 사업가는 태양광 사업에 투자한 비용이 아까워서 투자를 멈추지 않고 결국 남아 있는 20억 원마저 날려버리고 만다. 이것이 바로 매몰 비용이다.

매몰 비용 효과는 사업에만 나타나는 것이 아니다. 우리의 일상생활에서도 많이 접할 수 있다. 몇 년 동안 고시에 응시하여 낙방한 사람이 지금껏 지불한 학원비와 책값, 그리고 무엇보다도 자신의 젊은 시간을 바친 것이 아까워서 공부를 포기하지 못하는 것도 그렇고, 자녀가 원하지도 않는데 그간 투자한 유학비가 아까워 미국에 자녀를 계속 머무르게 하는 것도 그렇다.

물론 어떤 목표를 갖고, 목표를 달성하기 위해 세운 계획을 포기하지 않고 지속적으로 실천해 나가는 것은 매우 중요하다. 조금 힘들다고 해서, 가능성이 줄었다고 해서 쉽게 포기하면 어떤 일에서든 성공하기 힘들다. 하지만 쉽게 포기해서는 안 되는 것이 중요한 것과 마찬 가지로 중간중간에 자신의 능력과 계획의 실효성을 진지하게 검토하는 것 또한 중요하다. 그래서 포기하지 않는 것에도 용기가 필요하지만, 포기하는 것에도 용기가 필요하다.

P.시루스는 "수정을 허용하지 않는 계획은 나쁜 계획이다."라고 말했다. 우리에게 환경에 굴하지 않고 목표를 향해 나가는 태도는 대단히 중요한 것이지만, 목표 달성하기 위해 세운 계획은 환경의 변화를 따라 끊임없이

수정될 필요가 있다. 목표가 전략적 도달점이라면 계획은 전투계획인 것이다. 현대 경영학에서 지속적인 '변화'와 '혁신'을 강조하는 것은 바로 이런 이유 때문이다.

마지막으로 어떤 계획에 실패했다고 해도 크게 실망해서는 안 된다는 점을 강조하고 싶다. 17세기 프랑스의 고전작가 로슈프코는 "사람들이 위대한 업적을 자랑한다 해도 그 대부분은 계획이 아니라 우연의 산물이다."라고 말했다. 규모가 작은 계획일수록 인간의 힘을 통제하는 건 어렵지 않다. 하지만 원대한 계획일수록 인간의 통제 능력에서 벗어날 가능성이 커진다. 따라서 우리는 어떤 원대한 계획이 실패했다고 해서 크게 실망할 필요가 없다. 결정적으로 중요한 것은 어떤 계획이 실패했다 하더라도 포기하지 않고 새로운 계획을 세워 도전할 수 있는 자세가 필요하다.

우리는 고독(孤獨)한 존재인가?

사람은 누구나 자신이 외롭다고 생각할 때가 있다.

헨리 데이빗 소로우는(Henry David Thorea 1817~1862)는 그가 사랑하는 월든 호숫가에 손수 통나무 오두막을 짓고 깊은 사색과 명상 속에서 "나는 대부분의 시간을 혼자 지내는 것이 심신에 좋다고 생각한다. 나는 고독만큼 친해지기 쉬운 벗을 아직 찾아내지 못하고 있다. 대체로 우리는 방안에서 홀로 있을 때 보다 밖에 나가 사람들 사이로 돌아다닐 때에 더욱 고독하다. 사색하는 사람이나, 명상하는 사람은 일할 때도 어디에 있든지 항상 혼자이다." 그는 고독의 중요성을 지속적으로 강조하면서 자신은 "고독만큼의 만족스러운 동행자를 발견한 적이 없다."고 노래했다.

우리는 핸드폰에 시선을 빼앗기거나 온갖 재밋거리에 시간을 빼앗겨서 인간다움으로부터 벗어나고 있다. 나 혼자 오롯이 생각하고 사색할 수 있어야 할 시간이 없어 핸드폰을 들고 항상 무엇인가에 접속하려고 한다. 그러지 않고서는 무엇에 쫓기듯 불안한 삶을 살아가야 하는 것이다. 그러기에 혼자 사색하고 고독할 수 있는 시간은 너무 소중하다. 고독을 통해 비로소 사색하는 시간을 가질 수 있는 것이다.

사색(思索)의 사전적인 의미는 '어떤 것에 대하여 깊이 생각하고 이치를 따진다.'는 뜻이다. 아주 오래전부터 수많은 지혜를 담아 인문 고전을 작성한 철학자들과 모든 과학의 바탕이 되는 공식들을 찾아낸 수학자들은 사색을 즐겼고 사색하는 동안은 혼자가 되었다. 그렇게 외롭고 힘들기만 한 역경을 이겨낸 끝에 얻어진 깨달음이 우리 인류에게 어두움을 밝혀주는 등불이 되었고, 인류 역사에 큰 유익을 주는 이름을 남기는 자들이 된 것이다.

그렇다면 고독에 담겨있는 사색이 왜 중요한 것일까?

내가 고독하다고 생각할 때 사방으로 닫혀 있는 공간에서 고독을 느낄 수 있는 한계점이 다가올 것이다. 내가 만든 고독의 길이 아니기 때문이다. 누구의 탓이 아니라 나도 모르게 그냥 끌려온 것이다. 이것은 부정적인 고독에 얽매인 것이다. 얼마나 많은 사람들이 눈물로 고독을 삼키며 어두운 밤길을 헤매다 지쳐 외로움의 종말을 자처했는지 그 사연을 말로 다할 수 없다.

이제는 나만의 고독 행위를 이어갈 새로운 결단이 필요한 것이다. 내가 만들고 내가 즐기는 고독한 길, '고독한 산책'을 나서자.

이것이 내 인생에 막혀 있는 담을 헐어버리고 영원히 풀리지 않을 숙제를 해결할 수 있는 키(Key)를 찾을 수 있는 행위이다. 나는 누구인가? "너 자신을 알라"라는 스스로의 물음에 대답할 수 있어 비로소 나라는 사람을 알아볼 수 있기 때문이다.

나라는 사람은 어디서 와서 어디로 가는가를 깊이 생각해 보지 않은 사람이 있을까? 진정으로 나다운 삶이 무엇인가를 고민해 보지 않는다면, 그때그때 되는 대로 사는 자이다. 자신의 삶을 방관하는 자에게 고독이 필요할까? 고독한 시간이 결여되면, 내 인생의 방향을 바로잡고 올바른 삶을 살고자 하는 생각도 빼앗아 갈 것이다.

자연주의자이자 부도덕한 사회에 대해 비판적이었던 소로우에게 고독한 상황이란 외롭다는 감정적 상태가 아니라 자신의 내면을 성찰하고 미래의 삶을 계획하는 기회의 순간이었다.

철학자 쇼펜하우어는 "고독은 모든 위대한 행위와 정신의 운명이다."라고 말했고 몽테뉴 또한 "오로지 고독 속에서만 사람은 참된 자유를 안다."라고 말했는데, 이들은 모두 소로우처럼 자신의 삶을 통제할 수 있는 원칙과 환경을 그렇게 말할 수 있었던 것이다.

마더 테레사는 "고독과 자신이 불필요한 존재라는 느낌은 가장 견디기 어려운 가난이다"라고 말했다. 왜 같은 고독에 대해 이처럼 상반된 견해가 존재하는 것일까?

한평생을 가난하고 불우한 사람들을 위해 살았던 마더 테레사에게 고독이란 그 불쌍한 사람들에게 삶의 희망을 잃게 만드는 부정적인 감정이었다. 테레사 수녀는 자신의 고독을 말한 것이 아니라 가난하고 희망이 없는 사람들의 고독을 말한 것이다. 의지할 사람이 아무도 없는 상황, 스스로의 힘으로 삶을 개척해 나갈 수 없는 상황에서 고독한 상태란 성찰의 기회가 아닌 비탄과 한탄에 젖어 삶에 대한 긍정성을 잃어버리는 순간인 것이다.

평범한 사람이라면 살아가면서 소로우가 말한 고독과 테레사가 말하는 고독을 경험하게 된다. 자신의 삶을 원칙을 가지고 자신의 뜻하는 바대로 일이 이루어질 때 우리는 고독한 감정을 담담하게 받아들일 수 있으며,

때로는 성찰의 시간은 갖기 위해 일부러 고독을 즐길 수 있는 곳으로 떠나기도 한다. 하지만 자기 삶의 원칙이 무너지고, 하고자 하는 일이 뜻대로 되지 않으며 자신의 곁에 의지할 누군가가 아무도 존재하지 않을 때 고독이란 삶의 견딜 수 없는 부정적 감정이 되어 자신을 괴롭히고 만다.

1950년대 데이비드는 『고독한 군중』이란 책을 펴내 세인들의 관심을 받았다. 고독과 군중은 언뜻 보면 서로 대립되는 단어인 듯한데, 그는 그 책에서 '타인 지향성'이라는 현대사회의 특징에 주목하고, 현대인들의 고독할 수밖에 없는 현실을 분석했다. 리스먼에 따르면, 현대인들이 고독한 것은 수많은 사람들과 더불어 살고 있으면서도 모든 문제를 스스로 해결해야 하고 자신을 바라보는 타인들의 시선에 스스로를 맞춰야 하는 현실 때문이다.

오늘날에도 많은 책들과 텔레비전 광고 등을 보면 개인의 창조적인 개성이라는 것이 세인들의 관심을 끌지 못하면 아무 쓸모없는 것이 되거나 오히려 자기 삶에 해로운 것으로 전락되고 만다. 우리는 지금 더 많은 사람들과 접촉하고 더 많은 사람들의 소식을 듣고 더 많은 사람들과 부대끼며 살고 있다. 하지만 고독이라는 측면에서 보자면 옛날 사람들보다 훨씬 고독한 상황에 처해 있다. 오죽하면 생전 안면도 없었던 사람과 포옹을 하며 이 사회를 더 따뜻하게 만들자고 하는 '프리 허그((Free Hug)' 운동까지 생겨났겠는가?

슈바이처 박사는 "우리는 모두 한데 모여 북적대고 살고 있다. 그러나 우리는 너무 고독해서 죽어가고 있다."고 말한 것은 사뭇 의미심장하다.

아이들은 학교에서, 학원에서 공부하기 바쁘고 아빠는 밤늦게까지(주 50시간) 직장에서 야근을 하며 엄마는 바쁜 집안 살림에 부업거리까지 찾아 헤매는 오늘날의 가족 풍경은 고독이라는 것을 긍정적으로 바라보기 힘들게 만든다. 고독해지지 않으려 해도 현대 사회는 개인에게 고독을 강요하고 있는 것이다.

물론 쉴 새 없이 바쁜 세상살이 속에서 고독이란 쇼펜하우어의 말처럼 위대한 정신의 운명일 수도 있으며 몽테뉴의 말처럼 참된 자유를 얻는 순간일 수도 있다. 또 아무리 서로 아껴주고 보살펴주는 전통적인 가족관계가 해체되었다고는 하나 그 와중에서도 자기만의 시간을 갖는 것은 반드시 필요한 일이리라. 하지만 그런 고독은 평생 필요한 것이 아니라 오랜 학교생활이나 직장생활에서 잠시 탈피하는 방학 또는 휴가 같은 것으로도 충분하다.

지그문트 프로이트와 더불어 현대 심리학을 개척한 알프레드 아들러에 따르면, 사회로부터 인정받고픈 욕구로부터 인간의 모든 동기가 유발된다고 한다. 즉 모든 인간에게는 인정받고 싶은 욕구가 내재해 있다는 의미다. 그 인정받고 싶은 욕구는 어쩌면 인간이 본래 고독하기 때문일지도 모른다. 시인 릴케가 말했듯 "우리는 고독하다. 다만 고독하지 않은 듯이 스스로를 속이고 그렇게 행동할 뿐"일지도 모른다.

사랑이 없으면 공포만 있을 뿐

펄 벅은 1961년 성탄절에 동아일보를 통해 한국인에게 보낸 메시지에 다음과 같이 말하고 있는데 어쩌면 반세기 세월이 흐른 지금의 우리에게 주는 메시지인 것처럼 들린다.

> "우선 나는 한국국과 한국 국민에 대해 무한한 애착과 존경심을 갖고 있다는 것을 말하고 싶습니다. 나는 중국에 있던 한국인 친구들을 통해 오래전부터 한국의 역사와 문화를 알고 있었습니다. …… 한국은 성격상, 역사상 단일 국가입니다. 지난 세기 동안 온갖 고난을 겪으면서도 한국국민은 독자적이고 강인한 정신을 유지해 왔고 그 문화와 성격이 일본, 중국, 그리고 그 밖의 다른 아시아 국가와 크게 다르다는 사실을 발견하고 나는 감탄하지 않을 수 없었습니다. 나는 이 문화의 독창성을 높이 평가하고 있으며 한국인과 그 문화

에 더욱더 깊은 관심을 가지게 되었습니다. 새해에는 한국이 어떻게 해서든지 다시 통일되어 이전의 일치단결된 모습으로 되돌아갈 수 있기를 기원합니다."

펄S. 벅은 1892년 6월 26일 미국 웨스트버지니아 주(州) 힐즈보로에서 태어났다. 그의 부친 앤드류 사아덴스트리커는 일곱 형제 중 여섯이 목사가 된 독실한 기독교 가문 출신으로서 중국에 파견된 선교사였다. 그는 오랫동안 중국에 살면서 펄이 태어나기 이전에 이미 세 자녀를 잃었으며, 그의 아내도 콜레라에 걸렸다가 겨우 회복 되었으나 건강이 좋지 않아 의사의 지시를 따라 휴가를 얻어서 잠시 본국에 돌아와 있는 동안에 펄이 태어난 것이다. 그러나 생후 3개월 만에 펄의 부모는 그녀를 데리고 다시 중국으로 들어갔다.

당시 중국은 청조말기(淸朝末期)로서, 안으로는 관료들의 부정부패가 심하고 사회의 불안은 극심하였고, 제국주의 열강의 침략으로 국토는 영국, 독일, 프랑스, 일본 등 근대 자본주의국가들에게 착취를 당하고 있었다. 이 사태에 반발한 서태후(西太后)는 펄이 여덟 살이 되던 해인 1900년에 의화단(義和團)을 육성하여 각지에서 백인들을 살해케 하였다. 그 당시 펄의 가족은 중국인 이웃들이 숨겨주어서 구사일생으로 살아났다. 후에 펄 벅은 "이 때 나는 처음으로 내가 중국인과 다른 외국인이라는 것을 깨달았다."고 술회하고 있는데, 이는 중국의 문화와 언어에 얼마나 익숙하였는가를 반증하는 것이다. 그도 그럴 것이, 그녀는 중국인 유모의 손에서 자라 영어보다 중국어를 먼저 배웠고 중국인 가정교사 밑에서 한문을 배웠다. 몸이 자라고 지혜와 인격이 성장할 때 그녀는 동양식 예의범절을 채득하였고, 이 소녀기에 받은 교훈은 그녀의 일생 동안 존중되었다.

1931년에 존 데이 사에 의해 출판한 《대지The Good Earth》는 미국에서 퓰리처상을 받았고, 그해에 200만부 가깝게 팔렸으며 30여 개국 국어로 번역 되었다. 그리고 여전히 1930년대 세계 최고 베스트셀러로 기록되어 있다.

펄 벅은 1938년 미국 여류 작가로서는 최초로 노벨상을 수상한다. 그의 대표작이라 할 《대지 The Good Earth》외에 펄 벅은 무려 80권에 가까운 소설과 단편집, 전기, 평론집 등을 내어놓았다. 세계에서 드물게 여러 방면의 장르를 넘나든 작가로 활동하였다. 그녀는 서로서로 이해를 통한 정의와 평화가 이루어지는 세계를 항상 마음속에 생각하고 바랐던 평화주의자였다. 자선 사업가로서 우리나라에도 혼혈아, 고아, 입양아를 위한 재단을 세워 이끌었던 인도주의 작가이다.

스웨덴의 한림원은 펄 벅에게 노벨 문학상을 수여하는 이유를 "인종을 분리하고 있는 큰 장벽을 넘어 인류 상호 간의 일치감을 일으키게 하는 훌륭한 작품을 썼고 위대하고 생동감 있는 묘사로서 예술을 창조했기 때문"이라고 밝힌 바 있다.

노벨 문학상 수상 연설에서 펄 벅은 "저의 창작력을 형성한 것은 미국 소설이 아니라 중국 소설입니다. 소설이란 무엇이며 어떻게 전달하고 어떻게 써야 하는가 하는 것도 중국에서 배웠기 때문입니다."라고 밝혔다.

그의 작품 속을 들어가 보면 격변하는 역사 속에 무너지기 시작하는 봉건 제도와 그 속에서 반발하는 세대 간의 갈등, 새롭게 대두되는 양반과 농민 사이의 부조화, 밀려드는 외세 속에서 겪는 시행착오, 그리고 마침내 깨닫게 되는 민족자결의 다짐 등이 마치 근대 한국의 한 측면을 보는 듯 그 속에서 조국 독립이라는 지상 최대의 목적을 위해 투쟁하며 살아가는 인물들의 모습은 처절하면서도 숭고하다. 펄 벅의 작품은 인도주의 적이며 갈등은 있어도 희망적인 분위기로 끝나는 것이 특징이다.

제2차 세계대전 뒤인 1949년에 펄 벅은 미국 병사들이 아시아의 여러 나라에 남기고 간 사생아를 돕기 위해 펄 벅 제단을 세웠다. 펜실베니아 주 자택 근처에 '환영의 집(Welcome House)'을 설립하여 미국인과 아시아인의 혼혈 고아 구제와 교육을 위한 사업을 시작하였다. 그녀는 1967년 자신이 소유한 재산의 대부분인 700백만 달러가 넘는 돈을 이 재단에 기부했다. 이보다 앞서 1941년 그녀는 동양인과 미국인의 상호 이해와 친선을 도모하기 위해 '동서협회'를 창설한 바 있다.

그녀는 "동양인은 서양인보다 인생을 즐기는데 더 큰 가치를 두고, 가족 간의 사랑을 중요시하고, 노인을 대접하고, 진정 행복한 것이 무엇인지 알고 마음의 평화를 지킬 줄 아는 사람들이다. 그래서 인간의 행복에 대한 강조는 동양이 서양에게 줄 수 있는 최대의 선물이다."라고 말했다. 그러므로 서양인은 동양인으로부터 인간의 행복을 도로 찾는 법을 배워야 하고, 또한 동양인은 서양으로부터 의술과 과학 기술을 배워 하나 되는 세상을 만들어야 한다고 역설했다.

그러나 딸이 네 살 되던 1925년에 그녀는 중국인 의사에게서 딸이 정신박약이란 진단을 받는다. 정확한 진단을 받고자 남편과 함께 미국으로 돌아오지만 그 결과는 절망적이었다. 펄 벅은 한국 고아를 포함해서 국적이 다른 아홉 명의 고아를 입양했지만, 그녀가 낳은 아이는 중증의 정신지체와 자폐증이 겹친 딸 하나뿐이었다.

오랜 세월이 지난 후 1950년에 그녀가 '가장 어렵게 쓴 책'이라고 고백한 '자라지 않는 아이(The Child Who Never Grew)'는 최고의 명예를 누리는 작가로서가 아니라 장애 자녀를 낳아 길러본 어머니로서의 체험을 마음으로 토로한 책이다. 아이가 처음 태어났을 때의 행복감, 그러나 정신지체아로 일생동안 '자라지 않는 아이'로 남게 되리라는 진단을 받았을 때의 절망을 그녀는 다음과 같이 술회하고 있다.

"차라리 죽음이 더 편할지 모릅니다. 죽음은 그것으로 끝나기 때문입니다. 내 딸아이가 지금 죽어준다면 얼마나 다행인지 모른다고도 생각 했습니다."

그리고 딸을 있는 그대로 받아들일 수 있을 때까지 기대와 실망, 끝없는 고통의 연속이었지만, 그러나 펄 벅은 그 딸에게서 배운 점을 다음과 같이 말하고 있다.

"나는 그 누구에게나 존경과 경의를 표해야 한다는 것을 배웠습니다. 내 딸이 없었다면 나는 분명히 나보다 못한 사람을 얕보는 오만한 태도를 버리지 못했을 것입니다. 그리고 지능만으로는 훌륭한 인간이 될 수 없음도 배웠습니다."

그녀는 장애인 자녀를 가진 세계의 부모들에게 다음과 같은 메시지를 전한다.

"모든 탄생에는 삶의 권리가 있고 행복할 권리가 있습니다. 정박아이든 신체 장애인이든 그 아이에 대해 자부심을 가지십시오. 다른 사람의 눈총에 신경 쓰지 말고 머리를 꼿꼿이 쳐들고 당당하게 다니십시오. 그 아이는 당신의 삶에 어떤 형태로든 의미를 부여함으로, 그 아이를 위해, 그 아이와 함께 기쁨을 찾는 것이 당신에게도 큰 위안이 될 것입니다. 언제나 희망을 가지십시오. 희망처럼 좋은 위안은 없습니다."

펄 벅은 장애를 예방하는 교육의 필요성을 역설하며 "우리 모녀의 모든 것을 바쳐 다른 사람들이 이런 괴로움을 겪지 않도록 힘을 쓸 수 있다면 우리의 생애가 결코 무의미 한 것은 아닐 것입니다."라고 하였다.

펄 벅이 한국을 소재로 쓴 작품들은 우리에게 특별한 의미를 갖는다. 1960년 한국에 와서 많은 자료를 수집 및 조사하고, 2년간 집필기간을 거쳐 1963년 출간 되자마자 〈뉴욕타임스〉 베스트셀러가 된 《살아있는 갈대》는 "한국은 고상한 국민이 살고 있는 보석 같은 나라이다. 한국이란 나라를 둘러싼 중국, 일본, 러시아 세 나라에서는 그 가치를 인정받고 있으나, 서구 사람들에겐 아시아에서도 잘 알려지지 않은 나라이기도 하다." 라는 말로 시작하고 있다.

한국은 "아름다운 전통의 나라, 민족정신을 고고하게 지키는 나라."라고 칭하며 세계에 소개하는 데 크게 기여한 것으로 평가받고 있는 이 작품에 펄 벅은 많은 시간과 애정을 쏟았고 한국의 문학에 대한 해박한 지식과 역사적 사실에 대한 고증이 놀라울 정도로 정확하다. 펄 벅은 1960년 68세 때 처음으로 한국을 방문한 이래 그녀는 1969년까지 여덟 차례 한국을 방문했고 마지막 방문은 휠체어에 탄 채였다. 불편한 몸을 이끌고 한국을 방문한 것은 한국과 한국인을 사랑하고 좋아하기 때문이라고 공공연히 말했다.

펄 벅 작품은 그 어느 것을 읽어도 인도주의적이며 갈등은 있어도 희망적인 분위기로 끝나는 것이 특징이다. 펄 벅 작품의 주제를 한마디로 말한다면 "세계적인 사랑"이라는 말로 표현 할 수 있을 것이다. 펄 벅의 인도주의 정신은 그녀의 모든 작품에 흐르고 있는데 '에센스(Esens)'라는 시(詩)에서 그녀는 "내가 심혈을 기울여 만든 모든 작품의 에센스는 이 지상엔 사랑이 없으면 공포가 있을 뿐이라고 요약할 수 있다"고 스스로 밝히고 있다.

펄 벅은 1973년 3월 6일 버몬트 주 덴비에 있는 자택에서 80세의 나이로 사망했고 지금은 펜실베이니아주 비시 카운터의 존 주택에서 멀지 않은 농장에 자신이 미리 잡아두었던 물푸레나무 아래 묻혀 있다. 《대지》의 펄 벅이 다시 대지로 돌아간 것이다.

05
자족하는 마음을 가지라

자족하는 마음을 가지라
당태종의 정관정요
나는 누구에게 어떤 친구인가?
진실한 우정은 인생을 아름답게 한다
물질적 결핍보다 정신적 빈곤을 경계하라
현대인의 가장 심각한 병, 우울증

자족하는 마음을 가지라

누구든지 스스로 자신의 삶을 책임지려는 나이에 이른 사람은 '어떻게 하면 행복한 삶을 살 수 있을까?'를 무던히 생각하고 연구할 것이다. 이때에 제일 먼저 생각하고 가장 민감하게 생각되는 것이 아마 돈일 것이다. '돈이란 정말 무엇일까? 하는 질문을 자기 자신에게 던지게 된다. 돈에 대한 깊이가 아직 부족해서가 아니라 돈이 내 인생을 사는 문제에 가장 가까이 있는 것으로 나의 삶에 가장 큰 영향력을 행사하고 있는 것이기 때문이다.

영국의 풍자시인 S. 버틀러는 "돈에 대한 사랑이 모든 악의 뿌리라고 한다. 돈이 없는 것도 마찬가지로 모든 불행의 원인이 되기도 한다."라고 말했고 G. 허버트는 "돈이 있으면 두렵고 돈이 없으면 슬프다." 이와 같이 돈이란 있어도 고민이고 없어도 고민이다.

하지만 돈이 있어도 고민, 없어도 고민이라 해서 두 고민이 서로 같은 것은 아니다. 세상에는 돈이 없거나 부족해서 고통 받는 사람들이 훨씬 많고, 그런 이유로 없는 사람 입장에서 고민이라면 차라리 돈이 있어서 고민 하는 것이 훨씬 낫지 않겠느냐고 생각할 수 있다. 그래서 돈 없는 사람들은, 돈이 많아 고민인 것은 배부른 자들의 엄살이라고 폄하할 수도 있겠지만 어쨌든 세상에는 부자보다 빈자가 훨씬 더 많기 때문에 돈 문제와 관련한 심각성은 빈자 쪽이 훨씬 더 크다고 할 수 있다.

돈이 없는 고통 또한 우리가 생각하는 것보다 훨씬 크다. 예전에는 '돈으로 사랑을 살 수 없다.' '돈만 있다고 다되는 것은 아니다'라고 돈을 폄하했지만 이는 어쩌면 돈이 없는 사람들의 단말마(斷末魔)의 비명에 불과할지도 모른다.

그리스 속담에 "여자는 돈 없는 남자보다 남자 없는 돈을 더 좋아한다."는 말이 있다. 우리는 이런 속담이 일상화된 세상에 살고 있다. 사랑이나 우정이나 효심 등등 돈으로 환산하기 힘들다고 생각했던 것들이 이제는 모두 돈으로 계산되고 돈으로 조종되는 것이 현실이다.

갈수록 결혼 적령기가 늦춰지는 선남선녀들이 상대의 재산과 돈벌이 능력으로 가늠하면서 결혼을 할지 말지를 결정하는 것이 이미 오래되었다. 예전에는 경제적 능력을 따지는 대상이 주로 남성이었지만 요즘은 남녀를 가리지 않고 서로의 경제적 능력을 머릿속에서 철저하게 따져본다. 그들은 '사랑이 밥 먹여 주지 않는다.'는 사실을 잘 알고 있으며, 돈벌이가 시원치 않다면 이혼을 할 수 있다는 생각을 결혼 전부터 갖고 있는 경우도 많다.

마크 트웨인은 "우정은 돈을 빌려달라고만 하지 않으면 평생 지속될 것이다."라고 말했고 『명심보감(明心寶鑑)』에는 "의리가 끊어지고 친분이 떨어지는 것은 오로지 돈 때문이다."라는 경구가 들어 있다. 이처럼 친구사이의 우정 또한 돈이 중요한 요소가 된지도 오래다.

어떤 TV 광고에 다음과 같은 장면이 나온다. 오랜만에 친한 친구로부터 전화가 왔다, 반가운 목소리를 듣고 그간의 안부를 주고받고 한 다음 전화를 건 친구가 어렵사리 "돈 좀 있느냐?"고 묻는 순간 전화를 끊어 버리는 것이다. 아무리 오래된 친구라도 돈이 개입되는 순간 마치 서로 간에 이익을 따지는 비즈니스 관계처럼 변해버리는 것이다. 이런 상황은 옳고 그른 것을 떠나 이미 일반적인 현실이 되어 버렸다.

효심과 돈의 관계는 더욱 극적이다.

퓰리처상을 받은 작가 테네시 윌리엄스는 "돈 없는 젊은이는 되어도 돈 없는 늙은이는 되지 말라."고 충고했고, 셰익스피어는 "아비가 누더기를 걸치면 자식은 모르는 척하지만 아비가 돈주머니를 차고 있으면 자식은 모두 효자가 된다."고 말했다. 불행하게도 이들의 말은 점점 더 우리들 현실에 그대로 적용돼 가고 있다. 부모가 물려줄 유산 문제로, 부모의 의지와는 상관없이 자식들 사이에 분란이 일어나는 것은 이제 일상적인 것이 되었으며, 심지어 아직 건강한 부모의 재산을 빼앗기 위해 파렴치한 짓도 마다하지 않는 자식들까지 있다. 따라서 보다 현실적인 부모들은 자식에게 재산을 물려주기보다는 죽는 그날까지 지키면서 자신의 삶을 보호하고자 한다. 중환자실에 누워 있는 어떤 병든 할머니를 여러 자식과 며느리들이 하루에도 몇 번이고 들락날락하면서 보살피는 이유가, 그 할머니 병상 밑에 있는 열 개의 통장 때문이었다는 이야기는 진실로 서글프면서도 수긍할 수밖에 없는 우리들의 삶이다.

하지만 지금까지의 이야기를 곰곰이 생각해보면 그 중심을 돈에 두고, 돈이라는 것 하나만 생각했기 때문에 더욱 심각한 이야기가 되었다는 사실을 우리는 깨달을 수가 있다. 결혼과 우정과 부모 자식 간의 관계에서 돈이 중요하고 돈이 결정적 역할을 할 때도 있지만, 다른 한편으로 생각해보면 돈이 전부는 아니다. 우리의 생각과는 달리 돈이 결정적인 문제가 아닐 수도 있다. 그것은 끝없는 인간의 욕망, 무엇으로도 다 채울 수 없는 욕심 때문에 가장 인간다워야 할 아름다움을 잃어버린 까닭이다.

쇼펜하우어는 "돈이란 바닷물과도 같다. 그것은 마시면 마실수록 목말라진다."라고 말했는데 돈에 대한 생각도 마찬가지다. 어떤 문제가 돈과 관련되었을 때 돈을 중심으로 움직인다. 그리고 돈을 중심으로 움직이는 생각은 마치 짠 소금과 같아서 우리의 생각에 갈증만을 불러일으킨다. 좀 더 깊이 생각해보면 다른 해결 방법이 있는데도 돈 중심으로만 생각하기 때문에 돈만을 해결책이라고 몰아붙이는 것이다. 따라서 중요하는 것은 돈이 있는가? 없는가, 혹은 많은가 적은 가가 아니라 내가 어떤 상황에 처해 있든 돈에 휘둘리지 않고 내 삶을 스스로 개척해 나갈 수 있느냐 하는 것이다. 물론 어떤 상황 속에서도 돈이 많은 것이 적은 것보다 유리할 것이다. 하지만 궁극적으로 보자면 돈은 많지만 의지와 열정이 없는 것보다는, 돈은 적지만 의지와 열정이 넘치는 쪽이 인생 전반에 걸쳐 훨씬 유리하다.

1960년대 이전 우리나라는 가난한 시절이었고 너나 할 것 없이 가난했다. 가장이 하루 종일 공사판에서 뼈가 부서지도록 일을 해도 집안 식구들을 하루 세끼 먹이기가 힘들었던 때였다. 일거리가 부족해서 내일은 그만두고 오늘을 걱정해야 했다.

지금은 '절대 빈곤의 시절'은 지난 것 같다. 지금은 기본적인 의식주(衣食住)의 문제는 해결된 것 같다. 건강하고 바른 삶의 의지를 가지고 있다면 누구나 잘 살 수 있는 세상이 아닌가? "제발 실업가(實業家)는 못되어도 실업자(失業者)는 되지 말라"라고 충고하고 싶다. 지금은 어떤가? 한창 일할 나이에 청년 실업자가 너무 많아 나라에 가장 큰 골치 덩어리로 여겨지고 있다. 자족(自足)하는 생활을 하라는 성경의 구절이 있다. "자족하는 마음이 있으면 경건에 큰 이익이 되느니라. 우리가 세상에 아무것도 가지고 온 것이 없으매 또한 아무것도 가지고 가지 못하리니 우리가 먹을 것과 입을 것이 있은즉 족한 줄로 알 것이니라. 부 하려 하는 자들은 시험과 올무에 여러 가지 어리석고 해로운 욕심에 떨어지나니 곧 사람으로 파멸과 멸망에 빠지게 하는 것이니라. 돈을 사랑함이 일만 악의 뿌리가 되나니 이것을 탐내는 자들은 미혹을 받아 믿음에서 떠나 많은 근심으로서 자기를 찔렀도다."(디모데전서 6장 6~10절)

우리 주위를 둘러보라. 보잘것없는 수입을 가지고도 행복해하는 사람이 있는 반면, 높은 소득을 올리고도 불행에서 허우적대는 사람도 있다. 여기서 알 수 있는 것은 무엇인가? 행복은 소득의 많고 적음에 달려 있지 않다는 것이다. 돈을 어른스럽게 쓰는 법을 터득한 사람은 적은 돈을 가지고도 행복해 할 수 있다.

우리가 실제로 소비를 어느 정도 단념한다면, 무엇인가 얻는 것도 있을 것이다. 보다 검소한 생활을 하고 소비를 줄인다면, 쓸데없는 일에 신경 쓰는 일이 줄어들 것이다. 그리고 다른 사람들에게도 보다 많은 것을 베풀 수 있을 것이다. 다른 사람들이란, 우리 주위에 있는 가난한 이웃들이며, 제3세계 굶주린 사람들일 수도 있다.

소비를 단념하는 것은 당연히 우리 자신의 마음가짐에 영향을 미친다. 물질적 가치를 지닌 것들이 생활을 안락하게 해 줄 수는 있지만 행복의 근본적인 것이 될 수는 없다.

자족한 생활은 어떤 것일까? 나는 매월 일정한 수입으로 생활하기에 적당한 수입이 있어 감사하고, 이미 근검절약(勤儉節約)이 몸에 밴 삶이 되었고, 그러다 보니 생활에 모자람을 느껴 본적이 없이 살고 있다. 오히려 조금은 여유가 있어 적은 것이라도 알뜰히 모을 수 있음을 감사한다. 모은 것이 작지만 선한 일에 유용하게 사용하면서 작은 행복을 누리고 있다.

나의 경제적인 삶의 수준은 어느 정도일까? 나는 우리나라 국민의 삶을 상중하(上中下)로 나누어 중(中)을 택한다. 그중에서 또 상중하로 나눈다. 그리고 또 중을 택한다. 그리고 중에서 겸손한 마음으로 약간 하(下)쪽으로 놓여 있는 수준을 지향하고 있다. 이것은 어디까지 나의 주관적인 생각이며 오랫동안 유지해온 삶의 방식이다.

내 마음은 솔직히 청빈(淸貧)한 삶을 사는 것을 원하고 있었다. 그러나 내게는 아직 다 버리지 못한 욕심의 찌꺼기는 남아 있지 아니한가 삼가 조심하고 살핀다.

당태종의 정관정요

중국 당나라 초기에 유명한 시인이었던 마주라는 사람이 있었는데, 자는 빈왕(賓王)이고 박주(博州) 치평(茌平)사람이다. 그는 조실부모하여 아무것도 없는 빈털터리였다. 그러나 어려서부터 경서와 역사에 능통했고 학식이 뛰어난 재능을 가지고 있었으나 자신의 재능을 펼칠 기회를 얻지 못했다. 하루 세끼를 챙기기도 힘들었지만 술을 마시고 늘 거나하게 취해 주정을 하고 난동을 부렸기 때문에 모두들 그를 '주정뱅이'라고 불렀다.

어느 날 그는 장안 부근의 신풍(新豐)이라는 곳에 도착하여 한 여관에 들어갔다. 드나드는 손님들이 많아 주인과 심부름꾼 모두 바쁘게 왔다 갔다 하면서 눈길 한번 주질 않는 것이었다. 마주가 한참 차가운 의자에 앉아 있었지만 아무도 그를 상대해 주지 않았다. 그래서 마주는 분통을 터트리며 탁자를 내리치고 소리를 질렀다.

"주인장, 날 뭘로 보는 거요? 난 손님도 아니란 말이요? 왜 와 보지도 않는거요?"

여관 주인인 왕공(王公)이 웃으면서 다가와 "어이구, 이런! 저쪽에 손님이 많아서 신경을 쓰지 못했습니다. 죄송합니다. 술이든 밥이든 주문만 하십시오."라고 넉살 좋게 말했다. 마주는 따뜻하게 데운 술과 안주를 시켰다. 술 반병을 단숨에 비우고 얼큰하게 취하자 남은 술은 대야에 붓고는 발을 씻었다. 왕공과 손님들이 쯧쯧 혀를 차며 이상하게 생각했다.

다음날, 수중에 돈이 떨어진 마주는 가죽옷을 왕공에게 맡기고 술과 밥을 먹었다. 왕공은 그의 비범한 태도를 보고 보통 인물이 아니라는 것을 알아보고, 그에게는 가죽옷이 귀중한 것 같다며 사양하고 받지 않았다. 그러자 마주는 감사하다는 표시로 벽에 시 한 수를 써 주었다.

왕공은 그의 웅장한 필체에 경의를 표하며 어디로 갈 생각이며, 친지는 있는지 물었다. 마주는 장안으로 갈 생각이지만 아는 사람이 아무도 없다고 대답했다.

왕공은 마주에게 말했다.

"선생은 재주가 뛰어나신 분으로 분명 성공할 것입니다. 그러나 장안은 돈이 많이 드는 곳이니 수중에 돈 없이 어떻게 지내시렵니까? 제게 질녀 하나가 있는데 장안 만수거리에서 간단한 음식을 파는 조삼랑(趙三郎)의 집으로 시집을 갔습니다. 제가 편지를 써드릴 테니 그 곳에서 잠시 지내십시오. 그리고 이 은전은 여비에 보태십시오."

마주는 돈과 편지를 받아들고 길을 떠났다. 장안은 과연 흥청망청하고 번화한 곳이었다. 마주는 만수거리에 있는 조삼랑 집을 찾아갔다. 왕공의 질녀는 제 작년 남편 조삼랑이 세상을 뜨고 난 후 혼자서 가게를 꾸리며 살아가고 있었다. 나이는 서른 살에 달덩이 같은 얼굴에 입술이 붉은 미인이었다. 질녀는 외삼촌 왕공의 편지를 읽어보고는 마주를 가게에 머물게 하고 세끼 식사를 챙겨주었다. 마주는 그의 도움을 사양하지 않았다.

이 미모의 청상에게는 평소 집적거리는 사내들이 많았다. 그런데다 가게에 낯선 남자가 기거하자 좋지 않은 소문이 퍼졌다. 그러자 왕공의 질녀는 "원래 선생을 제 집에 오래 머무르게 할 생각이었으나 제가 과부이다 보니 이러쿵저러쿵 말이 많습니다. 선생님처럼 앞날이 창창하신 분께서는 좋은 곳을 골라 일에 매진하시기 바랍니다."고 말했다. 그러자 마주는 "일을 하고 싶지만 방법이 없소"라고 솔직하게 말했다.

어느 날 상중랑(常中郎 : 5품 무관의 벼슬)의 노복이 왕공의 질녀 가게에 음식을 사러 오자, 왕공의 질녀는 노복의 주인인 상하(常何)가 무관이니 문관의 도움이 필요할 것이라고 생각하고 "가까운 친척 중에 공부도 많이 하고 글을 잘 쓰는 수재가 한분 계신데 혹시 필요하지 않습니까?"하고 물었다.

노복은 마침 자기 주인이 인재를 찾고 있다고 했다. 당시 가뭄이 들어 황제 당태종은 오품 이상의 관리들에게 명을 내려 모든 신료들이 심혈을 기울여 연구를 해서 가뭄 해결의 방도를 글로 적어 올리도록 했다. 상하 역시 묘안을 내고 상소를 써야 했지만 머리에 든 것이 없어서 박식한 사람을 찾아 대신 쓰게 할 생각이었던 차에 마주의 이야기를 들었던 것이다. 노복의 말에 상하는 기뻐하며 당장 마주를 맞으러 사람을 보냈다.

마주는 왕공의 질녀에게 고맙다는 인사를 하고 상중랑의 집으로 갔다. 상하는 마주의 당당한 태도를 보고 맘에 들어 하면서 공부방을 마련해주고 환대했다. 다음날 상하는 돈과 비단을 친히 가져와 마주에게 내주면서 나라에서 관리들의 의견을 구하는 일을 상의했다.

마주는 붓과 종이를 달라 말하고는 국가가 해야 할 스무 가지 내용을 단숨에 써 내려갔다. 상하는 감탄을 금치 못하면서 다음날 황제에게 이

글을 올렸다.

태종은 생동감이 넘치는 필체와 시의 적절한 내용에 "옳거니!" 책상을 두드리며 "좋다 아주 잘 썼다!" 칭찬을 하고는 상하에게 "이런 식견과 주장은 경이 할 수 있는 것은 아닌데 어디서 난 것이냐?"라고 물었다.

상하는 무릎을 꿇고 이실직고 했다.

"죽을죄를 지었습니다. 신은 우매해서 이런 상소문은 쓰지 못하고 저희 집에 머물고 있는 문객인 마주가 쓴 것입니다."

태종은 인재를 소중히 여기는 황제였기 때문에 즉시 마주를 데려오게 했다. 마주를 면대한 자리에서 여러 가지 질문을 했는데 그의 청산유수 같은 답변을 듣고 그 자리에서 감찰어사(監察御史)에 임명하였다. 이후 태종의 두터운 신임아래 그는 급사중(給事中)에 오르고 3년도 안되어 마주는 이부상서(吏部尙書)까지 오르게 되었다. 태종은 마주의 재주에 찬사를 아끼지 않았으며, 그는 태종의 기대에 어긋나지 않고 전심전력을 다하여 국가의 뛰어난 인재로 황제의 든든한 어깨가 되어 당나라 초기의 기틀을 든든케 하는데 일조했다.

태종(이세민)은 중국 역사에 가장 빛나는 정치를 하여 온 나라가 태평성대를 누릴 수 있게 한 사람으로 유명하다. 그의 치세를 높이 평가해서 '정관의 치(治)'라 했다. '정관(貞觀)'이란 당나라 태종의 연호를 일컬은 것이고 '정관정요(貞觀政要)'란 '정관의 치'를 가져온 정치의 요체라는 뜻으로, '제왕 리더십의 필독서'라 불릴 정도로 동서고금에 알려지고 지금도 읽혀지고 있다. 우리나라 대통령을 비롯한 많은 지도자들이 서재에 놓고 읽어 큰 영향을 끼친 책의 주인공이다. 제왕과 신하가 허심탄(虛心坦)하게, 마음속에 품은 생각을 털어 놓고 대화하는 것을 기록한 책이 정관 정요이다.

정관 4년 당태종은 수나라 때 수리하여 건축한 낙양의 건원전이 낡았다고 생각했다. 그리하여 그곳을 황제가 순시하려고 머물 때 별궁으로 사용하고자 병사들을 뽑아 대대적인 수리를 할 것을 명하였다.

시어사(侍御史) 장현소(張玄素)가 듣고 이렇게 간언하였다. "호화로운 아방궁을 지어서 진나라 민심이 흩어졌고, 초(楚)나라 영왕은 장화대(張華臺)를 세우고 난 뒤 민심을 잃고 고립되었으며, 백성들의 피와 땀으로 건원전을 완공하고 난 후 수나라 민심도 흩어져 버렸습니다. 폐하! 우리나라 살림이 당시의 수나라보다 더 낫다고 보십니까?" 태종은 갑갑하여 아무런 말도 하지 않았지만, 불쾌한 모습이 역력했다. 장현소가 이어서 말했다. "지금의 형편이 건원전을 지을 당시의 수나라만 못하옵니다. 그러니 마땅히 쉬면서 백성들이 전란에 부서진 집들을 다시 짓도록 보살펴야 할 때입니다. 전쟁의 참상을 겪을 대로 겪은 백성들을 끌어다 노역을 시킨다면 수나라 멸망의 우를 다시 범하는 것이옵니다. 수양제 보다 더 심한 일을 겪을까 심히 우려되옵니다."

태종은 눈을 크게 뜨고 노기어린 눈으로 쏘아보았다. 장현소의 겁 없는 언사 때문에 조정 중신들은 남몰래 손에 땀을 쥐고 있었다. 태종이 제일 업신여기는 왕이 바로 사치와 낭비로 나라를 망하게 한 수나라 양제였기 때문이다. 그런데 장현소가 태종의 약점을 들추고 얼굴에 소금을 뿌리는 것이 아닌가!

태종이 냉랭하게 말했다.

"그대가 보기에 내가 수양제만 못하다는 것인데, 그러면 역사상 유명한 폭군인 하(夏)의 걸왕(桀王)과 중국 역사상 잔혹한 왕으로 알려진 상(商)의 주왕(紂王)과 나를 비교하면 어떠하냐?" 그러자 장현소는 태연하게 대답했다. 설령 건원전이 잘 지어지더라도 백성과 병사들이 노역과 과중한 세금을 참지 못한다면 마찬 가지로 천하 대란이 일어날 것입니다.

태종이 서릿발 같은 차가운 눈초리로 충직하게 간언하는 신하를 쏘아보았다. 일순간 긴장감이 감돌았다. 마치 폭풍우가 곧 불어 닥칠 것만 같았다. 그러나 조금 후 태종의 얼굴에서 먹구름 같은 노기가 차츰 흩어지더니 미소를 띠며 말했다.

"말을 잘해주었다. 내가 생각이 짧아 실수를 하였도다. 모든 공사는 즉각 중지할 것이다. 그대 같은 신하를 거울로 삼아 내 잘못을 수시로 돌아보고 고치겠노라"

속이 깊고 밝은 당태종은 큰 뜻을 지닌 황제였으므로 충언을 받아 드릴 줄 알았다. 그리고 일순간의 화를 스스로 다스리고 자제함으로 폭풍우가 몰아칠 것 같은 국면을 햇빛 찬란한 아름다운 국면으로 바꾸었던 것이다.

'당태종'은 우리나라를 고구려 말기에 30만의 대군을 몰고 침략해온 자이다. 안시성 전투에서 양만춘 장군의 화살을 맞아 한쪽의 눈을 잃고 퇴각한 자로 우리는 결코 좋은 인상으로 기억될 수 없는 인물이지만 중국에서는 최고의 정치가로 나라를 태평성대를 이루어 후대에 이름을 날렸다. 그는 제왕으로 신하들과 소통(疏通)하기를 즐겨하고 신하들의 재능을 십분 발휘하도록 활용하는데 탁월했던 인물이었다.

정관정요에 가장 가까이 태종과 속 깊은 대화를 나누는 사람으로 위징이란 인물이 있었다. 위징은 원래 수나라의 관리였지만 반란을 일으킨 이밀에게 투항했다. 이후 태자 이건성의 가신이 된 위징은 정적이자 동생인 이세민을 죽여야 한다고 주장했다. 하지만 이건성이 이세민에게 죽임을 당한 이후 위징은 지조 없이 이세민에게 충성을 바쳤다. 현무문의 변 때에 이세민이 이건성과 이원길을 죽이고 나서 정권을 장악했을 때 위징이 잡혀 와서 이세민 앞에 심문을 당할 때 위징은 당당하게 이렇게 말을 했다. "만약 태자(이건성)께서 제 말을 더 잘 들으셨다면 오늘날 붙잡힌 쪽은 내가 아니라 진왕(이세민)이었을 것입니다." 당태종은 인재를 알아보고 소중히 여기는 마음으로 위징의 과거를 불문에 붙이고 최측근으로 등용하였던 것이다.

당태종 이세민은 위징에게 옳고 그름을 구분하기 위해서는 어떻게 해야 하는 지를 물었다. 위징의 대답은 '여러 의견을 들으면 현명한 군주가 되지만 한쪽 말만 믿으면 어리석어진다'는 것이었다.

우리나라 조선 건국 이래 가장 유능했던 왕으로 꼽히는 세종대왕의 리더십은 그가 '토론 군주'로 불릴 만큼 회의에서 얻어내는 성과에 집착했고 소통을 중시했다. 세종이 즉위하자마자 한 첫마디가 바로 '의논하자'였다. 세종 때부터 시작된 경연(經筵)은 학문을 강론하고, 문제를 토론하고 경청했다. 경청이란 리더(Leader)의 덕목을 넘어서 가장 큰 능력이라는 것을 알 수 있다.

삼국지를 읽어보면 처음부터 사람과 사람이 만나는 장면으로 시작된다. 유비와 관우, 장비가 도원결의(桃園結義)를 맺음으로 시작된다. 유비는 돗자리 장수였지만 무너진 한(漢)나라를 세우려는 비전을 품고 있었다. 유비는 뜻을 같이할 인재를 구하려는 중에 삼고초려(三顧草廬)를 해서 제갈공명을 만나고 그를 지렛대로 삼아 삼국지의 한 축인 촉한을 세운다.

전국시대의 사상가 순자는 "사람은 소보다 힘이 세지 못하고 말보다 잘 달리지 못하는데도 사람이 소와 말을 부리는 이유는 무엇인가? 사람은 모여 살 수 있고 저들은 모여 살 수 없기 때문이다."라고 말했다.

인간은 '모여 살 수 있는 동물'이기에 필요에 따라 분업도 할 수 있고 협동도 할 수 있다. 또 자연을 이용해서 재산을 모으거나 다른 사람의 힘을 빌려 자신을 편리하게 하며, 자신의 목적을 달성한다. 요즘 사회의 통념인

"내가 남을 위하면 그들도 남인 나를 위한다."는 말처럼 원활하게 도움을 주고받는 사회가 밝고 아름다운 사회를 이룰 수 있는 것이다.

사람이 '모일 수 있다'는 것은 다섯 손가락이 주먹이 만들어지듯 '여럿의 뛰어난 인재들이 힘을 모으고,' 여러 사람의 힘을 한데 모여 강대해질 수 있으며, 서로 상부상조할 때 두루 편리한 삶을 살 수 있는 것이다.

나는 누구에게 어떤 친구인가?

『화씨벽』

춘추시대에 초(楚)나라의 변화(卞和)라는 사람이 산에서 한 개의 박(璞, 옥을 싸고 있는 돌덩어리, 즉 옥의 원석)을 얻어서, 초여왕(楚厲王)에게 바쳤다. 여왕은 옥장(玉匠)에게 돌을 감정하게 했다. 옥장은 평범한 돌이라고 말했다. 변화는 초나라 여왕을 속인 죄로 왼쪽 다리를 잘렸다. 그 후 초무왕(楚武王)이 즉위하자 변화는 다시 박을 가져다 바쳤다. 무왕 역시 옥장에게 감정을 시켰는데, 또 그냥 평범한 돌덩이일 뿐이라는 답을 얻었다. 변화는 이번에는 오른 다리를 잘렸다. 초문왕(楚文王)이 즉위하자, 변화는 박(璞)을 안고 산에 가서 사흘 밤낮 대성통곡을 했다. 눈물이 다 마르고 피가 그 뒤를 이었다. 문왕이 이를 듣고 기이하게 생각하여 사람을 보내 물어보았다. "천하에 다리 두 개 잘린 사람이 당신 하나뿐이 아닐 터인데 왜 이렇게 슬프게 우는가?" 변화가 대답하기를 "다리 두 개가 잘린 것이 슬퍼서 우는 것은 아닙니다. 옥석을 몰라보고 돌덩이라고 해서 슬픈 것이고, 충정이 있는 사람이 사기꾼으로 몰리는 것이 슬픈 것입니다." 초문왕은 옥장에게 명을 내려 박을 가공하도록 하여 천하에 둘도 없는 보옥을 얻게 되고『화씨지벽』또는 화씨벽이라고 이름으로 지어 부르게 되었다.

그 후 갖가지 사연과 변고를 거쳐 수많은 세월이 지난 후 조나라는 혜문왕 때 초나라의 화씨벽을 손에 넣게 되었다. 진나라 소공(昭公)은 이 소식을 듣고 사신을 통해 조나라 왕에게 편지를 보내서 진나라 성 열다섯 개와 화씨벽을 바꾸자고 요청했다. 조나라 왕은 대장군 염파를 비롯해 여러 대신과 이 문제를 상의 하였다. 화씨벽을 주자니 진나라에게 속아 성을 받지 못할까 우려되고 화씨벽을 주지 않자니 진나라 군대가 이것을 빌미로 침략해오지 않을까? 걱정이 되어 좀처럼 결정을 내리지 못했다. 또 진나라에 가서 이 문제에 대한 답변을 할 만한 인물을 찾았지만 마땅한 사람이 없었다. 이때 환관의 우두머리 무현이 이렇게 말했다.

"인상여(藺相如)를 사신으로 보낼만 합니다"

왕이 물었다.

"어떻게 그것을 알 수 있는가?"

"인상여는 용감하고 지혜로운 사람으로 생각되고 믿을 만한 사람으로 사신으로 보낼 만 하여 말씀드리는 것입니다."

그래서 왕은 인상여를 불러 이렇게 말했다.

"진나라왕이 자기나라 성 열다섯 개와 과인의 화씨벽을 바꾸자고 요구하는데 화씨벽을 보내는 것이 좋겠소? 보내지 않는 것이 좋겠소?"

상여가 대답했다.

"진나라는 강하고 우리 조나라는 약하므로 받아들이지 않을 수 없습니다."

왕이 다시 물었다.

"그러나 우리의 화씨벽만 빼앗고 우리에게 성을 내주지 않는다면 어떻게 하오?"

상여가 말했다.

"진나라가 성을 내주는 조건으로 화씨벽을 달라고 했는데, 조나라에서 이를 받아들이지 않는다면 잘못은 우리 조나라에 있게 됩니다. 그러나 조나라에서 화씨벽을 보내 주었는데도 진나라가 조나라에 성을 주지 않으면 잘못은 진나라에 있게 됩니다. 이 두 가지 대책을 비교해 볼 때 차라리 그들의 요구를 받아들여 잘못의 책임을 진나라에 덮어씌우는 편이 낫겠습니다."

왕이 다시 물었다.

"누가 사신으로 적당하겠소?"

상여는 이렇게 대답 했다.

"왕께서 적당한 인물이 없다면 신이 화씨벽을 받들고 제가 사신으로 가고 싶습니다. 성이 조나라의 손에 들어온다면 화씨벽을 조나라에 두고 오지만, 성이 조나라에 들어오지 않으면 화씨벽을 온전하게 가지고 조나라로 돌아오겠습니다."

마침내 조나라왕은 상여에게 화씨벽을 받들고 서쪽 진나라로 들어가도록 했다. 진나라왕은 장대(章臺진나라 궁궐에 있는 누대)에 앉아 상여를 만났다. 상여가 화씨벽을 진나라 왕에게 바치자 진나라 왕은 매우 기뻐하며 비빈과 여러 신하들에게 차례차례 돌려가며 보여 주었고 곁에 있던 신하들은 모두 만세를 불렀다. 상여는 진나라 왕이 조나라에게 성을 내줄 마음이 없음을 눈치 채고 앞으로 나아가 이렇게 말했다.

"이 화씨벽에는 아주 작은 흠이 하나 있는데 대왕께 그것을 가르쳐 드리겠습니다."

왕이 화씨벽을 상여에게 돌려주었다. 상여는 화씨벽을 손에 넣자 뒤로 몇 걸음 물러가 기둥에 기대서더니 머리카락이 치솟아 관을 찌를 만큼 화를 내며 진나라 왕에게 다음과 같이 말했다.

"대왕께서는 화씨벽을 얻을 욕심으로 사신을 통해 조나라 왕에게 편지를 보냈습니다. 조나라에서는 신하를 모두 불러 이 문제를 상의 했습니다. 그 자리에서는 신하들이 한결같이 '진나라는 지나치게 욕심이 많아 자신의 강대함을 믿고 허황된 말로 화씨벽을 차지하려는 것이다. 화씨벽을 주고 대신 받기로 한 성을 얻지 못할 것이다.' 라고 하였습니다. 그래서 진나라에게 화씨벽을 주지 않기로 의견을 모았습니다. 신은 '일반 백성의 사귐에도 서로 속이지 않거늘 하물며 큰 나라끼리 사귀는데 그럴 수 있겠는가? 게다가 화씨벽 하나 때문에 강한 진나라의 비위를 거슬러서는 안 된다.'라고 생각했습니다. 그래서 조나라 왕은 닷새 동안 재계(齋戒) 한 뒤 신을 사신으로 삼아 화씨벽을 받들게 하고 진나라 조정에 삼가 편지를 보냈습니다. 조나라 왕이 이렇게 하신 까닭은 큰 나라의 위엄을 존중하여 존경하는 마음을 다하려고 한 것입니다.

그런데 지금 신이 진나라에 이르니 왕께서는 신을 별궁에서 만나고 예절을 하찮게 여기며 아주 거만하십니다. 그리 화씨벽을 받으시고 비빈들에게 차례로 건네주면서 신을 희롱했습니다. 신은 왕께서 화씨벽을 받은 대가로 조나라에 성을 내줄 마음이 없음을 알았기 때문에 화씨벽을 다시 돌려받은 것입니다. 왕께서 만일 신을 협박하려고 하신다면 신의 머리는 지금 이 화씨벽과 함께 기둥에 부딪쳐 깨질 것입니다."

상여는 화씨벽을 가지고 기둥을 노려보며 그것을 기둥에 치려고 했다. 진나라왕은 화씨벽이 깨질까 봐 잘못을 사과하고 노여움을 풀도록 했다.

그리고 관리를 불러 지도를 펼치게 한 다음 손가락으로 지도를 가리키며 여기서부터 저쪽까지 성 열다섯 개를 조나라에 주라고 했다. 상여는 진나라 왕이 조나라에 성을 내주는 척하는 것일 뿐 실제로는 받을 수 없음을 알고 진나라 왕에게 이렇게 말했다.

"화씨벽은 천하가 모두 인정하는 보물입니다. 조나라 왕께서는 진나라가 두려워서 감히 바치지 않을 수 없었습니다. 이제 왕께서도 마땅히 닷새 동안 제계하고 대궐 뜰에서 구빈(九賓 임금이 예의를 갖추어 맞이해야 할 예의)의 예를 행하시면 바로 화씨벽을 바치겠습니다." 말하였으나, 예의를 갖추지 않는 것을 본 인상여는 화씨벽을 진나라에 주지 않고 조나라로 화씨벽을 가지고 무사히 돌아왔다.

『문경지교(刎頸之交)』

그 뒤 진나라는 조나라를 쳐서 석성을 빼앗고, 그 이듬해 다시 조나라를 쳐서 2만 명을 죽였다. 그런 위협적인 전쟁을 일으키고도 아무런 사과 없이 진나라 왕은 조나라 왕에게 사자를 보내며 "왕과 우호 관계를 맺고 싶으니 서하(西河) 남쪽 민지(澠池)에서 만나서 화합을 다집시다."라고 말했다. 조나라 왕은 진나라가 무슨 속셈인지 궁금했고 혹시 모를 위험이 도사리고 있지 않을까 두려워서 진나라를 방문할 마음이 전혀 생기지 않았다. 조왕은 측근인 염파와 인상여를 불러 의논한 끝에 왕께 인상여는 이렇게 말했다.

"일단 회담에 응하십시다. 왕께서 가시지 않으시면 조나라가 나약하고 겁쟁이 국가라는 소리를 듣게 될 것입니다." 인상여가 왕을 수행하고 국경을 넘었다.

두 왕은 술자리를 벌였다. 진나라 왕이 흥겨워지자 이렇게 말했다.

"조나라 왕께서 음악에 뛰어나다는 말을 들었습니다. 거문고 연주를 부탁드리겠습니다."

조나라 왕이 거문고를 뜯었다. '조나라 왕이 진나라 왕을 위해 연주 실력을 보여 주었다.'라고 사관(史官)은 기록했다. 그러자 인상여가 진나라왕도 악기를 연주해야 한다고 주장했으나 진나라왕은 거절했다. 인상여는 벌떡 일어나 말했다.

"나는 지금 칼로 내 목을 찔러 피를 흘릴 수도 있다."

이는 자신이 진나라왕의 목을 찌를 수도 있음을 돌려서 말한 것이다. 진나라 왕은 별 수 없이 소부를 연주 했다.

회담 도중, 진나라 신하가 말했다.

"우리 진나라 왕의 만수무강을 위해 조나라의 성(城)15개를 넘겨줄 수 없겠습니까?"

인상여가 바로 받아쳤다.

"진나라의 수도 함양(咸陽)을 바쳐서 조나라 왕의 장수를 축복해 주십시오."

진나라 왕은 술자리가 끝날 때까지 조나라를 이길 수 없었다. 인상여의 적절한 임기응변(臨機應變) 덕분에 군주의 위엄을 지킬 수 있었으며 진나라 콧대를 누를 수 있었다.

귀국해서 조나라왕은 인상여를 크게 칭찬하며 상경(上卿)이라는 최고의 벼슬을 내렸다. 인상여의 벼슬에 가장 발끈한 사람은 염파였다. 그는 자신보다 직급이 높은 인상여를 인정할 수 없었다. 염파는 인상여를 공개적으로 비난했다. "나는 전쟁터를 무수하게 누빈 공으로 떳떳하게 벼슬을 받았다. 그러나 인상여는 보잘 것 없는 세치 혀를 놀려서 나보다 높은 자리를 받았다. 더 이상 모욕을 참을 수 없다.

염파가 자신을 벼르고 있다는 말이 인상여의 귀에도 들어갔다. 다들 인상여가 염파에게 어떻게 대응할 것인지 궁금했다. 하지만 인상여는 염파를 피했다. 병을 핑계로 조정에 나가지 않았다. 길거리에서 마주칠듯하면 수레를 돌리도록 했다. 인상여의 이런 행동은 손가락질을 받았다. 인상여의 집안 수하들조차 불만의 목소리를 내기 시작했다. "저희가 친척을 떠나와서 나리를 섬기는 까닭은 오직 나리의 높은 뜻을 사모하기 때문입니다. 지금 나리는 염파와 같은 서열에 있습니다. 그럼에도 나리는 염파가 나리에 대해 나쁜 말을 퍼뜨리고 다니는데도 그를 두려워 피하시고 겁을 지나치게 내십니다. 이것은 평범한 사람들도 부끄러워하는 일인데 하물며 장군이 이러시니 이해가 되질 않습니다. 인상여가 말했다.

"그대들은 염장군과 진나라 왕 가운데 누가 더 무섭소?"

그들이 대답했다.

"염장군이 진나라왕에 못미칩니다." 인상여가 말했다.

"저 진나라 왕의 위세에도 불구하고 나는 진나라 왕을 큰소리로 꾸짖었고, 그 신하들을 부끄럽게 만들었소. 얼마든지 염파를 상대할 수 있지만, 개인적인 감정은 나중문제인 것이오."

"강한 진나라가 감히 조나라를 침략하지 못하는 것은 염파장군과 내가 있기 때문이다. 내가 염파와 다툰다면 서로 온전하지 못할 것이다. 그러면 진나라에 이익이 된다. 나라의 위급함을 먼저 생각했기 때문에 사사로운 원망을 뒤로 하였기 때문이요."

이 말을 전해들은 염파는 부끄러운 생각이 들었다. 그는 웃옷을 벗은 채 회초리를 가득 짊어지고 인상여의 문 앞에 이르러 무릎을 꿇고 사죄하며 말했다.

"비천한 저는 상경께서 이토록 너그러우신 줄을 몰랐습니다."

이리하여 두 사람은 서로 화해하고 죽음을 같이하기를 약속하는 친구가 되었다.

목을 내주어도 후회하지 않을 정도의 사이, 생사를 같이 할 수 있는 가까운 친구를 두고 '문경지교(刎頸之交)'라 일컫는다.

우리는 어떤 친구를 사귀고 있는가?

진실한 우정은 인생을 아름답게 한다

어떤 친구를 갖느냐에 따라 어떤 인간이 되느냐가 정해진다. 우정관계가 이만큼 결정적인 영향을 주는 것이라면, 친구를 잘 선택함으로써 자기 인생을 바른 방향으로 이끌어 나갈 수 있는 것이다. 자기 자신도 친구에게 영향을 줄 수 있다는 것을 잊어서는 안 된다.

가난에 허덕이던 밀레에게 어느 날 루소가 찾아왔다. 그는 누군가의 부탁을 받았다며 밀레의 그림 한 점을 300프랑에 사 갔다. 시간이 흘러 경제적 여유를 갖게 된 밀레는 친구 루소의 집을 찾아갔다. 그런데 남의 부탁으로 사간 그림이 루소의 거실 벽에 걸려 있는 것이 아닌가? 밀레는 그제야 친구의 마음을 알고 눈물을 글썽였다. 가난에 찌들어 있던 친구의 자존심을 지켜주기 위해 사려 깊은 루소는 남의 이름을 빌려 많은 돈을 주고 밀레의 그림을 산 것이다. 젊은 날의 이런 소중한 우정은 인생을 아름답게 사는 밑거름이 된다.

이 세상의 참다운 행복은 남에게서 받는 것이 아니라 내가 남에게 주는 것이다. 왜냐하면 물질적이든 정신적이든 상관없이 그것이 인간에게 있어서 가장 아름다운 행동이기 때문이다. 그리고 작은 도움이든 큰 도움이든 예절을 지켜야 되는 것이다. 행여 작은 도움을 주고 내 자랑이 크면 결코 그 우정은 오래가지 못하며 선한 열매가 맺어지지 못할 것이다.

옛사람들이 이르기를 "장맛은 오래된 장맛이 그윽하고 좋다. 친구도 오래된 친구가 좋은 벗이다."라고 했다.

자주 만나서 좋은 친구와, 떨어져 있는 것이 좋은 친구가 있다. 가장 좋은 친구는 오랫동안 함께 하며 허물없는 친구다. 우정을 오랫동안 유지하는 것은 새로운 친구를 만드는 것보다 중요하다. 처음에는 미숙하더라도 오래가는 친구를 찾아야 한다. 친구가 없는 것처럼 쓸쓸하고 적막한 일이 또 있을까? 친구를 갖는다는 것은 또 하나의 인생을 갖는 것이다.

나의 행복을 바라는 친구를 대할 때는 항상 예절과 경의와 이해를 갖추도록 노력할 일이다. 처음에 그리 가깝지 않던 사이라도 마음속으로 관심을 가질만한 사람이면 편안한 마음으로 사귀어 가는 동안 신뢰의 싹이 자란다. 한 사람의 좋은 친구를 갖는 것은 인생행로에서 만나는 많은 사람의 호의를 얻는 것보다 값진 것이다.

견식이 깊은 사람일수록 적을 비난하지 않는다. 적이기 때문에 한층 후대하기도 한다. 모욕을 유머로 받아넘기는 여유에서 그 사람의 품격을 읽을 수 있다. 인생의 비결에 통하면 악의를 신뢰로 전환시킬 수도 있으리라.

친구와 더불어 인생을 즐기자. 진정으로 친구를 원한다면 사람들로부터 무언가를 받으려고 하기보다는 그들의 인생에 무엇인가를 덧붙여 주는 사람이 되어야 한다. 사실 사람들에게 무언가를 주는 것이야 말로 진정 즐거운 일이 아닌가? 사람들을 돕고 깜짝 놀라게 해 주며, 조금 더 봉사하고, 때로는 그냥 옆에 있어주기도 하고….

당신은 인생을 즐기며, 스스로 즐거운 사람이 되어야 한다. 사람들은 매일 당신이 진실하기를 원할 것이다. 친구를 사귀기 위해 더 세련되거나 더 많은 것을 소유한 사람이 되어야 할 필요는 없다. 오히려 껍질을 한 꺼풀 벗고 참모습을 보여 줄 때 내게 더 가까이 오기가 편할 것이다.

친구를 사귐에 있어 결정적인 충고 같은 것은 없다. 사람들은 매일 당신을 혼란스럽게 하거나, 화나게 하거나, 기쁘게 할 것이고 당신은 결코 그들을 완전히 이해할 수 없을 것이다. 우정을 위한 공식 같은 것은 없다. 그러나 당신이 따라가야 할 대략의 방향이 있다.

예절이 친구를 만든다. 예절은 우리와 함께 있는 사람들을 편하게 해주기 위한 존경심이다. 예절은 사람들에 대한 존중을 바탕으로 자기 자신을 인식하는 계기가 된다.

완벽한 사람은 없다. 남들을 있는 그대로 받아들일수록, 그리고 그들에게 완벽해지라고(혹은 나와 똑같아지라고) 강요하지 않을수록 그들과의 관계는 더 행복해진다.

삶을 풍요롭게 해 주는 우정. 친구는 늘 그랬듯이 '제2의 나'이다. 우정이 없다면 우리가 어떻게 살아갈 수 있겠는가, 비밀과 희망 꿈을 함께 나눌 수 있는 사람들, 별것도 아닌 일에 함께 웃고, 같이 노래를 부르고 같은 책을 읽고, 그런 친구가 있어 나는 행복한 자가 될 수 있다.

인생이란 누구의 도움을 주고받는 삶을 사는 것이 아닌가하는 생각을 해본다. 지금까지 누구에게서든 '나는 도움 한번 받지 못했다'고 말할 수 있는 자가 과연 있을까? 누구나 부모의 도움으로 세상에 태어난다. 또 많은 스승으로부터 이 세상에 살아 나가는 지혜를 배운다. 사회생활을 하면서 여러 사람으로부터 도움을 받으면서 현재 생활을 영위하고 있다. 그리고 친구로부터, 동료로부터, 또는 나와는 아무런 관계가 없는 사람들로부터 알게 모르게 도움을 받으며 살아가고 있다. 자기 스스로 자신의 삶을 이루어 놓았다고 생각하는 것은 매우 어리석은 일이다. 많은 사람이 당신의 삶 가운데 드나들었겠지만 참된 친구들만이 당신의 가슴에 발자국을 남긴 것이다. 삶을 아름답고 깊은 우정을 보여주는 사람들은 그 우정이 똑같은 배경에서 나온 것도 아니며 관심 분야가 같아야 하는 것도 아니다. 우정은 전혀 가능성이 없어 보이는 척박한 땅에서도 자랄 수 있다.

어떤 면에서는 우정이 '사랑'보다 더 순수하다. 적어도 성애(性愛)처럼 서로를 구속해 다른 사람들과 관계를 맺지 못하게 하는 사랑보다 더 순수하고 값질 수 있다는 말이다. 참된 친구들이야말로 든든한 피난처이다. 주여, 제게 좋은 친구를 주셔서 감사합니다.

물질적 결핍보다 정신적 빈곤을 경계하라

우리는 흔히 가난이라고 하면 물질적 궁핍을 생각한다. 하지만 가난에는 물질적 궁핍만 아니라 정신적 빈곤도 포함된다.

세네카는 이렇게 말했다.

"빈자는 너무 적게 가진 사람이 아니라 더 많이 갈망하는 사람이다."

이때의 가난은 정신적 가난을 의미한다. 다시 그가 "노동이 육체를 굳세게 함과 같이 가난은 정신을 굳세게 해준다."라고 말했을 때의 가난이란 물질적 가난을 뜻한다.

먼저 물질적 가난에 대해 생각해보자.

물질적 가난은 다시 두 가지로 나눌 수 있는데, 하나는 절대적인 가난이고 다른 하나는 상대적인 가난이다. 편하게 몸을 뉘일 수 있는 잠자리와 하루 세끼 먹을거리를 걱정하면서 살아야 하는 사람의 상황은 절대적 가난의 상태이다. 그에게는 추운 겨울날 몇 천 원짜리 목도리 하나를 사는 것조차 사치일 수도 있다. 먹고 사는데 큰 부담이 없는 사람들은 그렇게 사는 사람들이 많지 않을 것이라 생각하겠지만, 선진국 대열에 막 들어서려고 하는 우리 사회에는 아직도 절대 빈곤층이 생각보다 많다. 우리나라의 기초생활 수급자는 2020년 통계에 의하면 325만 명에 이르고 있다. 월수입이 중간 소득자의 절반에 못 미치는 빈곤 계층은 훨씬 늘어나고 있다.

눈을 세계로 돌리면 절대적 가난은 우리의 짐작보다 훨씬 심각하다. 유엔식량 농업기구가 발표한 보고서에 따르면, 2005년 기준으로 10세 미만의 어린이가 5초에 한명씩 굶어 죽어가고 있으며, 비타민A 부족으로 시력을 상실한 사람이 세 명에 한 명꼴이고 세계인구 7분의 1에 이르는 8억5천 명이 심각한 영양실조 상태에 놓여 있다고 한다.

상황이 이러하지만 빈곤층이 아닌 사람들의 대다수는 상대적 가난 때문에 괴로워한다. 지금보다 더 나은 집에 살지 못하고, 더 좋은 차를 몰지 못하고 더 좋은 옷을 입지 못하고, 더 좋은 식사를 하지 못하는 상실감에 걱정하는 것이다. 빈곤층의 눈으로 보자면 이런 걱정들이야말로 사치에 불과할 따름이겠지만, 상대적 가난을 느끼는 것에 대해 비난할 수만도 없는 일이다. 사람이라면 누가 비교하거나 비교당하면서 사는 것 또한 현실이고, 더 나은 물질적 조건에서 살고 싶은 것은 절대적으로 가난한 사람이나 상대적으로 가난한 사람 모두에게 똑같이 적용되는 자연스런 욕구이기 때문이다.

아프리카 난민이나 극빈층과 같이 극복이 거의 불가능한 것처럼 보이는 극빈층이나 절대적인 가난이 이 세상엔 분명 존재하지만, 인내를 갖고 끈기 있게 도전하는 삶을 포기하지 않는 한 물질적 가난은 언젠가 충분히 물리칠 수 있는 대상이다.

하지만 정신적인 가난은 문제가 다르다. 정신적으로 가난하다는 것은 자신이 갖고 있는 물질의 양과는 상관없이 항상 나는 가난하다고 생각하는 상태다. 그런 상태에서는 더 많이 소유를 한다 해도 여전히 결핍을 느끼고, 그로 인해 삶이 피폐해진다. 특히 다른 사람들보다 훨씬 더 많은 것을 갖고 있음에도 자신이 아직 가난하다고 느끼는 사람들은 스스로의 인생을 망칠 뿐 아니라 다른 사람의 인생에도 적잖은 피해를 준다. 그래서 많은 현자들은 물질적 가난에 대해 이야기하기보다는 그 심각성이 더 중대한 정신적 가난에 대해 지혜로운 조언을 전한다.

칼릴 지브란은 말한다.

"가난은 일시적인 결함이지만, 지나친 부유함은 영원한 질병이다."

고대 그리스의 작가 메난드로스 또한 "괴로움이 없는 가난함은 비참한 부자보다 낫다."라고 말한다. 아무리 물질적으로 부유하더라도 그 욕심과 욕망이 너무도 커서 다 채울 수 없다면 여전히 비참한 상태에 놓여있는 것이다.

그렇다면 이러한 정신적 가난에서 벗어나는 방법은 무엇일까?

톨스토이는 이렇게 조언한다.

"가난의 고통을 없애는 방법은 두 가지이다. 자기의 재산을 늘리는 것과 자신의 욕망을 줄이는 것이다."

그러나 삶의 질의 향상을 위해 땀 흘려 열심히 일하고 근검절약하는 삶을 산다면 아름다운 결실을 얻으며 건강하고 넉넉하게 살게 될 것이다. 결코 재산을 모으는 것이 인생의 목표가 되어서는 안 된다. 물질의 소유가 우리의 행복을 좌우하지 못할 것이다. 정신적인 부요는 우리의 마음가짐으로 가능한 것이다.

현대인의 가장 심각한 병,
우울증

4명의 여성 중 한 명이, 6명의 남성 중 한 명이 일생에 한 번은 치료가 필요한 심각한 우울증으로 고통을 겪는다. 세계보건기구가 10여 년 전에 밝힌 바에 따르면 2020년이 지나게 되면 우울증이 전 세계 질병의 2위를 차지할 것이라고 경고했다. 흔히 마음의 감기라고 불리는 우울증은 이제 수많은 사람들을 자살로 몰고 가는 가장 무서운 병이 되었다.

링컨과 처칠의 공통점은 각각 미국과 영국을 대표하는 위대한 지도자란 사실이다. 하지만 한 가지 더, 그들은 평생 지독한 우울증에 시달리며 살았던 우울증 환자였다.

처칠은 부유한 환경에서 태어났으나 병약했다. 아버지는 그에게 언어폭력을 일삼았고 어머니는 이를 못 본 척했다. 사람들이 그를 저능아라고 부르기 시작할 무렵 그에게 만성적인 우울증이 찾아왔다. 끝없이 나락으로 떨어지는 기분이 싫었던 그는 무슨 수를 써서라도 이겨내기로 결심했다. 그는 군에 입대해 훈련에 열심히 참여함으로써 신체적 약점을 벗어나려 했고, 엄청난 양의 독서로 지식을 쌓았다. 웅변을 통해 말더듬증과 무대 공포증을 없앴다. 소심한 성격을 없애기 위해 전장에 앞장섰다. 그 결과 독일과의 전쟁에서 승리한 처칠은 가장 위대한 지도자로 거듭났다.

이러한 노력에도 불구하고 처칠은 우울증을 고치지 못했다. 더욱 심각한 우울증에 빠진 그는 배를 탈 때면 자신도 모르게 바다에 뛰어들까 봐 난간 근처에 서지 않았다. 그는 자신의 우울증을 '블랙독(black dog)'이라 불렀다. 자신을 평생 따라다니듯 충성스럽게 늘 자신의 곁에 있지만, 나른하고 슬프고 희망이 사라지며 살 가치를 잃어버리고 마는 어둡고 부정적인 이미지를 풍기기 때문이었다. 처칠은 블랙독이 나타날 때면 그림을 그리며 마음을 안정시키려고 노력했다. 때로는 피아노를 치며 노래를 부르며 자신의 약점을 이겨냈다.

미국 역사상 가장 위대한 인물이라 불리는 링컨도 평생 우울증에 시달렸다. 가난한 집에 태어나 어머니와 누나의 죽음을 지켜본 그는 상실감을 가장 두려워했다. 이후 사랑했던 소녀가 갑작스러운 병으로 세상을 떠나고, 약혼했던 여인이 떠나가는 등 자신에게 불어 닥친 불행을 견디지 못해 우울증에 빠졌다.

'나이 마흔이 되면 자신의 얼굴을 책임을 질 줄 알아야 한다'고 주장했던 링컨은 40대에 접어들어 우울증을 이겨내기로 결심했다. 그는 일에 집중했으며 유머 감각을 잃지 않기 위해 남다른 노력을 아끼지 않았다. 그 결과 어떤 어려움 속에서도 용기를 지닌 대통령이 됐다.

그러나 불행하게도 링컨 역시 처칠과 마찬가지로 우울증에서 완전히 벗어나지 못했다. 링컨은 기쁜 일이 생겨도 자신의 몫이 아닌 것 같아 진심으로 기뻐할 수 없었다. 또한 그를 보호하던 수행원은 그의 컨디션이 좋지 않은 날이면 그가 자살을 할까 가슴 졸였다고 한다.

처칠과 링컨은 세상을 떠나는 순간까지 그들의 블랙독과 함께 했다. 그러나 그들은 우울증을 가만히 버려두지 않았다. 그들은 우울증의 원인이 되는 상실감과 콤플렉스, 나른함에서 벗어나려 끊임없이 노력했고. 그 결과 세상에서 가장 위대한 지도자가 되었다.

06
진정한 지혜란?

진정한 지혜란?

저녁이 되고 아침이 되니

칭찬과 아첨의 기술

하루에 30분씩, 일주일에 네 번 운동하기

실패가 주는 교훈

멋지게 나이 들기

어린 왕자

진정한 지혜란?

한 남자가 아무런 죄도 없이 체포되었다. 누명을 쓴 것이다. 사람들과 판사는 그 남자가 유죄라고 믿었다. 그의 죄를 심판하던 판사가 이렇게 말했다.

"여기 두 장의 종이가 있소. 하나는 유죄, 하나는 무죄라고 적혀 있소. 당신의 선택에 따라 유죄가 될 수도 무죄가 될 수도 있소. 이제 하나의 종이를 고르시오."

판사의 말을 들은 남자는 생각했다. 자신을 무죄라고 생각하고 있는 판사가 이런 선택을 유도할 리가 없다는 것을 깨달았다. 두 종이 모두 유죄라고 적혀 있을 것이 분명했다.

과연 그는 어떻게 이 위기를 돌파했을까?

현명했던 남자는 두 종이 중 하나를 골라서 먹어 버렸다.

"판사님, 제가 지금 먹은 이 종이가 저의 선택입니다. 제가 어떤 선택을 했는지는 다른 종이를 보면 알 수 있을 것입니다.

그는 결국 무죄로 풀려났다.

이처럼 진정한 지혜란 자신이 처한 삶의 문제를 해결할 수 있는 실천적 대안을 찾아내는 것이 아닌가 생각한다.

인생을 살아간다는 것은 일종의 여행과도 같다. 어떤 이는 어느 날 우연히 들어선 여행길에서 잊고 살았던 자신의 꿈을 찾고, 어떤 이는 다시 일어설 용기를 얻기도 한다. 오늘 우연히 펼친 한 페이지가 인생을 송두리째 흔들 수도 있다. 물론 이 여행이 내 인생에 어떤 영향을 미치게 될지는 당신에게 달려 있다.

책을 통해서 우리는 시간과 공간의 한계를 뛰어넘어 과거로부터 지금까지 추앙받고 있는 현자들을 만나게 된다. 그들의 삶에서 터득한 교훈과 깨달음 그리고 지식의 모든 것을 영혼 깊숙이 받아들일 수 있다. 책 한 권의 무게는 가볍지만, 그 안에든 지혜의 가치는 결코 돈으로 환산할 수 없을 만큼 크다.

인생을 변화시키고 새로운 것에 도전하는 사람에게는 나이도 학벌도, 인종도 장애가 되지 않는다. 할 수 있다는 신념과 다가올 일을 두려워하지 않는 용기만 있다면, 원하는 것을 성취할 수 있다. 우리가 읽고 감동했던 그 책의 주인공들처럼 말이다.

우리가 책을 사랑할 수밖에 없는 또 다른 이유는, 책을 통해서 자신을 돌아보고 반성할 기회를 얻을 수 있기 때문이다. 책은 우리가 놓아둔 그 곳에서 기다리며, 언제든지 펼쳐 보기만 하면 원하는 것을 얻을 수 있도록 묵묵히 그 자리를 지키고 있다.

저녁이 되고 아침이 되니

보통 하루라고 하면 아침부터 시작하여 밤까지라 생각할 것이다. 그러나 유대인은 반대로 생각한다. 바로 여기에 유대인이 용감하게 살아남은 비결이 감추어 있는지도 모른다.

성경은 창세기 1장에 천지 만물을 창조하는 장면이 나온다. 첫째 날부터 시작하여 여섯째 날까지 만드신 것을 보시고 "하나님 보시기에 좋았더라"하시면서 "저녁이 되고 아침이 되니 첫째 날이니라"(창 1장 5, 8, 13, 19, 23, 31절)

하나님이 자기의 형상대로 사람을 창조하시고 이르시되 "내가 온 지면의 씨 맺는 모든 채소와 씨 가진 열매 맺는 모든 나무를 너희에게 주노니 너희의 먹을거리가 되리라"(29) 하시면서 만물을 다 이르시고 하시던 일을 마치며 일곱째 날에 쉬시면서 안식하셨다.

사람에게 바다의 물고기와 하늘의 새와 가축과 온 땅에 기는 모든 것을 다스리도록 복을 주시고 생육하고 번성하여 땅에 충만하고 땅을 정복하라고 하시면서 사람에게 열심히 일할 것을 명령하신 것이 아니라 편히 쉬도록, 안식하도록 명령하신 것이다.

유대인의 하루는 해가 지면서부터 시작된다. 가령 안식일 '새버드'를 보더라도 금요일의 일몰부터 시작해서 토요일의 일몰로 하루가 마무리된다. 이러한 하루의 시간에 대한 사고방식은 유대인의 독특한 생활 방식인 것이다.

〈탈무드〉에서는 랍비들이 '어째서 하루가 일몰부터 시작되는가?'하는 논쟁을 하고 있다. 그들의 결론은, 밝은 무렵에 시작되어 어두워서 끝나는 편이 논리적이고 현실적이라는 것이다. 인생도 그와 같다. 그들의 사고방식은 유대인의 낙관적인 면모를 단적으로 보여 주는 것이다. 유대인들은 무척이나 낙관적이고 긍정적이다. '때가 되면 반드시 좋아진다.'고 생각하고 있다. 그러면서 어떤 역경에 처해 있더라도 포기하는 법이 없으며 항상 희망을 버리지 않는다.

희망은 장래를 자기의 것으로 만드는 계기가 된다. 사람이 지니고 있는 힘 가운데서 희망이란 가장 강한 것인지도 모른다. 희망이 살아있는 한, 인간은 미래의 꼬리를 놓치지 않고 있는 샘이다. 희망은 미래라고 하는 냄비에 붙어 있는 손잡이다. 그것을 놓쳐서는 안 된다. 사람들이 죽음을 두려워하는 까닭은 죽음이야 말로 바로 희망이라는 줄이 끊어진다고 생각하기 때문이다.

희망을 잃지 않는 한 인간은 앞으로도 영원히 발전을 거듭하며 살아나갈 수 있는 유일한 동물임에 틀림없다. "희망의 등불을 계속 지니고 있으면 어둠 속에서도 견딜 수가 있다."

〈탈무드〉에는 다음과 같은 수수께끼가 적혀 있다.

'사람의 눈은 흰 부분과 검은 부분으로 이루어져 있다. 그러나 어째서 하나님은 검은 부분을 통해서만 사물을 보도록 만들었을까?

그 답은 이렇게 적고 있다.

'인생은 어두운 곳을 통해서 밝은 곳을 바라보아야하기 때문이다.'

칭찬과 아첨의 기술

칭찬은 사람을 기쁘게 한다. 아첨도 사람을 기쁘게 한다. 하지만 우리는 '칭찬'에서는 긍정적인 의미를 읽어 내지만 '아첨'에서는 그와 같은 의미를 읽어내지 못한다. 아첨은 그저 간신이나 모리배의 전유물일 뿐이며, 모름지기 점잖고 도덕적인 사람들이라면 아첨 같은 것은 멀리하고 살아가는 법이라고 여기며 배웠기 때문이다.

칭찬이 자기보다 지위가 낮거나 아랫사람 또는 어린 사람에게 해줄 수 있는 격려의 말이라면 아첨은 자기보다 지위가 높거나 강한 사람에게 모종의 보상을 기대하고 꾸며대는 비굴한 말이라고 생각하는 것이다.

그럼에도 불구하고 이성적으로는 아첨을 싫어할 수 있으나 감정적인 측면에서 아첨을 싫어하는 자는 많지 않다. 에머슨이 지적했듯이 "우리가 아첨을 받을 만큼 중요한 사람이라는 것을 보여주기 때문이다."

하지만 아첨은 위험하다. 아리스토텔레스는 "아첨꾼이 되는 것은 수치다."라고 했지만 아첨은 수치로만 끝나는 것이 아니다. 크게는 나라를 망하게 만들 회사나 자신을 망치게 하는 것이 아첨이다.

역사적인 예를 하나 들어보자.

조선시대에 경연(經筵)이라는 것이 있었다. 경연이란 왕에게 유학의 경전과 역사를 가르치는 일종의 교육 프로그램으로 조선의 통치 이념을 왕에게 심어주는 중요한 자리였다. 역대 왕과 신하들은 경연을 무척 소중하게 여겼는데, 왕권과 신권의 조화를 모색하는 정치기구 역할도 했기 때문이다.

특히 세종대왕의 경우엔 편전에서 정사를 보고 물러나면 반드시 경연에 참석했다고 하며, 상왕의 나들이나 잔치 외에는 폐하는 경우가 없었다고 전해진다. 함께 신하들과 학문을 연구하고 토론하고 경청하는 것을 가장 소중하게 여겼던 것이다.

하지만 연산군 때에 오면 이야기가 달라진다. 공부를 싫어했던 그는 돌연 경연 자리에 나가지 않겠다고 선언한다. 그러자 승정원의 승지들은 이렇게 답했다.

"성상의 학문이 높고도 밝으시니, 꼭 경연을 열어야만 하는 것은 아닐 것입니다."

의정부의 대간, 그리고 육조 판서도 맞장구를 치고 나왔다.

"경연이란 것은 정지할 만하면 정지하는 것입니다."

신하들의 이러한 말은 모두 전형적인 아첨이다. 하지만 듣기에 달콤한 아첨이 판을 친 결과 연산군의 시대는 폭정과 폭거로 점철되고, 결국 연산군은 얼마 되지 않아 비참한 최후를 맞게 된다. 이렇듯 아첨은 그것을 하는 자와 받는 자 모두 위험에 빠트릴 수 있기에 G. 허버트는 "아첨꾼의 목구멍은(모든 것을 삼키는) 열려 있는 무덤이다."라는 명언을 남겼겠는가 하는 생각이 든다.

그렇다면 아첨은 악덕인 탓에 멀리해야만 하는 것일까? 원칙적으로는 맞는 말이다. 하지만 현실에서는 아첨에 대해 좀 더 유연해질 필요가 있다. 우리의 실제 생활에 있어서 서로 간에 칭찬 한마디는 허물없이 주고받는 것처럼, 부지불식간에 크고 작은 아첨을 일상적으로 주고받는다는 사실을 무시하기도 힘들기 때문이다.

우리는 선대로부터 호감을 얻기 위해서나 혹은 남의 주의를 끌려고 아첨을 하는 경우가 적지 않았으며, 또한 있을지도 모르는 불이익을 예방하기 위해서도 아첨을 한다. 꼭 어떤 꿍꿍이가 있다거나 금전적인 이익을 바라야만 아첨이 되는 것은 아니다. 인사고과나 성적표를 매기는 사람 앞에 우리는 더 자주, 더 많이 웃기까지 하지 않는가? 위계와 질서가 있는 사회엔 반드시 아첨은 있게 마련인 것이다.

어떤 사회이든, 어떤 조직이든 높은 자리에 있는 사람과 친하게 지내는 것 자체가 잘못된 일은 아니다. 그런데 윗사람에게 내 뱃속에 있는 입바른 말을 꺼내 놓고 그들과 친해지기를 바라기는 쉽지 않다.

아무리 윗사람이 훌륭한 사람이라 하더라도, 그도 사람이기 때문에 계속해서 비판을 받거나 지적을 당한다면 기분이 상할 수밖에 없고 언짢은 기분을 불러일으킨 사람에게 좋은 감정을 갖기란 어렵다. 그렇기 때문에 자기 자신과 조직 전체의 발전을 진정으로 원한다면 윗사람에 대한 비판과 지적에도 전략이 필요한 것이며, 때로는 그 전략 가운데 하나가 아첨이 될 수도 있다. 뜻과 포부가 아무리 크다고 할지라도 윗사람의 비위를 건드려 그에 걸맞은 자리를 얻지 못한다면 자신의 능력을 10분의 일도 발휘할 수 없기 때문이다.

아첨이란 대개 자기보다 나이가 많거나 강하거나 지위가 높은 사람들에게 하는 것이다. 약자가 강자에게 수그리고 강자를 띄우는 것은 도덕적 차원에서 잘못된 것이라고 지적하기 이전에, 생존의 차원에서 필요악일 수도 있다. 따라서 우리는 헨리 키신저의 다음과 같은 말을 음미하면서 아첨이란 것에 대해 좀 더 유연해질 필요가 있다.

> "무엇보다도 먼저 신중해야 한다. 대부분의 지도자들은 빈틈없기가 이루 말할 수 없을 정도다. 그들은 하나같이 조종은 하되 조종당하는 것은 극도로 싫어한다. 지능이 높은 사람은 지능이 높은 사람으로 대해야 한다. 상대로 하여금 당신이 그를 진지하게 대하고 있다는 것을 즉시 알도록 만들 필요가 있다. 그리고 상대방의 자존심을 높여주어야 한다. 아첨이란 상대로 하여금 자신이 자신의 문제들을 해결할 수 있다는 것을 믿도록 만드는 기술에 지나지 않는다."

헨리 키신저의 말이다.

하루에 30분씩, 일주일에 네 번 운동하기

건강을 지켜주고 마음의 활력을 유지해주는 유일한 방법은 운동밖에 없다.

운동이 육신의 건강뿐 아니라 정신의 건강에도 이롭다는 사실 증명하는 연구가 점점 증가하고 있다. 듀크대 의과대학에 마이클 바비아크와 그의 연구진은 일주일에 네 번, 한 번에 30분씩 운동하는 것이 심각한 우울증 환자에게 어떤 치료제 못지않은 좋은 효과를 발휘한다는 사실을 밝혀냈다. 그뿐 아니라 치료제를 복용하는 경우, 투약을 중단했을 때 다시 우울증 증세를 보일 확률이 운동하는 환자들보다 운동을 하지 않는 환자들이 네 배나 높다는 사실도 발표했다.

그렇다면 운동이 우울증 치료제를 복용하는 것과 똑같은 효과를 내는 것일까? 완벽히 똑같지는 않다. 근본적으로 운동하는 것과 약을 복용하는 일은 다른 일이다. 그러나 우리는 우리에게 필요한 만큼 운동을 하지 못하면 그 대가를 치러야 한다는 것이다.

우리는 컴퓨터 앞에 온종일 앉아 있거나 회의로 떠드는 데 하루를 소비하도록 태어나지 않았다. 태초에 우리는 점심으로 먹을 양을 뒤쫓거나 사자의 점심거리가 되지 않으려고 도망쳐야 할 운명으로 태어났다. 현대를 사는 우리의 몸도 이와 다르지 않다. 끊임없이 몸을 움직여야만 생존 할 수 있는 운명으로 태어난 것이다. 따라서 우리의 몸이 무언가 부족함을 느낄 때 비타민이나 단백질을 섭취하거나 운동으로 몸을 단련하지 않는다면 그에 대한 대가를 치를 수밖에 없다.

하버드대 신경정신과 교수 존 레이티는 이렇게 말했다.

"한편으로는, 운동이 신경정신과가 원하는 꿈의 치료제가 될 수도 있다. 불안증 혼란스러운 정신 장애 그리고 우울증 주요 원인이 되는 스트레스에 전반적으로 긍정적인 영향을 끼치기 때문이다. 운동은 노르아드레날린, 세로토닌, 도파민 등의 신경전달물질을 생성한다. 이것은 신경정신과에서 가장 중요하게 시용하는 약품과 매우 비슷한 성분을 지니고 있다. 일정 시간을 두고 하는 운동은 우울증 치료제인 프로작이나 각성제인 리탈린을 소량으로 복용한 것과 같은 효과를 나타낸다."

이 외에도 추가로 짚고 넘어가야 한 사항이 있다. 운동은 자존감을 회복시켜주는 것은 물론, 두뇌 활동의 기능을 높여주고 수명을 증가시켜 준다. 또 잠을 푹 잘 수 있게 해줄 뿐 아니라 성생활도 더 완벽하게 즐길 수 있게 해주며 면역 체계도 개선해 준다.

만일 우울증에 시달리거나 꼭 그렇지 않더라도 좀 더 행복해지고 싶다면 이처럼 놀라운 성능을 지닌 '천연치료제' 곧 운동을 자주 할 수 있어야 할 것이다.

실패가 주는 교훈

이미 해버린 일에 대해 아쉬워하는 것과 꼭 하고 싶었던 일을 못해 후회하는 것 중에 어느 쪽이 더 후회될까? 나이 많은 노인들은 후자를 더 후회할 것이다. 사람은 어떤 일에 실패하면 소중하고 큰 것을 잃었지만 그때마다 잃은 것 못지않게 값진 교훈도 얻는다. 문명의 진보는 바로 이런 낙관적 자세에서 가능했다.

인간이 실패했던 일. 그것은 곧 경험이 되었다. 실패는 성공을 위한 밑거름이다. 인간은 실패로 인해 수시로 좌절하지만, 이때 얻은 교훈 덕분에 희망을 잃지 않고 좌절을 가볍게 뛰어넘는다.

하나님은 밝은 사람을 축복해 준다. 낙관적인 마음은 자기뿐만 아니라 남들까지도 밝게 해준다. 유대인들은 한없이 밝다. 이들은 진정한 슬픔을 알고 있기에 진정한 밝음이 얼마나 소중한지를 알며, 어두운 밤을 알기에 밝은 태양의 고마움을 기꺼이 즐길 수 있는 것이다.

인간은 앞날을 미리 알 수 있을 만큼 위대하지 못하다. 비관하거나 낙관하는 것은 스스로가 대단하다고 착각하는 것에 불과하다.

짐버크는 1989년 은퇴하기 전까지 13년간 존슨&존슨의 CEO로 재직하며 훌륭한 성과를 냈다. 그는 근무한 지 얼마 되지 않았을 때 창업자 존슨으로부터 실수를 통해 배우는 교훈이 얼마나 중요한지를 배웠다. 버크가 개발한 신제품이 완전한 무용지물이라는 평가를 받았을 때 당시 이사회 의장이던 창업자 존슨은 그를 호출했다. 버크는 쫓겨나는 상황까지 각오하고 존슨을 찾아갔다.

그런데 존슨은 오히려 그의 손을 잡으며 이렇게 말했다.

"자네에게 축하한다는 말을 해주고 싶어서 이렇게 불렀다네. 사업이란 결정을 내리는 것이 전부라고 해도 과언이 아니지. 만일 자네가 아무것도 결정하지 않았다면 실패를 전혀 경험하지 못했을 것이 아닌가? 내게 있어 가장 힘든 일은 사람들로 하여금 결정을 내리게 하는 일일세. 물론 자네가 또다시 같은 식으로 잘못된 결정을 내린다면 그땐 자네를 해고할 생각이네. 하지만 나는 자네가 실패를 충분히 만회할 수 있는 기회를 잡을 거라고 믿고 있어. 그리고 자네가 그런 경험을 통해 인생에는 성공보다 실패가 더 많다는 것을 알게 되기를 바라네."

버크는 자신이 CEO가 되어서도 이 원칙을 계속 고수하기로 마음을 먹었다. 언젠가는 그는 이렇게 말했다. "위험을 감수하지 않는 한 절대 성공할 수 없다. 성공을 거둔 모든 회사는 수많은 실패를 딛고 일어섰다."

존슨&존슨에 입사하기 전에, 버크는 세 번이나 사업에 실패한 경험이 있었다. 그는 자신의 실패담을 공공연하게 인정하고, 창업자 존슨과의 대화를 많은 사람에게 들려줌으로써 직원들에게 '실패가 성공의 디딤돌'이라는 메시지를 전달하고자 했다.

결과가 실패로 나타날 수도 있는 일을 결정하는 데 망설이는 것은 당연한 일이다. 이는 우리 모두 마찬가지일 것이다. 그렇지만 성공을 거둔 사람은 놀라운 성과를 얻기 전에 실패의 시간을 겪은 사람임을 오랜 역사가 증명하고 있다. 내가 그동안 저지른 실수를 떠올려 보자. 실수를 통해 무엇을 배웠는가? 조금 더 많은 것을 배울 수는 없었겠는가? 실수를 통해 배우는 것을 권장하는 리더를 알고 있는가? 그는 어떻게 실수를 통해 교훈을 얻도록 도와주었는가? 내가 지금까지 저질렀던 가장 큰 실수, 나의 판단이 직접적인 원인이 되었던 실패를 떠올려 보자. 실패를 부끄럽게 생각하고 지워버릴 것인가? 아니면 그 속에서 나에게 교훈으로 일깨워주는 경험을 가장 멋진 기회로 바꾸어 보자.

멋지게 나이 들기

더 행복하고 건강하게, 더 오랫동안 살기 위해서는 싫든 좋든 나이를 먹게 된다. 나이가 든다는 것의 실체가 무엇인지 받아들이고 그동안 가지고 있던 생각을 바꾸어야 한다. 우리가 좋든 싫든 간에 세월의 흐름에 따라 우리는 변해간다. 어떤 사람들은 긍정적으로 변하고 어떤 사람들은 예전만 못하게 변해 간다. 육체적으로 보면 동작이 느려지고 유연성이 떨어진다. 주름살이 점점 늘어가는 반면 욕구는 점점 줄어든다. 그러나 나이가 들어감에 따라 지적, 감정적, 영적으로 크게 성장할 기회를 얻는다.

나이 먹을수록 건강이 나빠지는 등의 어려움을 겪는다. 예상치 못한 상황에서 본의 아니게 '세상 물정을 모르는 늙은이'로 취급을 당할 수도 있다, 하지만 세월이 지날수록 느끼게 되는 좋은 점들도 분명히 존재한다. 우리가 60세, 70세가 됐을 때 삶의 이치를 발견하고 이해하고 지식을 습득하고 그것을 즐기게 되는 깊이는 20세와 30세일 때의 그것과는 전혀 다르다. 감정적·정신적 성장에는 지름길이 없다. 지혜, 판단력, 축적된 지식, 그리고 사물을 보는 안목은 세월이 가고 경험이 쌓여감에 따라 발전한다.

멋지게 나이 든다는 것은 세월의 흐름을 따라 나타나는 진짜 변화를 자연스럽게 받아들이는 것이다. 물론 이런 변화는 우리가 특별한 재주가 있어서 얻는 것이 아니고 이 만큼의 건강을 가진 자가 누릴 수 있는 공평한 선물임을 깨닫고 이에 감사하는 마음을 가지고 즐거운 마음으로 사는 것이다. 오늘을 평안하게 살았으니 내일을 기대해보자. 젊은이들만 희망을 가지란 법이 있나 내게도 희망이 있음을 보여 주고 싶다.

이제는 노화와 싸우는 데 투자하는 노력의 일부를 노년을 잘 보내기 위한 방향으로 돌려야 한다. 노년을 긍정적으로 인식하고 그것으로부터 얻을 수 있는 기회를 활용해야 한다.

당신보다 나이가 많거나 더 많은 경험을 한 사람과 대화를 나눌 때는 다음 두 가지를 유의해야 한다.

첫째, 그들의 실수담이나 성공담을 듣고 그들이 그러한 경험을 통해 무엇을 배웠는지 파악해 보라. 그들의 이야기를 잘 듣고 들은 것을 곰곰이 생각하면서 그 이야기를 통해 무엇을 배울 수 있는지 적어보라.

둘째, 나이를 떠나서 다른 사람의 충고를 들을 때 맹목적으로 받아들이는 태도는 좋지 않지만 그들의 경험을 통해 얻은 지혜에는 마음을 열고 받아들여야 할 것이다. 인생 선배의 의견을 겸손하게 받아들이자. 직접경험하지는 못했지만, 누구 못지않게 많은 것을 배울 수 있게 때문이다. 나이 든다는 것을 좀 더 긍정적으로 바라보자.

어린 왕자

생택쥐페리의 《어린왕자》는 어른에게 헌사(獻詞)된, 어른을 위한 동화이다. 이 책에서 가장 많이 드러나는 사상은 사람은 언제나 책임감과 의무감을 가져야 한다는 것이다.

비행기가 고장이 나서 사막에 불시착한 조종사는 조금은 이상한 소년인 어린 왕자를 만난다. 소년은 조종사에게 양을 그려달라고 부탁하는데, 알고 보니 자신이 살고 있는 별에 장미꽃을 남겨두고 세상을 보기 위해 여행길에 오른 것이었다. 어린 왕자는 몇 개의 별을 돌고 난 뒤 지구에 와서 뱀과 여우, 그리고 조종사를 만난다. 여우는 어린 왕자에게 '길들여진다는 것'에 관한 이야기를 들려준다. 그리고 서로에게 특별한 존재가 된 여우와 어린왕자, 이후 어린왕자는 또 다른 특별한 존재(장미꽃)가 존재한다는 것을 깨닫고 자신의 별로 돌아갈 결심을 한다.

어린 왕자가 자신의 별로 돌아가겠다는 결심을 하게 된 것은 그의 장미

꽃에 대한 책임감을 느꼈기 때문이다. 여행 중 다른 장미들과 마주친 어린 왕자는 이렇게 말한다.

> "너희들은 아름답지만 텅 비어있어. 누가 너희들을 위해서 죽을 순 없을 테니까. 물론 나의 꽃도 지나가는 행인에겐 너희들과 똑같은 것으로 보이겠지. 하지만 내 꽃은 너희들 모두보다 중요해. 내가 그 꽃에게 물을 주었기 때문이지. 내가 벌레를 잡아 주었고, 바람막이로 보호해주었어. 그리고 불평을 하거나 자랑을 늘어놓는 것을, 또 때로는 말없이 침묵을 지키는 것은 내가 귀 기울여 관심을 준 이유는 내 꽃이기 때문이지."

사람은 자라면서 육체적으로 성장하고, 성인이 되면 감정적으로 성숙해지고 행동도 어른스러워진다. 자기 자신에 관해서 고민하게 되고, 자신의 행동에 책임을 지며 감정적인 원숙미를 더해 간다.

정신적으로 아직 미숙한지 아닌지 알아보는 척도는 여러 가지가 있다. 판단력과 상식의 부족, 의존하는 마음, 너무 높은 자존심, 강한 열등감, 관대함의 결여, 충동적이고 자기중심적인 사고방식 등이다. 그러나 정신적으로 완전히 원숙한 인간은 존재하지 않는다. 누구나 이런 경향은 가지고 있다.

정신적으로 미숙한 인간의 특징은 너무도 많지만 그중에 제일은 무책임이다. 집단이나 사회의 기준에 따르지 않고 주위와 조화를 이루지 못한 사람, 아무런 책임도 지려고 하지 않고 타인과 협동하지 않는 사람은 무책임의 탈을 쓴 인간이다.

인간은 힘들고 어려운 일을 헤쳐나갈 때마다, 스스로 언동에 책임을 지는 과정을 거치며 정신적으로 성장한다. 기업이 신입사원을 채용하는 기준에 '책임감'을 내세우는 것은 책임감이 있는지 없는지를 확인하려는 것이 아니라, 인격적으로 성숙한 사람인가를 판단할 수 있는 자료를 얻기 위함이다. 그러므로 우리는 나에게 주어진 임무를 '책임지고자 하는 마음'을 지녀야 한다.

'마음'이란 단순한 감정이 아니라 무언가를 이루고자하는 의지이다. 의지를 가지고 노력하면 아무리 어려운 일도 극복할 수 있고 목표에 도달할 수 있다. 세상에는 해낼 수 없을 정도로 어려운 일은 없다. 마음이 '있다'는 것은 한 번 뜻을 품으면 포기하지 않는다는 의미로 여러 가지 뜻을 품더라도 바로 다른 것에 마음을 빼앗겨버린다면 큰일을 이룰 수 없다.

의지에 충실하며 좌절하지 않고 살아가는 일이야 말로 성공하는 일이 아닐까? 그러나 이것은 말하기는 정말 쉽지만 실천에 옮기기는 정말 어렵다. 뜻을 이루는 도중에 쓰러진 사람이 이미 태산처럼 쌓여 있다.

07
믿고 싶은 리더의 자격

믿고 싶은 리더의 자격
내 마음을 100% 보여주는 방법
행복은 어디서 오는가?
인생은 행복으로만 살 수 없다, 불안도 동반한다
기상청 슈퍼컴퓨터
아직도 기회는 충분하다
작은 기쁨이라도 함께 나눠라

믿고 싶은 리더의 자격

미국인이 가장 사랑하는 대통령 중 하나로 꼽히는 레이건 대통령은 영화배우를 했을 정도로 매력적인 외모의 소지자로 그는 늘 웃는 얼굴로 국민을 대했다. 독실한 기독교인으로 공산주의의 잔인함을 이해하지 못했었다. 철저한 반공(反共)주의자가 된 그는 대통령이 된 후 공산권의 붕괴를 이루어 냈다. 당시 소련은 레이건 대통령을 상대하기가 매우 어려운 인물로 여겼다. 그는 공개적으로 소련을 '악의 제국'이라 비판하면서도, 늘 웃는 얼굴로 소련의 지도자들을 대했기 때문이다.

그는 심각한 일이 발생해도 화를 내기보다 긍정적인 사고방식으로 상황을 수습하곤 했다. '영원한 낙관론자'로 불린 그는, 영화배우 조디 포스터의 관심을 끌기 위해서라는 말도 안 되는 이유로 괴한에게 총격을 당했을 때조차 '총알이 날아왔을 때 바닥에 얼른 엎드려야 되는 걸 깜박 잊어 가슴에 총을 맞았다.' 며 수술이 끝난 회복실에서 부인에게 미안한 마음을 전했다. 이때 그의 지지율은 30%를 조금 넘기는 심각한 상황이었다. 그런데 목숨이 걸린 암살사건을 밝고 경쾌하게 받아들여 해결하는 그의 모습에 호감을 가진 시민들이 증가해 지지율은 이틀 뒤 90% 가까이 치솟았다.

부시 대통령과 같은 명문가 출신도 아니고, 지방의 무명대학을 졸업했으며 영화배우로서의 인생도 스타대열에 서지 못했고 첫 번째 결혼에 실패한 인생을 살아온 레이건 대통령이다. 그러나 그 어느 대통령보다 높은 지지율을 유지하며 대통령 자리를 지켜 냈다. 거기엔 늘 웃음과 감동을 주는 긍정 바이러스를 퍼트리고자 노력했고, 그 노력에 엄청난 영향을 받은 사람들의 신뢰가 그를 믿고 싶은 리더로 만들어 주었다.

리더는 항상 고독하다. 자신을 지켜줄 사람은 자신뿐이다. 누구에게도 부탁할 수 없다. 그래서 무엇보다도 자기 자신을 파악하고 강하게 단련시켜야 했다. 강인한 정신력을 단련시키기 위해서는 목적을 위해서 무슨 일이든 하겠다는 불타는 의욕이 필요하다.

자신의 행동이 옳다고 믿고 끝까지 포기하지 않고 한 발 한 발 전진하고자 하는 열정이 필요하다. 마음속에 숨겨진 굽히지 않는 의욕이 인간을 강하게 한다.

괴로움이나 어려움, 고독에 굴하지 않는 정신력, 끝까지 포기하지 않는 의지가 곧 그의 신념이다. 확고한 신념으로 무장한 사람은 불가능하다고 여겨지는 일도 포기하지 않는다. 신념을 가지고 행동하는 사람이 아름다워 보이는 것은 이 때문이다. 사람의 마음을 끌어당겨 절대로 놓아 주지 않는다.

그러나 신념만으로 사람의 마음을 움직일 수 없다. 실력이 뒷받침 되어야 한다. 어떤 상황 속에서도 자신의 처한 상항을 잘 파악하고 적응하는

데 필요한 능력, 곧 지식과 기술을 쌓아 나아가야 한다. 또한 인생에 대해서, 인간에 대해서 고민하고 이해하며 다른 사람을 위해서 넓은 마음을 갖도록 노력해야 한다.

에리히 아우어바흐는 "자신이 하고자 하는 일을 스스로 옳다고 믿는 자는 왕의 만군보다 강하며 스스로를 의심하는 자는 아무런 힘도 갖지 못한다."고 말했다.

자신이 하는 일이 세계를 볼 수 있는 넓은 시야로 볼 수 있는 통찰력을 가질 때 강렬한 리더십을 발휘할 수 있다. 위대한 업적을 남긴 사람의 일생을 살펴보면 예외 없이 항상 자신을 발전시키기 위해 채찍질하며 불타는 의욕과 열정으로 가득 차있는 것을 알 수 있다.

큰 업적을 이룬 사람들도 처음부터 촉망받는 인재는 아니었다. 오히려 청소년기에 눈에 띄지 못하거나 뒤처지는 존재였던 경우가 많았다. 그런 학생이 부모의 칭찬이나 우연히 읽은 책에서, 친구의 말 한마디 등이 계기가 되어 멋진 인생으로 탈바꿈하는 기회를 잡는다. 이런 사실을 보아도 누구나 가슴속에 뜨거운 무엇인가를 감추고 있었다는 것을 알 수 있다.

리더가 열정을 가지고 살고 주위 사람들을 대하면 평범하게 사는 것 같아 모르는 사이에 그 사람이 갖고 있는 잠재력과 가능성에 불이 붙고 열정이라는 이름으로 타올라 숨겨진 재능이 발휘되는 것이다.

내 마음을 100% 보여주는 방법

아무리 멋진 아이디어를 가지고 있어도 그것을 입으로 말하거나, 문장으로 표현하지 않으면 아이디어가 없는 것과 같다. 또한 입으로 말하거나 문장으로 표현을 하더라도 설득력이나 표현력이 수반되지 않으면 상대는 납득하지 않을 것이다. 오히려 지리멸렬(支離滅裂)한 이야기를 한다고 무시당하기 쉽다.

설득력 있는 글을 쓰거나 이야기하기 위해서는 전문적인 훈련이 필요하다. 그리고 훈련보다 더 중요한 것이 있다. 스스로를 믿는 자신감이다. 절대로 이것은 진실이라고 믿는 신념이 없으면 아무리 멋진 표현을 사용하고 현란한 수사(修辭)를 사용해도 상대의 마음을 움직일 수 없다.

독서나 사람들의 이야기를 듣고 습득한 지식은 없는 것보다 낫다. 그러나 강력한 것은 경험에 의해 자신의 것으로 만든 지식이다. 수영에 관해서 아무리 많은 전문 서적을 읽고 수영 방법에 대해서 설명할 수 있게 된다고 하더라도 수영을 배우고자 하는 자에게는 아무런 도움이 되지 않는다. 사람을 설득할만한 힘을 갖지 못한다.

실제로 수영을 배우면서 책을 읽고 몸에 익힌 수영에 관한 지식은 단순 지식 이상이 된다. 그 사람이 누군가에게 수영하는 방법을 가르치려고 이야기를 시작하면 이야기를 듣는 사람은 그 사람의 이야기에 심취되어 자기도 모르는 사이에 그 사람의 이야기를 믿고 빠져들어 자기도 모르는 사이에 그 사람의 이야기를 믿고 인정하게 될 것이다. 스스로 체험하고 몸으로 습득하는 일에 대해서는 자신감이 생긴다. 그런 자신감은 그 사람 특유의 힘이 있고 박력 있는 표현이 된다. 나를 모방한 말이 아니라 자신의 언어로 설득할 때 상대방의 마음을 움직인다.

경험하고 체험한 일을 마음 깊이 새기고 이론적으로 무장하는 것에서 진정한 자신감이 생기고 표현력도 풍부해진다. 윌리엄 템플은 "말재주가 좋은 사람의 첫 번째 조건은 진실, 두 번째는 양심, 세 번째는 즐거운 기분, 네 번째는 재치다."라고 말했다.

미국 토크쇼의 여왕 오프라 윈프리는 흑인으로 태어났고, 한때는 100kg이 넘는 거구였으며, 극심한 빈민가에서 자라면서 사촌 오빠에게 강간을 당한 트라우마가 있는데다, 잘못된 선택으로 14살이란 나이에 미혼모가 되지만 아이는 2주 뒤에 사망한다. 나중에는 마약에까지 손을 대 전과자로 살아야 했다.

하지만 지금 그녀는 세계에서 가장 영향력 있는 인사로 5년 연속 선정되었고, 매주 900만 명의 시청자를 TV 앞으로 끌어들일 힘을 가졌으며 남아프리카공화국에 자신의 이름을 딴 학교를 세웠다. 매년 가장 많은 수익을 거둬들인 연예인 중에 그녀의 이름이 맨 꼭대기를 차지하고 있다.

최악의 상황에서 최저의 생활에 질질 끌려다니던 흑인 소녀는 인종을 넘어서 돈과 지위, 그리고 명예와 인기를 모두 손에 쥐었다. 무엇이 그녀를 이렇게 특별한 사람으로 만든 것이었을까? 22세에 볼티모어 TV 방송국 메인뉴스 앵커로 발탁된 그녀는 감정에 치우친 진행을 이유로 아침 토크쇼로 좌천된다. 여기서 그녀는 자신이 살아온 인생을 드러내며 출연자의 아픔을 함께 나누었다. 그녀의 토크쇼에 나오는 출연자들은 자랑거리를 들고 나오는 사람들이 아니다. 꼭꼭 숨겨뒀던 슬픔과 수치심을 풀어놓는 용기 있는 도전인 것이다. 가정 폭력부터 근친상간, 성폭행 우울증까지 출연자들이 눈물을 흘리며 다른 사람들에게 차마 밝히지 못했던 이야기를 털어놓을 때, 오프라 윈프리는 그들의 손을 지긋이 잡고 이런 말을 한다.

"I Know your pain."

"당신의 아픔을 안다."는 그녀의 말 한마디에 출연자가 눈물을 흘리고 900만 명의 시청자가 함께 가슴 아파한다. 타인의 아픔을 함께하는 자세로 상대방의 공감을 얻는 그녀는 최악의 상황에서 그것을 이겨낼 수 있는 방법을 제시하며 출연자들을 위로한다. 끔찍했던 과거를 공개하고도 최고의 성공자의 자리에 올라선 그녀의 모습과 과거의 잘못을 뉘우치고 어둠을 떨쳐내는 용기 있는 메시지의 결합은 누구라도 설득당하지 않을 수밖에 없다.

이제 미국에서 '오프라'라는 단어는 '보이지 않도록 내면 깊숙이 감추어 두었던 속마음을 사람들 앞에서 드러내 보이는 방식', '치료의 일환으로 대중 앞에서 고백하는 것', 그 '고백을 이끌어내기 위해 친근한 어조로 끈질기게 질문하는 것'과 같은 뜻의 신조어로 10대들 사이에 쓰이고 있다.

"I Know your pain."

행복은 어디서 오는가?

행복과 불행에 대한 감정은 신종 인플루엔자처럼 다른 사람에게 '전염'된다는 연구 결과가 나왔다. 이에 따르면 행복은 불행보다 전염력이 약하지만 한 번 전염되면 더 오래 지속된다고 한다.

미국 하버드대학 연구진은 1948년부터 2년마다 실시된 '프레밍햄 심장연구'의 정보를 분석했다. 프레밍햄 심장연구는 미국 메사추세츠 주 보스턴 근처의 작은 마을인 프레밍햄 주민들을 대상으로 심장병의 위험을 연구한 것이다. 이 연구는 60년 이상 진행되어 오고 있다. 세대와 세대를 이어주는 풍족한 정보는 현재 사회연구의 중요한 보고(寶庫)가 되고 있다.

연구진은 연구에 참여한 주민 1,880명에게 자신의 감정 상태를 만족·중립·불만족의 세 가지 기준에서 어느 쪽에 해당하는지 질문했다. 그리고 그것이 다른 사람을 만났을 때 어떻게 변화하는지 살펴보고 그것이 어느 정도 지속하는지 장기간 추적했다.

그 결과 행복과 슬픔의 감정이 신종 인플루엔자나 감기처럼 전염되는 것으로 나타나는 것이다. 다른 사람에게 감염된 사람은 이후 중간 단계의 감정 상태로 돌아왔으며 이때는 감정에 '면역력(免疫力)'이 생겨 자신의 감정과 다른 사람을 만나도 영향을 받지 않았다.

특이한 사실은 불행한 감정은 행복한 감정보다 전염력이 2배 이상 강했지만, 더 빨리 중립적인 상태로 회복된다는 것이다. 이는 행복한 감정이 사라지는 데에는 10년이 걸린 반면 불행한 감정은 5년 만에 사라졌다는 사실이 뒷받침해준다.

연구진은 "폭소 같은 순식간의 감정이 아니라 생활 전반의 만족도를 조사했더니 이 같은 결과가 나타났다. 이는 인간이 좀 더 행복하게 사는 데 도움이 될 수 있는 연구 결과다"라고 말했다.

당신은 언제 행복하다고 느끼는가? 무엇이 당신을 행복으로 이끄는가?

아마도 사람마다 각기 다른 대답을 할 것이다. 그러나 누구든지 스스로가 현재의 삶에 충실하다는 생각을 하지 않으면 행복을 느낄 수 없다.

배가 고프면 음식으로 채울 수 있고, 위기에 대처할 지혜가 있으며, 좋아하는 배우자를 만나 만족스러운 결혼 생활을 한다. 이런 상태가 유지되면 행복하다고 느낄 것이다. 그러나 이것은 인간뿐만 아니라 다른 동물도 마찬가지다. 동물 수준의 행복이 얼마나 사람 삶에 지속되겠는가?

그러나 인간은 정신적 활동을 영위하고 있다. 정신적인 활동이란 의욕적으로 무언가를 끊임없이 창조하려는 욕구다. 인간은 의도적인 목적을 가지고 새로운 것을 창조할 때 엄청난 희열을 느낀다.

그리스의 물리학자 아르키메데스는 왕으로부터 자기의 왕관이 순금으로 된 것인지 조사하라는 명령을 받았다. 왕관을 망가트리지 않고 검사를 해야 하는 상황에서 어떻게 해야 좋을지 몇 날을 고민했다. 그러던 어느 날 물이 가득한 목욕탕에 들어갈 때 목욕탕 안의 물이 밖으로 넘쳐나는 것을 보았다. 물속에서 자신의 몸의 부피에 비례하는 크기로 무게가 가벼워진다는 사실을 깨닫고는 문제를 해결했다. 아르키메데스의 원리를 발견한 것이다. 그는 너무도 기쁜 나머지 옷도 입지 않은 채 목욕탕을 뛰쳐나가 춤을 추며 "유레카! (내가 발견했다! 내가 발견했다!)"라고 외쳤다. 모든 것을 잊고 진정한 희열을 느꼈던 것이다. 이것이 행복의 순간이다.

인생은 행복으로만 살 수 없다 불안도 동반한다

'이 세상 어느 누구도 끝까지 행복하게만 살도록 미리 예정된 사람은 없다'는 연구 결과가 나왔다. 나는 현명하고 좋은 반려자를 선택했는지, 오늘 회사에 출근을 해야 할지 말아야 할지 등 일상 속에서 끊임없이 일어나는 선택은 전반적으로 삶의 만족도에 영향을 미칠 뿐이라는 것이다. 이는 삶의 행복은 유전자에 의해 미리 예정돼 있다는 '세트포인트 이론(set-point theory)이 틀렸음을 보여 주는 결과이다. 세트포인트 이론은 일란성 쌍둥이의 삶의 만족도가 이란성 쌍둥이보다 더 비슷하게 움직인다는 연구 결과에서 비롯된 것이다. 이 이론은 개인의 행복 또는 중요한 사건에 따라 들쑥날쑥하지만 2년 안에 다시 유전자에 의해 정해진 행복의 자리로 돌아온다고 주장한다.

호주 멜버른대학의 브르스 헤디 교수는 정말로 세트포인트 이론처럼 사람의 행복이 미리 예정되어 있는지 알아보기 위해 25년 동안 6만 명을 대상으로 직업, 생활 습관, 사회 종교적 활동과 삶의 만족도 등에 대해 조사했다. 그 결과 생활 속에 일어나는 각종 변화는 삶의 만족도에 큰 변화를 이끌었다. 행복지수에 가장 큰 영향을 미친 요인들은 배우자, 가족, 타인을 아끼는 마음, 종교 활동, 체중 등이었다.

특히 파트너가 신경질적인 성격일수록 행복감이 높아지기 어려웠다. 두 사람의 관계가 지속되는 시간만큼 불행하다는 감정도 이어졌다. 한편 나보다 다른 사람을 아끼고 배려하는 행동을 자주 하는 사람은 삶의 만족도가 꾸준히 높았다.

그러나 물질적인 성공이나 자기 직업을 무엇보다 우선 하는 사람은 상대적으로 행복감이 지속되는 시간이 훨씬 짧고 줄어들었다. 종교 활동을 하는 것도 행복도를 높이는 데 도움이 됐다. 교회를 정기적으로 나가는 사람은 그렇지 않은 사람보다 행복했다.

이번 연구에서는 사람의 체중도 장기적인 행복도와 밀접하게 연결되어 있다는 것이 밝혀졌다. 특히 여성에게 중요했고 비만 여성에게 행복도가 크게 낮았다. 저체중 남성은 정상적인 남성보다 행복도가 낮았지만, 과체중 남성은 행복지수에 별다른 변화가 없었다.

결국 사람은 유전적 요인이 아니라 스스로의 삶을 가꾸는 방식에 의해 행복해지거나 불행해지는 것이다. 행복은 멀리 있지 않다. 바로 내 손안에 있다. 그것을 어떻게 활용할 것인가는 오로지 우리의 몫이다.

인간은 이상한 동물이다. 스스로의 생각에 의해 자신을 변화시켜 가는 것이 가능하기 때문이다. 어떤 상황에 처하더라도 '나는 정말 행복하다'라고 생각하고 행복한 이유를 가능한 많이 떠 올리면서 이렇게 나는 '행복하지 않은가?'라고 자문자답해보자. 행복하다고 느낄 것이다. 그리고 차츰 확신을 가지고 행복하다고 말할 수 있게 될 것이다.

혹시 이렇게 해도 행복하다는 생각이 들지 않으면 잠들기 전에 천천히 전신의 힘을 빼고 누워 날이 갈수록 나는 모든 면에서 점점 좋아지고 있다. '감사합니다.'하며 되뇌어보자.

불안은 왜 우리를 놓아주지 않는가?

> "인생 그 자체만으로 시행착오의 과정이다. 아무런 과오를 범하지 않은 사람은 아무것도 하지 않는 사람이다. 실패가 도움이 되는 것은 우리가 실패로부터 배울 때다." – 알프레드 솔론 –

러시아 속담에

"비에 젖은 사람은 비를 무서워하지 않으며 맨몸인 사람은 도둑을 무서워하지 않는다."

한 베테랑 배우의 이야기다.

> "무대 생활을 시작한 지 벌써 반세기 가까운 시간이 지났지만 내 차례가 다가오면 긴장해서 심장 박동이 빨라지고 다리가 떨리기 시작합니다. 속옷이 젖도록 식은땀을 흘린답니다. 희한하게 아무리 시간이 흘렀어도 나아지지 않네요."

누구나 중요한 순간을 앞에 두고 기다리는 동안, 말할 수 없는 불안과 긴장을 느낀다. 수백 번의 무대를 경험해 배짱이 두둑한 배우도 예외는 아니다.

불안은 앞으로 어떻게 될지 모른다는 생각에서 시작된다. 여기에 실패하면 어쩌나 하는 불안한 걱정에 불안은 더욱 커진다. 게다가 실패한 경우 변명거리를 찾아 헤매는 사이 불안은 공포감에 가까워진다. 이들 모두 무의식에서 비롯된다.

인간이나 동물은 눈앞에 처한 위험에는 공포를 느끼지만, 일정한 대상이 없는 막연한 미래에 대한 위험을 느끼면 마음이 불안해진다. 무대에 선 사람이 긴장하고 불안해지는 것은 그런 이유 때문이다. 그러나 무대로 한 발 나아가 목소리를 내면 바로 마음이 편안해진다고 한다. 이는 연습에 연습을 반복했기 때문이다. 일단 무대에 서서 움직이기 시작하면 연습한 만큼 결과를 얻을 수 있고, 절대로 실패하지 않는다는 확신이 생긴다.

그러나 인생 연습이 모자란 우리는 베테랑 배우처럼 실수 없이 무대에서 내려올 수 없다. 실패는 당연하다. 좌절하거나 실망할 필요도 없다. 실패하면 처음부터 다시 연기하면 된다. 그 정도의 각오도 없다면 배짱 있게 인생을 살아가지 못할 것이다.

덴마크의 철학자 키르케고르는 불안에 대해 '자유가 경험하는 현기증'이라고 표현했다. 인간에게 있어 불안함은 영원한 인생의 동반자다. 태어나 처음 세상을 보는 순간에도 우리는 불안함에 떨며 눈물을 흘리고 큰 소리로 운다. 조금 시간이 지나 말을 하게 된 뒤에는 '두렵다', '무섭다', '떨린다'는 단어를 수없이 반복한다. 누구나 때로는 입 밖으로 꺼낼 수 없을 만큼 불안한 순간을 맞이하기도 한다. 누구나 그 입술을 지그시 깨물거나 흐르는 땀을 닦아낼 수밖에 없던 기억이 있을 것이다.

그래서 우리는 늘 막연하게나마 불안함을 내보낼 방법을 궁리한다. 심각한 사람은 항불안제 같은 약을 먹기도 하고, 좋아하는 영화를 보거나 친구들을 만나는 등 불안이란 감정을 없애기 위해 전력을 다한다.

하지만 불안은 우리를 힘들게 하는 동시에 삶을 살아가는 원동력이 되기도 한다. 우리의 정신을 갉아먹고 점차 의욕을 잃게 만드는 나쁜 불안을 분명 몰아내야 한다. 그럼에도 불안을 모두 버리지 말아야 하는 것은 불안한 마음이 우리를 행동으로 이끄는 데 큰 역할을 하고 있기 때문이다.

시험이 코앞에 닥쳤을 때 '지금부터라도 공부하지 않으면 안 되겠다.'고 재촉하는 것은 내 속에 불안한 마음이 있는 것이다. 그 때문에 의자에 앉아 책을 펴고 공부하기 시작한다. 이때 책이 손에 잡히지 않을 정도로 지나친 불안은 좋지 않다. 우리의 삶을 활발하게 해줄 적절한 불안이 필요하다.

불안은 사실 내 마음이 나에게 보내는 신호이다. 무엇인지 형체가 뚜렷하지는 않지만 내 마음속에서 어딘가 잘못됐다는 것을 인지했을 때 불안감이 생긴다. 불안은 불평을 동반한다. 그래서 우리는 불안을 피하려고 한다. 하지만 아무리 발버둥을 쳐도 불안을 몰아내기는 쉽지 않다. 우리 마음속 아주 깊은 곳에 보일 듯 말 듯 숨어 있기 때문이다. 이럴 때 불안을 피하는 것보다 불안한 마음을 천천히 들여다보는 것이 좋다.

"내 영혼아 네가 어찌하여 낙심하며
어찌하여 내 속에서 불안해하는가?
너는 하나님께 소망을 두라
나는 그가 나타나 도우심으로 말미암아
내 하나님을 여전히 찬송하리로다."

– 시편 42편 11절 –

기상청 슈퍼컴퓨터

늦더위가 기승을 부릴 것이라던 더위도 8월 15일 광복절을 기점으로 수그러든다. 새벽이 되면 서늘함이 느껴지고 새벽기도 가는 길이 상큼하다. 아직도 한낮이면 30도를 오르내리지만, 늦더위가 얼마나 갈까 하는 생각이 든다.

과수 농사에 전념하는 농부들이 날씨에 제일 신경을 쓰는 것은 태풍은 말할 것이 없고 비가 내리는 것에 아주 예민하다. 다된 농사가 행여 피해를 입지 않을까? 하고 노심초사하고 있다. 이럴 때 이따금 기상청에 있다는 슈퍼컴퓨터가 생각이 난다. 매일, 시간마다 기상예보를 들려주는 것이 생활에 얼마나 도움이 되는지 생각할 때마다 늘 감사한 마음이 든다.

국가기상슈퍼컴퓨터센터에 있는 슈퍼컴퓨터 3호기에 있는 중앙처리장치가 9만 개 정도가 있어서 계산 능력이 682.9테라플롭스, 즉 1초에 682조9000억 회의 계산을 할 수 있다고 한다. 5억5천300만 명이 1년 동안 계산해야 할 양(量)이라고 한다.

그럼에도 슈퍼컴퓨터의 예보가 할머니 예측보다 못할 때가 있다. 1초에 682조 9000억 회나 계산해야만 하는 슈퍼컴퓨터가 가끔은 오보를 낼 때가 있다. 우리 집 할머니 왈 "이놈의 허리가 또 쑤시고 아픈 것을 보니 비가 오려나." 조금 있으면 여축(餘蓄) 없이 비가 내린다. 이 한마디가 슈퍼컴퓨터를 능가하다니, 할머니는 얼마나 고단한 삶을 산 것일까? 할머니의 노고를 상상해 본다. 그리고 또 할머니의 삶을 생각해 본다. 수많은 세월의 모든 밤이 뜨거울 리는 없지만 한 사람이 살아온 모든 밤은 뜨겁게 기억되어야 할 것이다.

아직도 기회는 충분하다

피아니스트 글렌 굴드의 말을 그대로 옮겨본다.

> "당신의 평범한 날은 1,440분이고, 이것은 다시 8만6,400초로 구성된다."

한 달을 평균 30일로 잡을 때 이것은 259만 2,000초이고, 다시 한 해란 30일이 열두 번 반복된다고 보면 이것은 3천110만4,000초다. 이제 내 나이 70이 넘었으니 21억7,778만 초를 넘게 살은 셈이다.

매 순간 우리가 선택할 수 있는 것은 둘 중의 하나이다. 무엇을 하거나 하지 않았다는 것이다. 그렇다면 한 해 동안 우리가 뭔가를 할 수 있는 기회는 모두 3천110만4,000번. 다른 누군가 때문에, 혹은 상황 때문에 이렇게 사는 것이라고 말하지 말자. 하나님을 원망하지 말고, 기회는 충분했으므로. 지금도 우리는 충분히 다르게 살 수 있는 것이다. 우리가 원한다면 새 일을 할 수 있는 것이다.

어느 철도 회사에 도랑을 파는 일을 하는 두 사람의 인부가 있었다. 그 중 한 사람은 그 일을 시작한 지 얼마 되지 않은 신참이었고 다른 한 사람은 수십 년 동안의 작업으로 허리가 휜 사람이었다. 한참 일하던 중 신입 일꾼이 나이 든 선배 일꾼을 보면서 말했다.

"어제 회장님과 리무진을 같이 타고 가던 사람이 정말 선배님인가요?"

굽은 허리 때문에 일어서기 힘든 선배 일꾼이 올려다보면서 대꾸했다.

"맞아 우리는 가끔 저녁을 같이하곤 하지."

젊은 일꾼은 어떻게 한낱 도랑을 파는 사람이 회장님과 같이 저녁 식사를 할 수 있었는지 매우 궁금했다.

"선배님은 어떻게 회장님과 저녁을 먹게 되었나요?"

"회장과 나는 오래전부터 잘 아는 사이지. 실은 여기서 같은 날 도랑을 파는 일을 시작했거든."

"정말인가요? 그럼 회장님은 바닥부터 시작해서 최고의 자리에 오른 거군요. 선배님은요?"

나이 든 일꾼이 한숨을 쉬며 이렇게 말했다.

"그 사람은 회사를 위해 일을 해왔고, 나는 시간당 몇 푼을 벌기 위해서 이 일을 시작했던 거지, 그게 그 사람과 나의 다른 점이었고 지금 우리가 다른 환경에서 살고 있는 이유라네."

로마 황제이자 철학자인 「마루쿠스 아울렐리우스」는 이렇게 말했다.

> "인생의 경쟁에서 육체는 아직 그 자리를 지키고 있는데, 정신이 거절한다는 것은 정신의 수치이다."

마치 식욕 없는 식사가 건강에 해롭듯이 의욕이 동반되지 않는 삶은 고통을 더할 뿐이다.

거대한 하나의 돌로 이루어진 역사 속 불가사의 중 하나인 반인반수(伴人伴獸) 모양의 괴물 스핑크스의 종류는 크게 그리스와 이집트의 것으로 나눈다. 우리가 흔히 알고 있는 스핑크스는, 자기 앞을 지나가는 사람에게 "아침엔 네 다리로 점심엔 두 다리로, 저녁엔 세 다리로 걷는 동물이 무엇인가?"라고 수수께끼 문제를 낸 뒤 답을 말하지 못하면 잡아먹었다는 이야기의 주인공은 그리스의 스핑크스다. 그리스의 스핑크스는 '목 졸라 죽이다, 붙잡아 죽이다'라는 의미를 지닌 교살자였다. 그는 용감한 오이디푸스가 "그것은 인간이다. 인간은 어릴 때 네발로 기어 다니고 성인이 되어서는 두 발로 걸으며 늙으면 지팡이를 짚어 세 발로 걷는다."라며 답을 말하자 스핑크스는 굴욕감을 이기지 못하고 스스로 바위에 머리를 부딪쳐 자살하고 말았다.

반면 이집트의 스핑크스는 왕의 피라미드를 지키는 수호신으로서 지금도 그 임무를 다하고 있다. 같은 이름으로 불리는 스핑크스도 목적성을 달리함으로 전혀 다르게 살았던 것이다.

인간은 어려서는 네 발로 온 힘을 다해 기어 다니고 성인이 되어서는 두 발로 자유롭게 걸으며, 늙으면 지팡이에 의지해 세 발로 걸어야 한다. 우리는 시간이 흐를수록 변하는 모습에 따라 더 나은 삶의 목표를 발견하고 이를 향해 나가는 가치 있는 삶을 살아야 한다.

'머리를 써서 지혜를 내라.

지혜가 없으면 땀을 내라.

지혜도 땀도 낼 수 없으면 조용히 사라져라.'

어느 회사의 사훈이다. 어떤 목표를 달성하려고 할 때 무슨 일이든지 해내려고 하는 강한 의지가 꼭 필요하다. 그러나 그것만으로는 아무것도 이룰 수 없다. 어떻게 하면 이룰 수 있을까? 어떻게 하면 목적에 도달할 수 있을까? 머리를 써서 내용을 실천하지 않으면 아무리 작은 일이라도 실현될 수 없는 것이다.

지혜와 땀은 떨어질 수 없는 관계다. 아무리 지혜가 넘치는 사람이라도 생각을 실천할 수 없다면 그것은 그림의 떡일 뿐이다. 이마에 땀을 흘리며 열심히 일을 해도 지혜가 뒷받침해 주지 않는 행동은 돛을 잃은 배와 같이 어디를 가야 할지 갈피를 잡지 못한다.

그러나 지혜와 땀이 뒷받침된 행동이라고 해서 무조건 실패 없이 목표에 도달할 수 없는 것이다.

목표가 크면 그만큼 실패의 가능성도 크다. 그러나 실패를 두려워해서도 안 되지만 결코 잊어서는 안 된다. 실패를 마음에 새기고 다시 일어서서 나가야 한다.

공자는 "가장 위대한 승리는 쓰러지는 것이 아니라 쓰러질 때마다 다시 일어난다는 것이다"라고 말했다.

작은 기쁨이라도 함께 나눠라

한때는 미국프로농구연맹(NBA) 팀 중에서 약체로 꼽히곤 했던 시카고 불스, 이 팀이 연달아 세 번이나 NBA의 우승을 거머쥐는 기적을 이룬 신화의 중심에는 최고의 슈퍼스타 마이클 조던이 있었다.

농구를 좋아하는 팬들에게 숭배의 대상이자 전설이 된 마이클 조던, 그는 엄청난 점프 실력과 수비, 그리고 마치 중력을 무시한 채 허공을 가르는 듯한 모습을 보여주며 골대에 시원하게 내리꽂는 덩크슛으로 많은 사람들을 열광하게 만들었다.

뿐만 아니라 수려한 용모에 탁월한 말솜씨로 대중을 사로잡는 능력까지 겸비한 그는 코카콜라와 나이키 등과 같은 세계 최고의 기업 광고모델로 등장해 최고 3억 달러 이상의 연간 수입을 기록하는 기염을 토했다.

그런 그가 갑자기 야구 선수가 되겠다며 팀 탈퇴를 선언한다. 평소 자신이 훌륭한 야구 선수로 성공하기를 바라던 그의 아버지가 두 명의 부랑자에 의해 살해당하는 충격적인 사건을 겪으며 뒤늦게나마 아버지의 소망을 이루기 위해서였다.

코트의 황제가 야구선수를 시작한 곳은 화이트 삭스의 마이너리그였다. 하지만 코트를 날아다니던 그의 모습은 야구장에서 볼 수 없었다.

야구 선수가 되겠다고 선언을 한 지 1년 만에 농구 코트로의 복귀를 선언했다. 그의 기량이 전혀 줄지 않았으리라 믿는 팬과 팀원들은 그를 반겼다. 그 뒤 그는 농구 역사상 길이 남는 기록을 달성했다. 그가 복귀한 시즌의 시카고 불스는 우승했으며 그는 득점왕을 차지했다. 그가 새로 모델이 돼 세계 곳곳의 나이키 매장을 북적이게 만든 '에어조던'의 출시 역시 이 시기에 이루어졌다.

2003년의 경기를 끝으로 코트를 떠난 마이클 조던, 그의 성공에는 모든 영광을 팀과 함께 나누겠다는 헌신이 있었다. 그는 언제나 개인 기록보다 팀의 승리를 먼저 생각했다. 팀을 향한 그의 열정은 팀 메이트로 하여금 존경심을 불러왔고 그는 캡틴으로서 팀을 원활하게 이끄는 힘을 얻었다.

팀을 먼저 앞세우고 승리의 기쁨을 모두에게 돌리는 그의 모습은 그의 대화 방식에서도 드러난다. 경기에서 승리한 후 각종 인터뷰를 진행할 때 그는 결코 '내가'라는 단어를 쓰지 않았다. 오히려 '팀을 위해', '여러분 덕분에', '우리의 노력으로'와 같은 말을 사용했다. 그가 백인우월주의 사회에서 가장 화려한 성공을 거둔 스포츠 선수인 데는 이처럼 자만하지 않고 모든 공을 함께 나누는 넓은 도량에서 비롯된 것이다.

작은 것이라도 함께 누리는 기쁨을 전할 수 있을 때, '나'의 공로가 아닌 '우리' 공이 무엇인지 알려 줄 수 있을 때 '공감'이란 가치가 자연스럽게 따라온다.

마이클 조던처럼 넓은 마음으로 승리를 위해 싸울 줄 아는 사람이라면 어렵지 않게 사람의 마음을 사로잡고 신뢰를 두텁게 쌓을 수 있다. 감동을 주는 사람만이 감동을 느낄 수 있는 법이다.

08
매력 있는 개성이란?

매력 있는 개성이란?
위대한 침묵
항상 책을 손에 들고 읽는 사람이 되라
베트남을 여행하면서
떠나지 않으면 나의 길은 없다
서로 도움을 주고 도움을 받으라
악성 베토벤(Beethoven)
시간을 낭비하지 마라

매력 있는 개성이란?

노르웨이 속담에 "발돋움을 할 수 없을 정도의 거인도 없고 구부리지 못할 만큼 작은 난쟁이도 없다."라는 말이 있다.

사람은 누구나 결점을 가지고 있다. 또한 장점도 가지고 있다. 나는 결점을 감추려 하고 장점을 돋보이도록 하고 있지만, 나를 보는 사람들은 나의 장점을 보기보다 결점을 용하게 찾아내어 말하기를 좋아하는 것 같다. 그러나 나의 결점을 따지고 보면 치명적이고 절망적인 것은 아니다.

사람은 자기 자신에 대해서 누구보다 잘 아는 것 같지만 사실은 잘 알지 못한다.

어느 날 아내가 한숨을 쉬며 남편에게 말했다.

"내가 조금만 더 예쁘게 태어났다면 훨씬 더 행복했을 텐데, 이 얼굴로 평생을 살아가야 한다니 내 인생이 정말 한심해요."

그러자 남편이 잔뜩 찌푸린 얼굴로 이렇게 말했다.

"당신은 그 얼굴을 거울로 아침에 한번, 저녁에 한 번 보면 그만이지만 하루 종일 봐야 하는 나는 얼마나 지겹겠소."

신체적인 매력은 우리가 생각하는 것 이상으로 중요하다. 연구자들이 주목해온 매력의 결정적인 요인은 신체적인 매력 즉 외모다. 우리는 외모가 뛰어난 사람과 함께 있을 때 좋은 기분을 느끼기 쉽고 때로는 그 외모 때문에 자신이 더 좋은 평가를 받을 수 있다. 잘생긴 사람들의 인간관계는 대체로 양호한 편이며, 사회성도 있고 독립적이라는 평가도 받는다. 우리가 신체적 매력을 중요하게 생각하는 이유는 고정관념 때문이다.

우리는 다른 사람을 볼 때 좋은 사람 혹은 나쁜 사람이라는 두 가지 시선으로 상대를 평가한다. 이때 그 사람이 좋은 사람, 호감 가는 사람이라는 인상이 형성되면 그만큼 매력적인 성격을 갖고 있을 것이라 생각하게 된다. 반대의 경우 역시 만찬가지다. 하나가 나빠 보이면 그와 관련된 모든 것이 나쁘게 보인다. 이는 'halo effect'라한다. 즉 보이는 '후광효과(後光效果)'이다. 신체적인 매력이 있는 사람은 손쉽게 후광효과의 혜택을 받는다.

후광효과는 특히 외모를 통해 상대방의 인상을 결정지을 때 두드러지게 나타나는 현상이다. 따라서 그 사람의 외모, 얼굴이 잘생겼다, 큼직한 키, 눈에 확 띄는 신체적 매력을 중요하게 생각한다. 그러나 후광 효과가 효과를 발휘하는 건 아주 잠시일 뿐이다.

이것은 우리가 갖추어야 할 매력은 신체적인 조건을 넘어선다. 외모지상주의를 넘어선 것이다. 누군가를 평가하기 위해서는 수많은 기준이 필요하다. 그 기준은 단순하지 않고 더욱 다양해져 간다. 인간은 금세 또 다른 잣대로 재야 할 인격을 형성한다. 요즈음 스펙(spec)이란 단어를 자주 듣는다. 스펙은 스페시피케이션(specification)의 줄임말인데, 최근에는 입시 혹은 취업에 상응하는 조건을 뜻하는 말로 흔히 쓰이는 단어이다. 흔히 5대 스펙으로 학벌, 학점. 토익, 어학연수, 자격증이 기본이었는데 이제는 3가지를 더 추가해서 봉사활동, 인턴 경험, 수상경력이 포함된다. 요구 상황이 끝없이 늘어날 것이다. 우리가 갖추어야 할 매력은 효과가 일시적인 신체적 매력에 집착하기 보다는 우리의 내면에 감춰졌던 인격적인 것임을 알아야 한다.

진실로 자신의 매력을 높이고 싶다면, 주변 사람들과 재미있게 일하면서 잘 살아갈 수 있는 능력을 키우는데 집중하는 것이 어떨까?

누군가에게 호감을 불러일으키는 이유 중 하나는 친근감을 느낄 때이다. 친근감은 자주 볼수록 커진다. 우리는 자신과 비슷한 사람을 좋아한다. 그들은 나를 후원해 주기 때문이다. 그러므로 매력은 관계성이다. 새로운 관계를 형성하며 서로 영향을 주는 사람들은 시간이 지날수록 서로 의존하기 시작한다. 이는 상대방에게 영향력을 행사할 수 있는 존재가 되었다는 뜻이다.

이처럼 호감을 얻는 데에는 신체적 매력보다 더 중요한 것들이 많다. 스스로 매력적이라고 생각하는 장점이라도 주위에서 인정해 주지 않는 경우가 있는가 하면, 반대로 숨기고 싶은 콤플렉스가 다른 사람에게는 매력적으로 느껴지는 경우도 있다.

사람들이 갖고 있는 몸과 마음의 개성은 장점보다 단점이 승화된 경우가 더 많다. 매력적인 개성은 결점 없는 특성보다 결점을 장점으로 만든 경우가 대부분이기 때문이다. 결점이 장점이 되면 훨씬 더 돋보이는 법이다. 사람에게 각자 개성이 있고 다른 사람에게 없는 특성을 가지고 있다고 상대적인 차이일 뿐, 같은 경향의 사람들이 모이면 개성이 사라져 버릴 것이다. 개성이란 그런 것에 불과하다. 그러나 그런 특성들을 귀하게 여기며 살고자 하는 마음가짐을 잊어서는 안 된다.

개개인의 얼굴 생김새가 각각 다른 것처럼 타고난 능력도 다른 법이다. 아이들 교육에도 가장 필요한 것은 어떤 분야의 재능이 있는가를 발견하고 그것을 잘 개발하도록 도와주는 것이 아이의 장래를 위해서 유익한 것이 아닐까?

서울대학교 1학년생은 미국 하버드 대학의 1학년생보다 학문적 수준이 높다고 한다. 그러나 2학년이 되면 순위가 역전한다는 이야기가 있다. 그것은 개성을 없애는 교육과 개성을 중시하는 교육의 차이가 드러나기 때문이다. 사람에게는 각각 특징이 있으며 장단점이 있다. 제아무리 제갈공명이라도 내가 될 수는 없다. 나에게는 나밖에는 갖지 못한 재능이 있기 때문이다.

우리는 각자 누구도 흉내 낼 수 없는 특징을 가지고 있다. 나만의 매력, 그것을 자랑스럽게 생각하고 자신을 가지고 행동해야 한다. 그렇지 않으면 능력이 없다는 것을 자인하는 것과 같다. 나의 독특한 개성이 무엇임을 알고 그 개성을 키워주는 것이야말로 진정한 교육일 것이다.

위대한 침묵

하늘이 하나님의 영광을 선포하고
궁창이 그 손으로 하신 일을 선포하는 도다
날은 날에게 말하고 밤은 밤에게 지식을 전하니
언어도 없고 들리는 소리도 없으나
그 소리가 온 땅에 통하고
그 말씀이 세상 끝까지 이르도다
(시편 19:1~4)

알렉산드로스 대왕이 동방을 원정할 때의 일이다. 원정대는 오늘날의 터키 남부 지역에서 여러 날을 지체했다. 알렉산드로스가 병이 났기 때문이다. 역사가들은 이때 있었던 일이 알렉산드로스라는 인물의 크기를 가늠해 볼 수 있게 하는 알렉산드로스 이야기의 꽃이라는 데 동의한다.

총사령관의 와병으로 원정이 지체되고 있는데도 진중의 의사들은 손을 쓰려 하지 않았다. 혹 일이 제대로 되지 않았을 경우 책임 추궁이 두려웠던 탓이다.

그런데 단 한 사람 시의(侍醫) 필리포스만은 만일의 경우 책임 추궁을 당할 각오를 앞세우고 자기 책임을 다하기 위해 결심했던 모양이다. 필립포스는 초주검이 되어 있던 알렉산드로스를 치료하고 있었다.

그런데 알렉산드로스의 부장(副將)으로부터 서판(書板) 한 장이 날아들어 왔다. 알렉산드로스가 읽어보니 내용이 다음과 같았다.

> "필리포스는 시의가 아니라 페르시아 왕이 보낸 자객입니다. 왕은 그에게 전하를 독살하는 데 성공하면 공주와 혼인을 성사시킬 것을 약속했습니다."

읽기를 끝낸 알렉산드로스는 그 서판을 베개 밑에 감추었다. 곧 필리포스가 탕약 그릇을 들고 들어와 병석으로 다가왔다. 왕은 아무 말 없이 서판을 필리포스에게 건네준 다음 탕약 그릇을 받아들였다. 왕은 탕약 마시며 서판을 읽으면서 서판을 읽는 시의를 바라보았고, 시의는 탕약을 마시는 왕을 바라보았다.

알렉산드로스의 표정은 환자의 표정 같지 않게 맑고 밝았다. 그는 끝없는 믿음과 신뢰가 실린, 전에 없이 따뜻한 시선을 필리포스에게 던지고 있었다.

서판을 읽은 필리포스는 두 팔을 벌리고 천장을 올려다보며 신들의 이름을 부르고, 왕의 발치에다 몸을 던지고는, 부디 의심하지 말아 줄 것을, 부디 믿어 줄 것을 간청하고 싶었다. 그러나 그는 침묵했다. 필리포스가 왕의 발치에 몸을 던지는 순간, 경호병들은 일제히 칼을 뽑아 들었다. 바야흐로 알렉산드로스가 탕약 그릇을 던지는 순간은 필리포스의 육신이 경호병들의 칼날에 도륙되는 순간이었다.

그러나 왕은 여전히 맑고 밝은 얼굴을 한 채 탕약 그릇을 비웠다. 시의는 가슴에다 서판을 껴안은 채 왕의 발치에 엎드려 꼼짝도 하지 않았다. 약 기운이 돌기 시작하자 알렉산드로스의 눈빛이 흐려지면서 단호한 기운이 서려 있던 입술 주위의 힘살이 풀어지기 시작했다.

곧 그는 모로 쓰러지면서 혼수상태에 빠졌다. 그리고 얼마 후, 잿더미를 털고 일어나는 불사조처럼 원기를 되찾고 병석에서 일어났다. 그의 금도는 두고두고 원정군 사이에 얘깃거리가 되었다.

보라, 알렉산드로스는 이로써 목숨을 걸고 한 사람을 얻게 된다. 침묵의 위대한 힘이었다.

"진정한 제왕은 아무것도 두려워하지 않고 아무것도 바라지 않는다."

철학자 세네카의 말이다.

몽골 제국이 성립한 직후 카라코룸을 제국의 수도로 삼은 우군데이 칸은 징기스칸의 셋째 아들이다. 소유의 욕망을 알지 못하는 가장 몽골적인 인간 우군데이는, 카라코룸에다 궁궐을 지어 놓고도 자신은 초원의 게르(천막집)에서 살았던 인물이다. 그의 인품을 짐작하게 하는 이야기가 일본 작가 진순신(陳舜臣)의 소설 「야율초재」에 감동적으로 그려져 있다. 초재는 몽골 제국의 성립에 깊숙하게 관여한 금나라 출신의 재상이다. 몽골 제국이 성립된 뒤에도 그의 형 야율변제와 이율선재는 몽골에의 투항을 거부하고 옛 금나라 땅에 거주하고 있었다. 야율초재로서는 형들의 구명을 황제에게 탄원할 수 없는 형편이었다.

"변경에는 공자의 51대손이 살고 있다, 찾아내어 연성 공 직위를 줄 것."

황제가 칙서를 검토하면서 명했다. 칙서 초고는 초재가 작성한 것이었다.

"빠진 게 있구나, 하나 더 첨부해야 하겠지?"

황제는 조서를 쓰는 관리를 향해 천천히 말했다.

"변경에 있는 야율변재와 이율선재의 가족을 보호할 것."

"아, 그것은… 폐하…."

이율초재는 더 말을 잇지 못하고 다시 바닥에 엎드렸다. 그 조항만은 그가 탄원했던 칙서에 포함되어있지 않았다.

알렉산드로스와 필립포스의 침묵, 이율초재의 침묵을 묵상한다.

화려하게 귀를 즐겁게 하는 무수한 말과 주장들이 난무하는 이 시대에. 우리는 수많은 소음 속에 시달린다. 진실하지 못하고 믿음을 주지 못하는 도무지 신뢰 주지 못하는 소리를 누가 경청하겠는가? 침묵이 온 땅에 통한다.

항상 책을 손에 들고 읽는 사람이 되라

책을 읽어야 하는 이유는 많다. 우리는 책에서 지식과 지혜를 얻고 깨달음의 즐거움을 얻고, 자신을 발견할 수 있으며, 삶의 문제를 해결할 수 있는 실마리를 얻을 수 있다. 힘들고 바쁠 때는 그 순간을 견딜 수 있는 의미와 가치를 발견하게 해주며 앞으로 무엇을 하며 살아야겠다는 미래의 전망도 밝혀 준다. 그리고 그것을 실천할 수 있는 에너지도 만들어 준다. 그래서 책을 읽는 것이야말로 자신의 삶을 가꾸어가는 데 최고의 방법이 될 수 있다.

우리는 자신에게 주어진 삶을 직시하고 당면한 문제에 대해서 책임을 져야 한다. 그렇지 않으면 밤은 길고, 길은 멀어 삶 자체가 고통일 것이다. 인간에게 배움이란 고단한 인생길에서 외롭지 않게 하고 의미를 발견하게 하며 보다 가치 있도록 만들어 주는 훌륭한 길동무임이 분명하다.

그 길이 책에 있는 것이다. 길 위에 책이 있다. 책 안에 길이 있다. 당신의 길 위에는 어떤 책이 있는가?

나는 시골 언덕배기에 집을 짓고 살고 있다. 그동안 부지런히 심고 가꾼 나무들이 아름다운 숲을 이루어 가고 있다. 내 모습은 항상 맑은 향기에 흠뻑 젖어있다. 그것과 더불어 책의 숲속도 거닐고 있다.

틈만 나면 나는 책을 읽는다. 특히 마음이 혼란스럽거나, 불안하거나, 스트레스가 몰려오면 무의식적으로 책을 집어 든다. 책 속에 풍덩 빠지면 나를 향해 거세게 몰아쳐 오던 세상의 파도는 그 순간 딱 멈추고 고요함을 가져다준다.

"책이 없다면 신(神)도 침묵을 지키고, 정의는 잠자며, 자연과학은 정지되고, 철학도 문학도 말이 없을 것이다."라고 토마스 바트린은 말했다.

책 한 권을 읽은 사람은 두 권 읽은 사람에게 배울 것이 많다.

요즈음 책이 주는 효과를 온전히 내 것으로 만들려고 애쓴다. 책 속에서 찾을 수 있는 교훈을 현장에서 적용하면 엄청난 아이디어가 쏟아져 나온다는 사실을 깨달았기 때문이다. 무엇보다 앞서 경험한 사람들의 길과 결과물을 보면서 시행착오를 거치지 않고 문제를 해결하는 지혜를 얻는 것은 얼마나 행복한가?

누군가가 말했다.

> "녹슨 단어는 싫다. 늙은 단어는 쓰지 마라. 젊고 싱싱한 단어를 써라. 그러기 위해서 영화를 많이 보고 닥치는 대로 책을 많이 읽고 사람을 만나라."

실제로 명사들은 책을 통해 자기 성찰의 기회를 찾았으며 자신의 강력한 성장에너지를 발견했다. 책을 읽음으로써 얻는 간접경험은 시행착오를 확실하게 줄여준다. 책은 세상과 우리를 연결하는 통로이기도 하다.

우리는 한 권의 책이 인생을 얼마나 풍요롭게 해주는지 알고 있다. 우리가 지구에서 보내는 이 시간과 오늘의 경험이 얼마나 귀중한 것인가를 생각하면서 잠자리에 들어보자.

몇 권의 책을 읽었느냐는 중요하지 않다. 때로는 한 권의 책이 한 사람의 인생을 송두리째 변화시키기도 한다. 당신의 인생을 변화시킨 책은 무엇인가? 아직 만나지 못했다면 내 삶의 나침반이 되어줄 책을 찾아라.

누군가의 인생을 변화시키는 경이로운 책의 힘은 어디에서 나오는 것일까? 책이 사람을 변화시키는 위력을 발휘하는 특별한 이유 하나는 "멈춰서서 돌아볼 기회를 준다."는 점이다. 변화를 창조하는 것은 책이 아니라 사람이다. 그 힘은 우리에게 있다. 저자의 통찰은 독자의 영감과 변하려는 열망과 합쳐졌을 때만 그를 새로운 인생으로 이끌어 줄 수 있다.

'온고지신(溫故知新)'이란 말을 생각해보자. '온고(溫故)'의 뜻은 옛것을 먼저 받아들여 익힌 다음 새것을 받아들인다는 것이다. 곧 '지신(知新)'이다. 엄청난 양의 새로운 학문과 이론이 쏟아져 나와 공부해야 할 것이 너무 많다. 새로운 정보, 책도 신간에 먼저 눈에 뜨인다. 하지만, 자칫 새로운 것에만 치우치면 편견에 치우쳐 지식의 폭이 좁아질 수 있다. 폭넓은 사람이 되려면 '온고지신'을 해야 한다.

《논어(論語)》의 〈위정편(爲政篇)〉에서 공자가 말하였다.

"옛것을 익혀 새것을 알면 남의 스승이 될 수가 있다."

옛것에 대한 올바른 지식이 없이는 오늘의 새로운 사태를 정확히 파악할 수 없고 새로운 사태를 정확히 인식하지 못한다면 장차 올 사태에 대한 올바른 판단이 설 수 없다.

고전(古典)을 읽자. 고전은 그것을 읽고 좋아하게 된 독자들에게 소중한 경험을 선사한다. 그러나 즐겁게 읽을 기회를 얻은 사람들만이 그런 풍부한 경험을 할 수 있다. 고전은 특별하게 영향을 미치는 책들이다. 다시 읽을 때마다 처음 읽는 것처럼 무언가를 발견한다는 느낌이 들게 한다. 또한 처음 읽을 때조차도 이전에 읽은 것 같은 '다시 읽는' 느낌이 들며 독자들에게 들려줄 것이 무궁무진한 책이다. 사람들로부터 이런저런 이야기를 들어 알고 있다고 생각하면 할수록, 실제로 그 책을 읽었을 때 더욱 독창적이고 예상치 못한 이야기들, 창의적인 것들을 발견하게 해 준다.

고전은 이전에 행해졌던 해석의 그림자와 함께 다시 찾아오기 마련이며 그것이 한 문화 혹은 여러 다른 문화에 남긴 과거의 흔적들을 우리의 눈앞으로 다시금 끌어오게 한다. 때문에 우리와 무관하게 존재할 수 없으며 그 작품과 맺는 관계 안에서 마침내 우리가 스스로를 규정할 수 있도록 도와준다. 고전은 고대 전통사회에서부터 일컬어지는, 우주 전체를 드러내는 모든 책에 붙이는 이름이다. 고전을 읽고 배우기 위해 한자(漢字)를 배우면 유익하다.

오늘날 전 세계인은 영어를 배우는 일에 혈안이 되어 있다. 영어가 뒤떨어지면 현대인의 대열에 낙오될 수밖에 없을 것이다. 그러나 우리가 간과해서는 안 될 것은 오히려 세계 인구의 절반 이상은 이른바 한자 문화권에 속해있다는 것이다. 21세기에는 중국, 한국, 일본을 중심으로 한 극동아시아 국가들이 세계의 중심으로 부상하게 될 것이다. 한자는 역사, 문화를 이해하는 키워드일 뿐만 아니라, 생각을 담아내는 의미의 그릇이다. 우리는 영어만큼이나 한자를 배우는 일도 열심히 하여야 한다.

세종대왕이 한글을 만든 이후 우리는 세계적으로 뛰어난 우리만의 문자를 가지게 되었지만, 사실 우리말의 어휘 70% 이상은 여전히 한자어로 되어 있다. 한자가 없으면 조선조 이전의 우리 문화 역사에 대한 기록을 읽고 해석할 수 없으며, 우리말 어휘의 70% 이상을 이해할 수가 없게 되는 것이다.

꼭 고전을 읽기 위해서가 아니라도 우리들의 삶과 문화를 이해하고 우리말과 사유(思惟)체제에 대한 이해를 위해서도 반드시 배우고 알아야만 한다. 변화하는 21세기 정보화 시대에 적응해 나갈 수 있는 능력과 도덕성을 회복하기 위하여 한자 조기교육과 국한문 혼용을 생활화하여야 할 것이다.

중국 삼국시대 오나라에 여몽(呂蒙)이라는 장령이 있었다. 용맹한 장수로는 손색이 없었으나, 어릴 때 제대로 배우지 못해 학식이 모자라며 일처리가 조잡스럽고 예의범절을 모르는 자다. 그래서 사람들은 그를 무예는 뛰어나지만, 예의가 없고 학식이 모자라 사람이란 뜻으로 '오하아몽(吳下阿蒙)이라고 낮추어 부르고 놀렸다.

어느 날 손권(孫權)이 "여장군, 장군은 나와 함께 국가 대사를 좌지우지하는 자리에 있으니, 많은 책을 읽어 학식과 문화 지식 등을 높여야 할 것 같소."라고 말했다.

여몽이 듣고서 "하루에 해야 하는 군무도 벅찬데, 책을 읽을 시간이 어디 있습니까? 책을 읽지 않고도 그동안 병사를 이끌고 싸움을 하는 데 부족함이 없지 않았습니까?"라고 대답했다.

손권이 웃으며 "바쁘기로 말하자면 나보다 더하겠는가? 나는 틈틈이 시간을 내어 사기(史記)와 한서 외에도 각종 병서를 읽고 있소. 책을 읽고 안 읽고는 바쁜 것과 상관이 없네. 책 속에 많은 가르침이 있어 사람을 총명하게 해주며, 책 속에 있는 역사적 교훈은 사람들에게 시사(時事)하는 바가 크고 경계심을 준다네. 내가 나라를 다스리고 정치를 하는 데 활용하는 많은 것들은 책 속에서 가르침을 받아 깨우친 것들이라네."라고 말했다.

손권의 말을 듣고 독서의 중요성을 깨달은 여몽은 그 후 일과가 아무리 바빠도 시간을 내어 독서에 열중했다. 또한 두 명의 스승을 청하여 가르침을 받아, 마침내 박식한 사람이 되었다.

주유(周遊)가 죽은 후 손권은 노숙(魯肅)을 대도독으로 임명했다. 노숙은 오나라 사람으로 학문이 깊고 박식(博識)하며 책을 만권이 넘게 읽은 유명한 사람이었다. 그가 여몽과 함께 주유의 휘하에 일할 때, 항상 여몽에게 농담을 던지곤 했었다. 오하아몽도 그가 지어준 별명이었다.

어느 날 노숙이 여몽이 주둔하고 있는 곳으로 순시를 나왔다. 잠시 쉬고 있을 때, 여몽이 그와 함께 학문에 대해 이야기를 나누려 찾아왔다. 노숙은 의외라 생각했다. 담소를 시작하며 여몽은 노숙에게 지도를 한 수 부탁하는 입장에서 몇 가지 문제를 제기했는데, 노숙이 대답하지 못했다. 결국 노숙은 듣기만 하고 여몽 혼자 얘기하는 꼴이 되었다.

경전을 인용하며 다양한 이론을 얘기하는 여몽을 보고 노숙은 경탄했다.

"예전의 아몽이 이렇게 학식이 풍부한 사람이 되어 있을 줄은 꿈에도 생각지 못했소. 경의를 표합니다."

그 후 노숙은 죽기 전에 손권에게 자신의 후임으로 여몽을 추천하였다.

동오(東吳)가 나라를 세운 후 줄곧 관우가 버티고 있는 형주를 탈환할 생각이었지만 성공하지 못하고 있었다. 그런데 여몽이 총사령관이 된 후, 각종 군사적 방법을 쓰는 한편, 위(魏)나라와 연합하여 일세의 명장 관우를 맥성(麥城)으로 패주케 하여 마침내 형주를 탈환하였다.

베트남을 여행하면서

나는 작년 가을 가족들과 함께 베트남을 여행했다. 2019년 9월 23일(월) 저녁 인천공항에서 오후 6시에 출발하여 28일(토) 새벽 6시에 귀국하는 4박 6일 여행을 하고 돌아왔다.

베트남은 내가 파월 장병으로 참전했던 곳으로 내 평생을 두고 잊을 수 없는 곳이다. 내가 한 번쯤은 가봐야 할 땅이기에 모처럼 기회를 얻어 자식의 효도를 받으며 베트남 땅을 밟게 된 것이다.

베트남에 있었던 때가 벌써 반세기가 훌쩍 지났다. 흘러간 세월을 이제야 비로소 반추(反芻)해 본다. 듣기는 여러 번 들었어도 직접 와서 보니 감히 상상할 수도 없었던 엄청난 변화의 물결 속에 발전한 모습을 보고 나는 깜짝 놀랐다. 이미 전쟁의 상처를 디디고 통일된 나라로 굳세게 일어서서 경제가 크게 발전한 것을 보고 베트남 국민들이 참 대단하다는 생각과 함께 진심으로 찬사를 보내고 싶었다.

나를 포함한 장병들이 1968년 봄, 월남에 파송되기 전, 칠보교육대에서 일주일 동안에 걸쳐 정신 교육을 먼저 받았다. 우리가 월남 전쟁에 참전하는 명분을 가지도록, 마땅한 자세의 당위성을 가지고 베트남 전쟁에 임하도록 교육을 시키는 것이었다.

> "우리가 월남전에 파병되는 것은 공산주의와 싸우는 우리의 우방, 월남을 도와주기 위함이었다. 특별히 우리나라가 6.25동란으로 공산주의에 나라를 잃어버릴 위기에 처해 있을 때 피를 흘리며 싸워서 우리나라를 지켜준 나라가 미국이 아닌가? 지금까지 우리나라를 지켜주고 도와주던 미국이 우리 한국에 간절히 도움을 요청해 왔다. 우리는 당연히 함께 싸워 혈맹으로 맺어진 미국의 은혜에 보답하고 월남의 자유 통일과 세계 평화를 이루는 일에 전심을 다해 함께 싸워야 할 것이다."

우리가 베트남에 파병되는 명분을 병사들의 가슴에 깊이 새기도록 정신무장을 시켜준 것이다. 나는 맹호부대로 소속되었기 때문에 군가로 '맹호부대가'를 불렀다. 대충 생각나는 가사를 일부 적어본다.

> "자유통일 위해서 조국을 지키시다
> 조국의 이름으로 님들은 뽑혔으니
> 그 이름 맹호부대 맹호부대 용사들아"

나는 파월하여 퀴논에 주둔해있는 맹호부대에서 근무했다. 사단 의무중대 본부에 근무하였는데 가끔 대민지원으로 농촌에 나가 의료 봉사를 하였다. 자연스럽게 민간인들을 만나게 되고 그들이 어떻게 살고 있는 가를 가까이 보면서 대화를 나누기도 하였다. 촌장(村長)을 만나서 간단한 설명을 듣고 안내를 받아 먼저 동네를 소독하고 주민들을 군의관들의 지휘 아래 진찰을 하고 건강 여부를 살펴주었다. 구급 약품을 나누어 주어 그들이 비상약품으로 쓸 수 있도록 하고 상처나 벌레 물린 자들은 약을 바르고 싸매어 주었다. 그리고 전투식량으로 나온 씨레이션(Cration)을 선물하고, 학교에 찾아가 어린 학생들을 만나서 학용품, 비누 치약 칫솔 등을 나누어 주고 준비해간 간식을 주기도 했다.

농촌에 사는 월남 사람들은 가장 빈곤한 삶을 살고 있는 것 같았다, 물이 넉넉하고 땅이 비옥한 나라인데 농사짓는 방법이 거의 원시적이었다. 우리나라 같으면 삼모작도 가능할 터인데 기계를 사용하지 않고 김도 매주지 않아 잡풀이 그대로 있었다. 땅을 갈아엎고 퇴비나 비료도 주지 않고 대충 씨 뿌려 열매 맺어 익으면 그것을 되는대로 수확을 한다. 열대 과일이 많아서 먹을 것이 많아서인지 약간은 게을러 보였다. 그들이 살아온 풍습인지, 욕심이 없는 건지 집안에는 문화생활을 하고 있는 모습을 전혀 찾아볼 수 없고 비위생적인 삶을 살고 있었다. 물이 많은 나라임에도 마실 수 있는 식수 시설이 되어 있지 않아 대충 흐르는 물을 떠다 마시고 있는 것 같았다. 집안에 화장실도 없어 급하면 집 앞에 있는 사탕수수밭으로 나가 볼일을 본다. 집집마다 아이들이 많았는데 어린아이들을 학교를 보내지 않고 있었다. 국민들의 교육 수준이 낮고 글을 읽고 쓰지 못하는 문맹자가 많은 것 같았다. 농촌에서 흔히 볼 수 있는 것으로, 소녀의 티를 아직 벗어나지 못한 여인들이 어린아이를 안고 있는 조혼(早婚)모습을 흔히 볼 수 있었다. 지금부터 50년 전에 내가 본 모습이다.

그래도 그때 도시의 모습은 농촌과는 아주 달랐다. 내가 가본 도시는 퀴논, 다낭, 나트랑을 가보았는데 현대식 건물이 있고 전쟁 때이지만 수많은 사람들과 자전거, 오토바이들이 물결을 이루어 왕래하고 시장도 그런대로 활기를 띠고 있었다. 그때의 나의 느낌이랄까? 전쟁 중인 나라인데 엄청난 빈부의 차이가 저렇게 존재하는 한 월남의 평화는 아득하고 먼 것 같았다.

더불어 인도차이나반도의 근대역사를 다시 한번 회상해본다. 북위 17도 선을 중심으로 북쪽은 공산주의 땅으로 북베트남은 월맹이라 불렀다. 남쪽 베트남은 우리가 흔히 월남이라 불렀다. 고딘디엠이 미국을 등에 업고 미국 망명에서 돌아와 남베트남 대통령이 된다. 그러나 그는 독재와 부정부패를 일삼다가 결국은 암살당한다. 그다음으로 미국이 허수아비로 세운 구엔 반티우가 쿠테타를 일으켜 대통령이 되지만 여전히 국민을 위한 바른 정치를 하지 못하고 여전히 독재의 만행 속에 부정부패를 일삼고 국민의 90%가 불교인이었음에도 불구하고 불교를 탄압했다.

1963년 베트남 불교의 지도자 광뚝 스님의 소신공양(燒身供養 자기 몸에 기름을 끼얹고 불사르는) 모습을 찍은 미국 콤 브라운 기자의 사진이 통신사와 텔레비전을 타고 전 세계에 보도되자 특히 미국과 서양인들은 커다란 충격에 휩싸였다. 미국에는 반전의 물결이 거세게 타오르는 불씨가 되었다.

그러나 월남은 정부나 군부의 부정부패가 극도로 심한 나라였다. 간첩이 수없이 많은 나라로 망하는 것이 자명한 나라였다. 더 이상 정체성을 찾아볼 수 없고 스스로 설 자리를 모르고 사는 나라 같았다. 내 조국을 내가 지킨다는 자력갱생, 자주국방의 의지가 전혀 없어 보였다. 과거에도 프랑스군이 이 나라를 지켜주겠다는 명목으로 1858년에 베트남은 프랑스의 식민지가 되고 1954년에 9년 전쟁을 통해서 해방될 때까지 권력을 휘둘렀고 마음껏 착취했다. 지금은 미국이 우리를 지켜준다는 데 우리가 특별히 할 일이 무엇이 있겠는가? 마치 그들은 방관자들과 같았다. 그렇다고 국민들이 미국에 고맙게 여기거나 감사하게 생각하지 않는다. 과거 정권을 쥐고 있던 자들이 프랑스가 지배할 때는 프랑스에 붙어서 사리사욕에 온갖 부정부패행위를 일삼았고, 일본이 점령해 있을 때는 일본에 친일로, 미국이 월남을 지배하는 상황에서 그들은 베트남의 독립을 이루어 보겠다는 의지로 국가를 위한 마음보다 자기 사리사욕을 채우기에 바빴다. 미국이 베트남에 들어와서 가장 큰 덕(?)을 보는 자들은 부정한 정부와 군부였다. 그들이 얼마나 부패했는가를 예를 들어 본다면 미국에서 지원한 무기가 다음날 시장에 나와 판매되고 있으니 더 이상 부패 상황을 말할 것이 있겠는가? 도덕적인 기강이 흐려지고 정신이나 사회 등이 타락함이 극에 달했다. 내 나라 내 조국을 내가 지키려는 주체사상을 찾아볼 수 없었다. 미국이 아무리 엄청난 화력을 가지고 쏟아부어도 밑 빠진 독에 물 붓기였던 것이었다.

월맹의 군사는 정규군이 있고 남베트남에 침투하여 전쟁하는 자들을 베트콩이라고 불렀다. 특히 '베트콩'은 비정규군으로 게릴라(guerilla) 작전으로 여기저기 출몰하여 후방을 교란시킨다. 주로 매복·테러·파괴 등의 작전을 수행했으며, 남쪽 월남에 침투하여 밤에는 기습공격으로 미군을 공격하고 낮에는 땅굴, 지하 벙커(bunker)에 숨어 지낸다. 무기·보급품 등은 북베트남 군인들로부터 지원받았다. 식량은 월남 농가의 지원을 받고 전쟁을 하는 것 같았다.

남베트남(월남)에는 정부군인 '민병대'라 칭하는 군대가 있어 나라를 지키는데 우리가 한눈에 보아도 그들에겐 군기가 엉망이고 전쟁할 의지가 없어 보이는 한심한 군대였다. 마을에 가보면 한 집 형제 중 형은 월맹군으로, 동생은 월남군으로 사는 집이 다수였다. 형제가 사상적으로 투철한 것도 아니어서 서로 적대시하지 않고 형편대로 지내고 있었다. 마을에 베트콩이 숨어들었어도 신고하는 법이 없었다. 그리고 남베트남 민중은 북쪽 공산당을 적으로 생각하지 않았다. 이것이 북한을 주적으로 생각하는 우리나라와 다른 점이었다.

월남은 정부나 군부가 부정부패가 극도로 심한 나라에 간첩이 수없이 많은 나라로 망하는 것이 자명한 나라였다. 더 이상 정체성을 찾아볼 수 없고 스스로 설 자리를 모르면서 사는 나라 같았다. 내 조국을 내가 지킨다는 의지가 없었다.

다시 베트남 이야기로 많은 이들이 제일 궁금해하는 것은 월맹이 어떻게 미국을 이길 수 있었나 하는 점일 것이다. 당시 월남에 비교한다면 월맹 인구는 3대 1 비율 정도였고, 화력에 있어서 월남은 미국의 원조로 9대 1 정도로 월등하게 우세했음에도 어떻게 막강한 미국이 항복(降伏)하는 치욕스러움을 남겨주는 승리를 월맹이 어떻게 가질 수 있었는가?

베트남 동란은 그 성격과 그 배경이 참으로 복잡하다. 그 전쟁이 한쪽 당사자가 공산주의 세력이고 다른 한쪽이 반공주의 세력이라는 사실만으로 본다면 베트남 동란은 우리나라와 흡사하다.

베트남의 근대에 가장 깊숙이 투입한 외세의 양대 주축은 프랑스와 미국이다. 16세기 초~17세기 말의 약 200년간 서구 여러 나라가 베트남에 진출했다. 처음 진출은 주로 상인(포르투갈·네델란드·영국)들 및 선교사(프랑스·스페인)들이 주도했다. 그러나 19세기 중엽부터 특히 프랑스와 스페인의 경우 베트남 정부의 그리스도교 탄압을 빌미로 한 해외 팽창을 실현하기 위한, 즉 군대를 앞세운 무력침공이었다. 1858년 9월 1일 프랑스 스페인 연합군의 '중부 베트남에 소재한 다낭항구 점령'을 계기로 베트남 식민지화의 첫발을 내디뎠다. 주력 프랑스는 1862년 '제1차 사이공 조약'(1862.6.5.)을 체결하면서 곧장 남부 베트남을 식민지로 편입하였으며 1864년에는 캄보디아를, 1867년엔 중부 안남과 북부 통킹을 각각 보호령으로 만들었다. 프랑스는 중국과의 청·불 전쟁에서 승리함으로 여세를 몰아 인도차이나 연방을 조직하였다. 그러나 프랑스의 이와 같은 독점적 지위는 고비를 만난다. 그것은 2차 세계대전을 도발한 일본의 위협으로 1940년대 전반에 일시 프랑스군은 베트남 지배를 중단하고 철수하였다.

베트남 역시 우리나라와 마찬가지로 2차 세계대전이 1945년 8월 연합국의 승리로 일본의 점령에서 해방되었다. 그러자 인도차이나반도를 100년 동안 지배하다 일본에게 쫓겨 나갔던 프랑스는 일본이 연합국에 패망하고 철수하자 분단된 남베트남의 관리 당사국이었던 영국의 호의로 어렵지 않게 복귀하여 베트남을 옛날처럼 식민지화하려고 군사적 재점령을 시도했던 것이다.

그러나 호치민(胡志明)을 지도자로 하는 베트남 인민은 일단 손에 넣은 독립을 다시는 빼앗기지 않겠다는 결의 속에 프랑스규에 맞서 싸웠다. 자주독립 세력과 식민세력, 아시아의 후진 민족과 유럽 백인 세력, 원시적 민병과 현대적 군대 사이의 9년간에 걸친 전쟁은 프랑스의 마지막 거점인 '디엔 비엔 푸'에서 1954년 프랑스군의 결정적인 패배로 끝났다. 베트남 서북쪽 라오스 국경의 험준한 산악지대에 위치한 '디엔 비엔 푸'는 프랑스·북베트남 어느 쪽도 양보할 수 없는 전략요충지이었다. 프랑스에게 그것은 북베트남에 의하여 자기 부대와의 연락이 끊어질 중요한 거점이 될 수 있는 곳으로 북베트남 평원의 즉각적인 침공이 이루어지고 라오스·북베트남 인민 해방군에 의한 심대한 위협을 받을 수 있고 중국의 침공 등의 동시적 해소가 가능한 군사 거점이었다. 북베트남에게는 인도차이나 전쟁의 근본적인 전환 및 베트남 라오스 캄보디아의 완전 해방을 촉진시키는 가장 중요한 요새였다. 미국의 직접 원조와 조종아래 견고히 구축된 아주 뛰어난 요새였던 '디앤 비앤 푸'는 "밤낮 쉰여섯 날"(1954.3.13.~5.7) 56일의 대 혈전이 어이없게도 호치민의 '등짐군대' 앞에 프랑스가 속절없이 무릎을 꿇었다. 막강 프랑스의 군대의 "저렇게 하얗고 영양 좋은 거구들이 가난하기 이를 데 없고 볼품없는 황색인들에게 질 수가 있느냐"고 쓰디쓰게 탄식한 것도 헛되이 '1명의 준장, 16명의 대좌, 1,749명의 장교 및 하사관을 포함한 도합 16,000명의 전사자를 내고 어이없이 대패하고 만 것이다. 이것이 재1차 인도차이나 전쟁이었다.

1941년 일본이 촉발한 태평양 전쟁을 미국이 주도하고 치르면서 이 지역의 중요성을 늦게 주목하기 시작했다. 또 하나는 중국의 마오쩌뚱(毛澤東1893~1976)의 공산당 승리를 확인한 미국 트르먼 정부는 중국 공산당이 필연적으로 남진할 것이라는 예견하고 '인도차이나의 공산당 저지'라는 명목을 내세워 '세계 경찰'을 자임하고 나섰던 것이다.

베트남 인민은 프랑스와의 전쟁에서 승리했지만, 그 승리를 다지는 강화조약인 제네바협정으로 국토와 인민이 남북으로 분단되는 비운을 감수해야 했다. 제네바협정은 "북위 17도선을 임시 군사분계선으로 정하고 베트남 인민군과 프랑스연합국은 각기 군사분계선의 북쪽과 남쪽으로 철수하여 집결한다. 그러나 군사분계선은 결코 정치적 또는 영토적 경계로 해석될 수 없다. 이 협정체결로부터 2년 후인 1956년 7월에 남북 베트남을 아우른 총선거를 실시하여 베트남을 통일되도록 한다."고 규정했던 것이다. 그런데, 유예기간인 2년이 지날 무렵인 1956년 초에, 미국은 미국에 있는 모든 정보력을 총동원해서 남베트남 민중의 정치적 충성도에 대해 여론 조사를 해보니 베트남 국민의 83%가 호치명을 지지한다고 나왔던 것이다. 이것은 북베트남을 포함한 여론조사가 아니라 미국이 주도하는 사이공 정권 아래서 실시된 것이기에, 통일 후 선거를 실시하면 당연히 '호치민 세력이 승리할 것'이라는 예측을 하게 되는데, 미국은 절대로 결코 간과할 수 없게 된 것이다.

다급해진 아이젠하워 미국 대통령은 이 사실을 베트남 정전협정 의장국의 하나인 영국 이든 수상에게 가장 시급한 문제로 베트남의 공산주의 국가가 될 우려를 알리면서 이것을 먼저 막아야 하기 때문에 휴전 협정에 따르는 총선 실시를 백지화하게끔 압력을 가한다. 이러한 미국의 협정 위반은, 같은 시기에 한국전쟁 정전협정의 규정을 폐기해 버리고, 한국의 통일 선거를 거부하기로 한 미국정책과 쌍벽을 이루게 된 것은 그냥 넘어갈 우연이 아닐 것이다. 미국은 체질적으로 한국의 통일을 원하지 않았던 것이 아닌가? 하는 생각이 든다.

베트남은 제네바 협정에서 약속했던 총선거를 미국이 파기 결정을 했기 때문에, 9년 동안의 항불 전쟁에서 승리하고도 2년 동안 통일 선거를 위해서 기다리고 참아왔던 남북베트남 인민 대중이 함께 들고 일어난 것이 소위 '베트남 전쟁의 반발 원인'인 것이었다.

호치민의 승리가 확실한 것을 예상한 미국은 프랑스를 대신해서 베트남의 실권을 장악하는 한편, 미국에 망명 중이던 고 딘 디엠을 들여보내 총선 실시 거부를 선언하게 하였다. 이 시점에서부터 일어난 전쟁을 '제2차 베트남전쟁'라 칭하는데, 이것은 미국과의 전쟁으로 시작된 것이다.

"한번 발을 들여놓으면 끝없는 미로에 빠지는 것"이라는 프랑스 대통령 C.드골(1890~1970)의 뼈아픈 충고도 아랑곳없이 인도차이나 문제 해결을 위한 군사사절단 파견(1950.10.10)을 서두른 시점부터 치욕스런 패배(1973.1.24.)를 맛보기까지 장장 22년 동안을 미국은 북베트남 군대와 남베트남민족해방전선('베트공'), 이 연합한 '호랑이'의 반복적 기습으로 "서서히 힘이 빠지고 출혈이 지속되어 죽어가는 코끼리"의 운명을 길고도 지루하게 학습하였다.(1960.12.20.)

공산주의자, 프란치스코 수도사요 베트남의 지도자 호치민은 "우리가 미국에 진정으로 바라는 것은 도덕적인 지원밖에 없다"(1945)고 한 직언을 가볍게 저버린 미국의 패망은 사필귀정(事必歸正)이라 아니할 수 없다.

여기서 호치민은 베트남의 위대한 민족적 영웅이기에 앞서 "뛰어난 시인·소설가이자 혁명적 저널리스트"이었음을 명확히 알려주고 있다. 서양의 한 문필가(Helcene Toumaire)는 호치민은 "붓다의 지혜, 예수의 동포애, 맑스의 철학, 레닌의 혁명적 천재성을 가진 인물이다."라고 말했다. 마치 집안 어른처럼 가장 자연스럽고 다정하게 늘 가까이 다가와서 다독여 주는 인물이다. 호치민은 "이론가이자 행동가였던 그는 항상 열정적이었으며, 또 언제나 평화스럽고 그의 시처럼 투명한 사람"이었다.

벼 찧는 노래

내리찧는 절굿대 밑에서 볍씨는 빻아지지만,
고통이 지나면
그 흰빛이 감탄스럽다.
사람의 세상살이도 이와 마찬가지
진정한 인간이 되려면
'불행'이라는 절구가 있어야 한다. – 호치민 –

다시 한번 짚고 넘어가야 할 것은 베트남 전쟁은 미국이 주장하는 단순한 '공산주의 대 반공산주의'의 대결이 아니라 민족주의 대 제국주의, 독립주의 대 식민주의, 자유 대 억압, 황색인 대 백인, 아시아인 대 백색인, 아시아 대 서양, 낙후된 농업 대 공업, 원시적 소총 대 초현대식 폭격기, 주판 대 전자계산기, 사랑 대 증오… 그리고 그 밖에도 상상할 수 있는 20세기의 모든 갈등 요소가 뒤범벅이 되어서 전개된 전쟁이었다. 그것이 "20세기 인류의 양심에 깊이 새겨진 상처"라고 일컬어지는 까닭이다.

베트남 전쟁은 1962년 8월 2일에 일어난 '통킹만사건'으로 본격화된다.
(통킹만사건이란 1962년 8월 2일과 4일 베트남 통킹만에서 북베트남 어뢰정이 미군 함정을 공격한 사건을 말한다.)

미국은 이 사건을 공해상에서 일어난 미국에 대한 중대한 도전이라고 전 세계에 발표하고 이것을 구실로 8월 7일, 미국 의회는 전쟁 수행에 관한 모든 권한을 대통령에게 위임하는 결의안을 통과시켰다. 이후 미국은 베트남전쟁에 본격적으로 개입, 대규모 지상군을 파견하고 북베트남에 대한 폭격을 감행한다.

미국은 공산군을 물리친다는 명분을 앞세워 세계적인 여론을 모으고 연합군을 형성하여 전쟁을 하고자 할 때 제일 먼저 한국에 군대를 베트남 전쟁에 파병해줄 것을 한국에 요청한다.

미국은 과거 가장 친근한 우방으로 적극 지원하여 한국 전쟁을 승리로 이끌었다. 1964년 당시 미 지상군이 한국에 주둔하여 한국의 작전권을 지금까지도 가지고 있는 상태에서 한국 안보의 한 축을 의탁하고 있던 한국의 입장으로는 베트남의 사태를 남의 일처럼 바라볼 수만은 없는 입장이었다. 따라서 당시의 박정희 정부는 존슨 대통령의 파병을 요청해 오자, 한국 정부는 "한국 6.25 전쟁 때 우리나라를 구하기 위해 참전한 미국,

우방국에 보답한다."는 명분과 "베트남 전선은 한국 전선과 직결되어 있다."는 반공 국가의 안보의 차원에서 국회의 동의를 얻어 파병을 결정하였다. 1964년 한국 정부가 한국의 군사적 지원을 요청하는 월남 정부의 서한을 수락하는 형식을 취하였다.

정부의 월남파병 결정은 국회 본회의에서 해외파병 동의안이 가결됨에 따라 1964년 9월 11일 비전투 부대인 의무 병력 제1이동외과병원 파견을 필두로 1965년 2월에 건설지원단(비둘기부대)의 월남파병을 시작으로 주월한국군 사령부 창설과 맹호부대, 백마부대, 청룡부대, 십자성부대, 백구부대, 은마부대 등 한국군 전투부대의 월남전 파병은 1964년 7월 18일 베트남 전쟁이 시작되어 1973년 3월 23일 철수 시까지 8년 8개월에 걸쳐 공식적으로 5차에 걸쳐 파병되었고 평균 5만 명 수준의 병력을 유지했으며 한국군의 누적 인원은 31만2천853명이 참전하였다.

그 기간 동안 국군은 베트콩을 포함한 월맹군, 사살 41,462명, 포로 4,633명, 귀순 2,483명 등의 전과를 올렸으나 국군도 사망 5,077명(전사:4,597, 순직:277, 기타 사망:293), 전상자 10,962명의 인명손실을 입었다.

1973년 노벨평화상을 베트남 분쟁을 해결하고 전쟁을 종식시킨 공로로 미국 국무장관 헨리 키신저 국무장관과 월맹의 대통령 호치민이 선정되었다. 노벨상은 이 지구상에서 주는 최고의 상으로 명예와 부를 누릴 수 있는 대단히 영광스러운 것이다. 그러나 호치민은 '침략자들과 어깨를 나란히 하고 상을 받는 것은 나의 수치요, 베트남 국민의 수치이기에 나는 노벨상을 단호히 거부한다'고 말했다. 헨리 키신저 혼자만 상을 받았다.

염소수염에 색 바랜 노동복, 낡은 타이어를 잘라 만든 샌들을 신은 초라한 모습이지만, 그는 약소국 베트남을 이끌어 프랑스와 미국을 항복시킨 민족 영웅이었다. 베트남 지폐와 공공장소마다 그의 사진이 걸려 있을 정도로 베트남 사람들이 가장 존경하는 인물은 바로 호치민이다.

호치민을 생각할 때마다 내 가슴에 새겨지는 것은 "부패한 나라는 필연적으로 망하게 된다"는 것이다. 남베트남(월남) 사이공 정권은 다시 말하여 한마디로 표현한다면 부패한 정권이었다. 북베트남이 대대적으로 남베트남을 침공해 1975년 봄 남베트남의 구엔 반티우 대통령의 정부가 급속히 붕괴되자 실질적인 통치권은 베트남 공산당과 북베트남 지도자들이 행사하게 되었다. 남과 북으로 분단되었던 나라가 북베트남이 남베트남을 흡수 통일(1975.4.30.)함으로 통일의 소원을 이루었다. 미국 쪽에 얹혀 11년 동안 베트남전쟁 참전(19649~1975.4) 당사국으로 베트남과 날카로운 대립각을 세웠던 한국은 대변혁을 통과한 통일 베트남과 공식 외교 관계를 수립(1992.12.12.)하였다.

그러나 평생 베트남의 지도자로 살던 호치민의 관저를 보면 하노이 대통령 궁이라는 것이 얼마나 검소한지 이루 말할 수 없이 초라(?)하였다. 그의 대통령 집무실과 침실이라는 것이 야자수로 엮어서 만든 남방 특유의 구조로 된 흔히 볼 수 있는 작기만 한 방갈로 같았다. 호치민 주석은 베트남이 프랑스와 일본의 식민 지배를 받던 시기 독립운동을 주도하였고, 이후 베트남 통일을 위해 평생을 헌신했으며, 최고 지도자의 위치에 있으면서도 주석궁 옆 작은 목조건물에서 거주하는 등 청렴과 검소함을 실천하고, 어린이들에게 '호 아저씨'로 불렸을 만큼 인간적인 면모를 가져 오늘날까지도 베트남 국민들에게 국부로 추앙받고 있는 인물이다. 민족의 영웅 호치민을 사랑하고 그 이름을 기리는 뜻으로 사이공을 호치민시로 바꾸어 불렀다.

베트남 인민들은 호치민을 '호치민 대통령'이나 '호치민 각하' 따위의 경칭으로 부르지 않고 마치 집안 어른을 대하듯 '호치민 아저씨'라고 불렀다.

정말 감동적이지 아니한가? 호치민 같은 지도자가 우리나라에도 있었다면 얼마나 좋을까? 생각하니 한없이 부러웠다. 베트남 민중의 존경과 사랑을 한 몸에 받은 지도자가 있었기에 프랑스 침략군에 이어 세계 최강이라 고하는 미군의 10년에 걸친 무지막지한 공격을 물리치고 베트남 전쟁을 승리로 끝내고 통일된 새로운 나라를 세우고 이제는 세계의 기대를 받으며 새롭게 일어서서 경제가 부흥 발전하는 동남아 신흥국가를 이루어 나가고 있는 것을 볼 수 있다.

대한민국은 북한 정부를 침략자, 괴뢰군 등으로 여기는 철저한 반공교육을 통해 우리는 북한을 우리의 주적(主敵), 원수로 삼고 있다. 북한도 남한을 우리와 같은 시각으로 생각하고 있을 것이다. 때문에 우리에겐 평화적인 통일은 이룩하기 어렵다. 무력적인 전쟁으로만 이루어질 수밖에 없는 것이다. 북한이 핵무기로 무장하고 있는 이상 무력으로 전쟁을 한다는 것은 결국 남북이 어느 쪽도 승리할 수 없을 것이다. 모두 함께 공멸(共滅)할 것이다.

분단된 국가가 어디 우리뿐이었던가? 독일이 동독과 서독으로 분단된 국가였지만 통일되었다. 그들도 체제가 다르고 동서를 가르는 장벽은 있었지만 그들은 우리와 같이 서로 원수로 여기지는 않았다.

아이러니(irony)하게도 미국이 제2차 세계대전 이후에 군사·정치·외교·경제·정보력, 그리고 온갖 선전기관을 총동원해서 지원한 정부나 국가라는 것이 하나도 예외 없이 철저하게 부패하고, 철저하게 망했다. 왜(?) 그렇게 되었는가? 넘치게 원조해 주는 미국의 잘못이라고만 말할 수는 없을 것이다. 국가가 존망(存亡)의 위기 속에 큰 원조를 받았으면 국가와 국민을 위해 정직하게 잘 사용하지 않고 그들은 국민과 동떨어진 소수의 지배 집단으로 억압적인 독재의 만행으로 통치해 왔다는 사실이다. 세계에서 가장 잘살고 가장 뛰어난 민주국가인 미국의 엄청난 지원을 받았으면 도와주는 미국을 잘 배워 국민의 복지와 평화를 누리며 사는 나라를 만들려고 국민과 함께 전심전력을 다 했어야 하는데 사리사욕에 불타 온갖 부정과 부패로 썩어진 나라를 만들었으니 이것은 누구 탓일까? 아시아 지역에서만 부정부패로 정권을 잃은 나라를 예로 든다면 남베트남(고딘디엠/구엔바티우 대통령) 이외에도 필리핀(마르코스 대통령)이 있다. 필리핀은 우리나라보다 훨씬 잘사는 나라로 영어를 필리핀 공용어로 사용하고 마치 미국의 한 주(州)처럼 잘살고 국민 소득이 우리보다 훨씬 높아 우리와는 비교되지 않을 만큼 잘사는 나라였다. 그러나 마르코스 대통령의 엄청난 부패, 그의 부인 이멜다의 호화생활은 결국 정권을 잃어버리고 필리핀은 최빈국으로 추락된 것이다. 어찌 이들뿐이겠는가?

부정부패를 일삼고 국민을 돌보지 않는 나라의 정부를 도와주는 미국의 전쟁은 결국 치욕스러운 패배로 끝났다는 사실을 아주 극명하게 역사는 입증하고 있다.

'팍스 아메리카나(Pax Americana)'라는 용어는 미국의 정치적, 경제적 영향력 아래에서 세계 평화가 유지되고 있는 상태를 이르는 말이다. 미국의 세계지배전략을 통칭하는 용어이다. 미국이 세계 경찰국가를 자처하면서 엄청난 군사력을 계속 유지하는 이유가 되었던 공산국가는 거의 해체되고 있다. 이란, 이라크, 시리아 등의 끝이 없는 전쟁을 주도했던 미국의 힘은 이제 옛날 같지 않은 것 같다. 세계의 경제적으로 달러 패권에 도전하는 국가에 어김없이 채찍을 가하기 위해 무력적인 전쟁을 감행하고 있다는 사실은 새삼스럽지 않은 사실이다. 이라크, 이란, 시리아 등의 끝없는 중동 전쟁의 해결자로 아무리 최강대국 미국이라 할지라도 감당할 힘이 얼마나 갈까? 하는 의구심이 드는 것은 나만의 생각일까?

제2차 세계대전 이후 아시아 대륙에서의 소위 극우적·반공적·외세 의존적 권력과 집단이 코믹하게도 모두 비극적 종말을 맞게 된 것을 우리는 알게 되었다. 나는 베트남 전쟁에 참전했던 자로서 지금에서야 비로소 역사적 진실을 인식하는 눈이 떴다고 실토한다.

전쟁은 누가 이기든 지든 비참한 결과를 가져온다. 누구나 그것을 알고 있다. 그럼에도 불구하고 지구상 어디에선가 전쟁은 계속되고 있다. 전쟁이란 정당화된 살인뿐이다. 마치 '한 명을 죽이면 살인, 천명을 죽이면 영웅'이 되는 것처럼 보인다.

《티보가의 사람들》을 집필한 로제 마르탱 뒤가르는 전쟁에 대해 다음과 같이 말했다.

> "전쟁은 인간의 생활 문제를 아무것도 해결하지 못한다. 그것은 일하는 자의 비참한 상태를 더욱 심하게 할 뿐이다."

전쟁은 인도주의자를 귀신으로 만든다. 가족에게는 인자한 아버지이자 남편이고 착한 아들이고 형제인 한 사람이 한번 전쟁에 나가면 광기를 뿜으며 닥치는 대로 살해한다. 군인이든 민간인이든 상관하지 않는다. 가장 큰 피해자는 노인과 여자, 그리고 어린아이들이다.

"인간이 조금만 덜 미쳤더라면 전쟁이 일어나는 비극을 막았을 터이다." 라고 프랑스 작가 앙드레 지드는 말했다. 지금 젊은 세대들은 전쟁을 직접 경험하지 못한 자들이 많을 것이다. 이들에게 전쟁의 비참함과 어리석음은 아무리 강조해도 절대 지나치지 않을 것이다.

이 지구상에 가장 '전쟁이 일어날 확률이 가장 큰 나라'가 어디일까? 그

곳은 바로 한국일 것이다. 나는 기도한다. 핵무기를 가지고 마치 핵폭탄 놀이를 하는 마당을 내어 주고 온 국민이 불안에 떨도록 미국과 북한이 '미친놈 널뛰듯'하는 저 광기를 주여, 막아주소서. 부디 다시는 이 땅에서 전쟁이 사라지게 하옵소서.

떠나지 않으면 나의 길은 없다

많은 이들이 평범하게 사는 것은 실수를 두려워하기 때문이다. 물론 완벽을 위해 노력하는 것은 좋지만 절대 완벽하거나 완전에 가까운 것은 없다는 점을 기억해야 한다. 모든 조건이 완벽하게 갖춰진 후에야 실행하여야 한다면 시작 한 번 못해보고 우리는 영원히 기다릴 수밖에 없을 것이다.

기회가 오기만을 기다리며 아무것도 하지 않은 사람은 언제나 이런저런 핑계를 댄다. 계획이 완전치 않아서, 조건이 맞지 않아서, 전망이 밝지 않아서, 아직 때가 되지 않아서 등등…. 그러나 모든 것은 네가 싫든 좋든 부단히 변화하며, 여전히 어떤 계획도 완벽할 수 없다. 먼 길을 가보려면 모험은 필연적이다. 시간은 한 번 가면 다시 돌아오지 않지만 기다려야 할 이유는 늘 존재한다.

왜 행동해야 할 이유를 찾지 않는가? 다만 더 많은 이유가 우리에게 행동할 때라고 재촉하고 있다. 계획은 실행을 통해 완전해 질 수 있고, 조건은 어떻게 하느냐에 따라 갖춰지게 된다. 돛을 올리고 바람과 싸워야만 바다 건너 언덕에 도착할 수 있다. 갈 곳이 어디인지 먼저 정하라.

루이스 캐럴(Lewis Carroll, 1832.1.27.~1898.)의 책 《이상한 나라의 앨리스》에서 앨리스는 각기 다른 방향으로 나 있는 갈림길에서 고양이에게 물었다.

"내가 어느 길로 가야 할지 가르쳐 주세요."

"그것은 네가 어디로 가고 싶어 하느냐에 달렸지." 고양이가 대답했다.

"어디로 가든지 상관없어요." 앨리스의 말에 고양이가 대답했다.

"그렇다면 네가 어느 길로 가든지 상관없겠지."

그렇다. 어디로 가야 할지 알 수 없다면 어떤 길로도 갈 수 있고, 또 가지 않을 수도 있다. 이상한 나라의 앨리스는 목표의 중요성을 우리에게 알려주고 있다.

한 젊은이가 직업 문제로 카네기를 찾아왔다. 대학을 졸업한 지 4년이 지났다는 이 청년은 행동이 시원시원하고 총명했다.

그가 현재 하고 있는 일, 교육 정도, 배경, 일에 대한 태도에 대해 이야기를 나누었다. 카네기가 청년에게 "다른 일을 할 수 있게 도와 달라니 어떤 일을 좋아합니까?"하고 물었다.

청년은, "그게 바로 제가 당신을 찾아온 이유입니다. 정말 제가 무슨 일을 하고 싶은지 모르겠습니다."

이런 문제는 비단 그 청년만의 고민이 아니다. 직업을 갖고 있는 사람들조차 한 번쯤은 고민하게 되는 문제다. 카네기는 그 청년의 취업을 위해 사장 몇 사람과 면담을 하는 것은 그에게 아무런 도움이 되지 않는다고 생각했다. 그것은 마치 눈먼 말을 타고 벼랑으로 가는 것처럼 위험한 일이었다. 카네기는 그가 직업을 찾기 위해 반드시 어떤 일을 해야 좋을지 깊이 생각하도록 조언했다.

그래서 카네기는 "10년 후에 당신은 어떤 모습이 되어있기를 희망합니까?"

청년은 한참을 생각하더니 이렇게 대답했다.

"다른 사람과 똑같이 대우가 좋은 직업도 있고, 집도 하나 마련했으면 좋겠습니다. 물론 이 문제에 대해 깊이 생각하지 않았습니다만."

카네기는 젊은이에게 아주 자연스러운 현상이라고 말했다.

"지금 당신의 생각의 상황은 항공사에 와서 무턱대고 '비행기 표를 주십시오.'라고 하는 것과 같습니다. 목적지를 말하지 않았는데 당신에게 어떻게 표를 팔 수 있겠습니까? 지금 이 상황도 마찬가지입니다. 내게 당신의 목표를 알려주어야만 당신이 일을 찾도록 도와줄 수 있습니다."

계속해서 그들은 각종 직업목표에 대해 두 시간 동안 토론했다. 카네기가 청년에게 준 교훈은 아주 간단하다. 무엇인가를 시작하기 전에 반드시 목표가 있어야 한다.

앞에서 말한 두 이야기는 모두 인생의 목표가 있어야 성공한다는 사실을 알려준다. 목표는 이루고자 하는 일에 대한 진정한 결심이다. 목표가 없다면 어떤 일도 생기지 않으며, 어떤 과정도 없다. 만약 어떤 사람에게 목표가 없다면 영원히 자기 인생이라는 길에서 배회할 수밖에 없다.

생명을 유지하는 데 공기가 절대적으로 필요한 것처럼 목표는 성공의 필수 요소다. 만약 공기가 없다면 인간은 생존할 수 없는 것처럼 목표가 없다면 어떤 사람도 성공할 수 없다. 그러므로 자신이 가고 싶은 곳에 대한 계획이 있어야 한다.

기업이 어떤 목표를 갖고 운영되듯이 각 개인에게도 계획이 있어야 한다. 어떤 점에서는 사람 역시 상업적인 단위라고 할 수 있다. 사람의 능력도 하나의 상품이므로 자신만의 특별한 상품으로 발전 시켜 더 나은 가치로 바꿀 수 있어야 한다.

다음의 두 가지가 큰 도움이 될 수 있을 것이다.

첫째, 자신의 이상을 세분해서 나누어 본다. 일, 가정….

둘째, 스스로 질문을 해보라. 나는 어떤 일을 이루고 싶은가? 어떤 사람이 되고 싶은가? 어떤 것이 나를 만족시키는가?

서로 도움을 주고 도움을 받으라

'내가 왜 사는가?'라는 질문을 스스로에게 자주 해야 한다. 나는 무엇인가 도전하고 적극적인 삶을 살아야 하겠다는 생각을 가져본다. 그런데 나에게는 도움을 줄 수 있는 사람은 별로 없다. 내가 가지고 있는 능력도 부족하고 여러 가지 여건도 불리하기만 하다. 무엇 하나 제대로 갖춘 것이 없어서 감히 도전해 볼 염두(念頭)가 나지 않는다. 메마르기만 한 세상 속에서 갇혀있는 것 같아 '내가 어떤 일을 할 수 있을까?' 하는 자신감도 점점 잃어 간다. 점점 무기력증에 빠져든다. 이런 사람은 결코 행복할 수 없고 깊은 절망의 구렁텅이, 불행의 늪에 빠져들게 될 것이다.

그렇다고 내가 구원할 수 없는 나락(奈落)으로 떨어지게 될 것인가? 아니다. 나는 결코 그렇게 될 수 없다. 용기를 내보자. 이제까지는 '누가 나를 도와줄 것인가?'를 생각했던 그 생각의 방향을 바꾸어보자. 나 아닌 다른 사람을 생각해보자. 내 비록 힘은 없지만 '내가 누구를 향해 작은 도움이라도 줄 수 없을까?'를 생각해보자. 평소 같으면 일 같지 않은 작은 일이라 해도 내가 할 수 있는 일을 해보자. 다른 사람들이 나의 하는 일을 보고 하찮게 여겨도 신경 쓰지 말자. 내 인생은 내가 사는 것이지 다른 사람이 내 인생을 살아 줄 수 없는 것이다.

'내가 누구에게 작은 도움을 받아야 할 터인데'라고만 생각했던 이제 내가 도움을 줄 수 있다'고 생각한다면 그것 자체가 긍정적인 삶의 첫 발걸음이 되는 것이다. 이것은 또한 큰 발견이요, 큰 도전이다. 아무리 팍팍한 세상이라 할지라도 나를 필요하여 내가 일을 하고 있다면 내 인생을 살만한 가치가 있는 것이다. 그리고 내가 지금하고 있는 일을 좀 더 잘하려고 한다면 벌써 내 인생은 적극적인 삶을 살고 있는 것이다. 이런 삶 속에서 다른 사람과 사귈 수 있는 길도 열리고 비로소 내가 필요한 도움도 부탁할 수 있는 것이다. 도움을 주고 도움을 받는 사회가 건강한 사회요, 내가 행복한 삶을 비로소 살고 있는 것이다.

우리가 잘 알고 있는 지렛대의 이야기를 나누어보자.

아르키메데스(기원전 272~212년)는 지렛대의 반비례 법칙을 발견한 사람이다. 시라쿠사왕 히에론 앞에서 "긴 지렛대와 지렛목(支點)만 있으면 지구라도 움직여 보이겠다."고 장담하였다. 얼마나 인상 깊은 말인가? '설마 그럴까' 싶은 상상력이 넘치는 말이다.

모든 일에는 지렛대, 즉 거점(據點)이 필요한데, 적당한 지렛대를 찾아 도움을 받으면 일을 성사시키는 데 큰 도움이 된다. 이 말을 확대시킨다면, "외부의 도움을 많이 받을수록 더 큰 성공을 거둘 수 있고 외부의 도움이 적을수록, 성공률도 낮으며, 외부의 도움이 전혀 없다면 아무 일도 할 수 없다."는 결론을 도출해 낼 수 있다.

확실히 의식하지 못하거나 충분히 자각하지 못할 뿐이지 살아가면서 누구나 외부로부터 많은 도움을 받고 있다는 것이 사실이다.

인간은 만물의 영장으로 다른 동물과 비교할 수 없는 탁월한 지혜를 갖고 있기에 다양하게 도구를 이용하고 외부의 도움을 받고 사는 것이다. 그렇게 살면서 겪게 되는 수많은 어려움들을 지혜롭게 그리고 수월하게 극복할 수 있을 것이다.

흔히 "울타리 하나를 치려면 최소한 세 개의 말뚝이 필요하고, 한 사람의 영웅이 탄생하기까지는 수많은 사람들의 노력이 필요하다."고 말을 한다. 성공한 사람들이 걸어온 길에는 많은 사람들의 피와 땀이 서려 있다. 누군가가 세워놓은 다리를 건너고, 누군가 만들어 놓은 계단을 밟아 산을 넘고, 누군가가 닦아놓은 길을 걸어 온 것이다. 장애물이 가득 찬 이 세상에서 혼자서 그 길을 헤치고 나간다는 것은 상상할 수도 없는 일이다. 개인주의가 팽배하고 이기심으로 가득한 세상을 살아갈 때 "내가 누구를 이용한다." 그 말을 듣는 사람을 불쾌한 감정을 가질 수도 있다. 또는 나는 누구에게 이용을 당하고 있다고 말한다면 나도 역시 불쾌한 생각을 가질 것이다. 그러나 여기서 말하는 것은 악의로 이용하자는 것이 아니라 선한 마음으로 서로 협력해서 돕고 살자는 것이다. 나도 이제 적은 도움이라도 주고 또 도움을 받으면 스스럼없는 사이가 되고 두터운 우정이 쌓이고 그 속에 지혜롭고 아름다운 결실이 맺어지지 않겠는가?

사람은 서로 영향을 주고받는다. 사람은 혼자서는 성장할 수도 없으며, 혼자서도 타락할 수도 없다. 자기에게 맞는 사람을 찾는다는 것은 인생에 있어서 중요한 일이다.

"결점이 없는 벗을 얻으려 한다면 평생 벗을 얻지 못할 것이다."

좋은 사람을 만나면 모방을 해야 한다. 모방하는 것을 두려워해서는 안 된다. 사람은 누구든 좋은 것을 모방하면서 성장해 간다. 뛰어난 예술가

나 작가도 처음에는 모두 모방함으로써 자기의 예술 세계를 형성해 갔다. 게다가 사람은 아무리 흉내를 내도 꼭 같은 사람이 될 수 없는 법이므로, 그 바탕 위에서 노력을 기울여 발전해 나가는 것이다.

따라서 뛰어난 사람을 모방하는 습관은 좋은 일이다. 인류가 진보해 온 것은 선인의 업적을 이어받아 왔기 때문이다. 학습은 모방이란 사실을 잊지 말라!

아르키메데스의 지렛대는 누구를 이용만 하는 것이 목적이 아니다. 사람을 만나고 대화하는 관계 속에 도움을 주고 도움을 받는 것이야말로 평범한 진리인 것이다. 그러나 그 진리를 자연스럽게 생활할 수 있다면 그 속에 큰 빛을 발하고 있음을 기억해야 한다.

성공한 사람들에게는 대개 이와 유사한 경험이 있다. 어떤 기회를 마련하는 데는 분명 다른 사람의 힘을 빌려야 한다는 것이다. 그것이 나도 모르는 사이에 내 운명에 지렛대가 되어준다.

'펜탁스 카메라, 대통령의 힘을 이용하다'

1985년 여름 프랑스의 신문에 미테랑 대통령이 손에 카메라를 쥐고 있는 사진이 실렸다. 특이할 것이 없는 이 한 장의 사진이 광고 회사의 세일즈맨에게 영감을 주었다. 그는 미테랑 대통령의 손에 든 카메라가 공교롭게도 일본제품 펜탁스K2라는 것을 알았다.

며칠 후 파리의 〈리베라시옹〉지에는 '대통령에게 보내는 편지'라는 광고가 눈길을 끌었다.

"펜탁스 카메라에 대한 대통령의 신뢰에 감사드리며, 그에 대한 보답으로 최신형 펜탁스A3 카메라를 드리겠습니다."

광고의 왼쪽 구석에는 카메라를 잡고 있는 대통령의 사진과 함께 A3카메라의 클로즈업된 사진이 실렸다. 그날 오후 한 일본 카메라 수입상이 엘리제궁을 찾아가 미테랑 대통령에게 최신 펜탁스 카메라를 증정했다. 절묘하게 기회를 이용해 힘들이지 않고 A3형 카메라의 명성을 높인 것이다. 작은 힘으로 큰 것을 이루는 지혜라 할 것이다.

한 출판사의 마케팅 성공기를 찾아보자. 책이 잘 팔리지 않아 고전을 면치 못하는 출판사가 있었다. 출판사는 고심 끝에 외부의 힘을 빌려 판매를 촉진하기로 했다. 그래서 택한 것이 대통령에게 책을 선물한다는 아이디어였다. 그리고 틈나는 대로 대통령에게 전화를 걸어 그 책을 읽은 소감을 물었다. 대통령은 귀찮아서 그냥 좋다고 대답했다.

출판사는 곧바로 '대통령도 좋다고 인정한 책'이라는 카피를 내세워 책 광고에 올렸다. 과연 책이 무섭게 팔려나갔다. 출판사의 광고 전략은 여기서 그치지 않았다. 다음에는 다른 책을 가지고 가서 어떠냐고 물었다. 대통령은 지난번에 얻은 교훈도 있고 해서 이번에는 책이 형편없다고 말했다. 출판사는 또다시 '대통령도 싫다고 한 책'이라는 광고 카피로 세인들의 주목을 끌었다. 이 책 역시 날개 돋친 듯 팔려나갔다.

세 번째로 출판사가 대통령을 찾아가자 대통령은 시종 아무 말도 하지 않았다. 결과적으로 그 책은 '대통령도 어떻게 평해야 할지 모르는 책'으로 알려져 베스트셀러가 되었다.

이 출판사의 행위는 좀 무례하다고도 할 수 있지만, 그 뛰어난 수완에 감탄하지 않을 수 없다. 출판사가 이용했던 세 가지 방법은 매번 각도는 달랐지만 기상천외(奇想天外)한 방법으로 운용의 묘와 '이용'의 깊은 인식을 보여 준다. 우리가 이렇게 기민하게 이용할 줄 안다면 어떤 상황에 놓여도 성공할 것이다. 지혜로운 이용은 그 사람을 생활의 강자, 사업의 성공자, 운명의 주제자로 만들 것이다.

무엇을 이용한다는 것은 행위 예술로서 깊은 조예가 필요하다. 이용할 줄 아는 사람은 돌도 금으로 바꿀 수 있으며 패배의 위기 속에서도 만회할 수 있다. 그러나 이용할 줄 모르는 사람은 하늘이 도와주고 땅이 도와주고 사람이 도와준다고 해도 결국은 실패에서 벗어나지 못할 것이다.

'이용'의 지혜는 우리에게 가르침을 주며 생존 전략의 구석구석을 밝혀준다. 이런 지혜가 있는 사람은 현실에서 복잡하게 얽힌 각종 관계를 분명히 파악하고 자신이 처한 환경이나 장단점에 비추어 어떤 것을 이용하고 어떤 것은 이용해서는 안 되는지, 그리고 무엇을 언제 이용할지에 대해 계획을 세울 수 있다. 사람은 서로 영향을 주고받는다.

사람들은 지금 이 순간에도 두 손을 모아 기도를 올린다. 주여, 제게 좋은 친구를 주셔서 감사합니다. 지혜로운 사람은 모든 일에 감사함을 잊지 못한다. 아주 미미한 것이라도 서로 나눌 수 있는 벗이 있음에 감사의 의미를 찾아 낼수 있다면 풍족한 삶을 살아가는 행복한 사람일 것이다.

내가 남에게 셀 수 없는 도움을 받은 것이 너무너무 감사한 것처럼 나도 적은 것이라도 도움을 주고 선한 영향력을 주며 살아야 할 것이다.

악성 베토벤(Beethoven)

베토벤의 작품 교향곡 〈운명〉, 〈영웅〉, 〈합창〉 등에는 인간의 모든 감정이 담겨져 있다. 기쁨, 슬픔 사랑, 미음 두려움, 희망 등이 어우러져 있는 작품은 듣는 사람의 영혼을 울린다.

그러나 베토벤만큼 천재가 가지고 있을 만한 단점들을 완전히 구비(具備)했던 사람도 드물 것이다. 그는 이상할 정도로 마음씨가 착하기도 했지만, 자부심이 가득 차 완벽을 추구했다. 자신의 재능에 자부심을 가지고 예술가로서 높은 긍지를 느꼈던 베토벤은 왕후 귀족들을 조금도 두려워하지 않았으며, 그들을 자기 위에 있는 존재라고 생각하지 않았다.

자의식이 강했던 베토벤은 청력을 잃어버린 후 더욱 신경질이 심해졌고, 그 누구의 간섭도 받으려고 하지 않았다. 게다가 형식과 예의를 무시하는 습관 때문에 많은 사람들로부터 교만하다는 오해를 받았다. 후기에는 고뇌, 투쟁, 승리 등을 연상시키는 심각한 작품을 썼다. 특히 말기에는 청력을 완전히 잃어버리고 홀로 고독한 세계에 틀어 박혀, 일반 대중이 이해하기 어려운 명상적인 작품을 남겼다.

1824년 5월 7일 비엔나의 한 극장에서 베토벤의 '교향곡 제9번'이 연주되었다. 합창곡 〈기쁨의 노래〉가 피날레로 울려퍼지자 극장 안에 모인 관객들은 한 사람도 예외 없이 환희의 도가니로 빠져들었다. 베토벤이 무대에 모습을 보이자, 다섯 차례의 기립 박수가 터져 나왔다. 교향곡 제9번은 유례없는 대 성공이었다.

베토벤은 프랑스 대혁명 시기에 한 잡지에서 쉴러의 〈기쁨의 노래〉에 너무 감동을 받은 나머지, 세 차례나 다시 읽고 그 기억을 마음 속에 간직했다. 그리고 1793년, 그 시에 곡조를 붙여 교향곡의 피날레를 장식한 것이다.

환희를 구가하고 우애를 찬미하여 나아가 자유를 부르짖는 쉴러의 〈기쁨의 노래〉는 "인류는 모두 한 형제가 될 수 있다."는 인도주의 정신의 숭고한 이상을 노래하고 있다. 이러한 시의 구절은 베토벤이 구상하고 있던 교향곡 제9번에 더할 나위 없이 적합한 내용이었다.

'교향곡 제9번'은 숭고하고 장엄한 이상을 구사한 위대한 음악이다. 이는 프랑스 혁명의 시대정신을 온전히 반영한 것이다.

시간을 낭비하지 마라

시간은 누구에게나 공평하다. 어떤 사람이라도 하루가 8만6,400초를 넘을 수 없다. 인생의 모든 것이 늘어나지 않는다 해도 시간만은 누구에게나 같은 빠르기, 같은 곳을 향해 흘러간다. 그럼에도 인간은 늘 시간에 대해 푸념한다.

미국의 경제학자 대니얼 하머메시는 '부유할수록 시간에 쫓긴다.'는 사실을 발견했다. 이는 특정 문화권에만 국한된 것이 아니라, 대부분의 국가에 관한 것이다. 우리는 돈이 많은 사람들은 시간을 필요로 하는 일을 돈을 주고 다른 사람을 시킬 수 있으니 더욱 여유로울 것이다 생각한다. 비서를 두고 전용기를 이용하고 가사 도우미를 쓰면 일상의 귀찮은 일에서 탈출할 수 있을 것이라 생각한다. 그러나 성공한 기업인, 의사, 변호사 등은 다른 사람들 보다 더 시간에 쫓기는 삶을 산다고 말한다.

하메시의 연구 결과에 따르면 시간을 체감하는 데 직업은 별로 다른 영향을 미치지 않는 것으로 나타났다. 또한 수입은 다르지만 똑같은 여가시간이 주어진 사람들을 비교해보니 돈이 많은 사람들이 더욱 시간에 쫓기는 생활을 하고 있었다. 돈이 많은 사람들은 심지어 돈을 벌지 않을 때에도 시간이 부족하다며 탄식했다.

이를 두고 하메시는 부자들이 너무 많은 가능성에 노출되었기 때문에 상대적으로 시간적 박탈감을 느낀다고 설명했다. 가난한 사람들은 여행을 가고 새로운 일을 궁리하거나, 이에 대해 고민할 필요가 없다. 돈이 없기 때문이다. 그러나 부자들은 모든 일을 마음만 먹으면 가능하다. 다만 제한된 시간이 그들을 방해한다. 이것이 부자들이 더욱 시간 부족에 시달린다는 것이다. 할 수 있는 일이 많아지면 할 일도 많아진다.

가젤을 잡아먹는 사자는 다시 배고픔이 올 때까지 햇볕을 즐기며 뒹군다. 그러나 끝없는 욕구의 인간은 언제나 결핍을 느끼고 이를 채우기 위해 동분서주한다. 그들이 도달하고자 하는 모든 것에는 시간이 필요하다. 그리하여 늘 시간이 부족하다는 착각에 사로잡힌다. 결국 우리는 무엇인가를 포기할 준비가 되어 있지 않아서 언제 어디서나 바쁜 것이다.

지금부터 자문해보자. 내가 이것을 해야 하는 이유는 무엇인가? 이것을 하는데 필요한 시간은 나에게 어느 만큼의 가치가 있는가? 솔직하게 대답해야 한다. 그러면 자신이 얼마나 소중한 시간을 퍼부어왔는지 깨달을 것이다.

시간에 관하여 가장 많이 하는 말은 '시간이 부족하다'는 말이다. 정말 이상한 일이 아닐 수 없다. 인간의 수명은 점점 늘어나고 있고, 과학의 발달로 새로운 기계들을 발명하면서 여유도 늘어났다. 그럼에도 불구하고 수많은 사람들이 만성적인 시간 부족에 시달리고 있다.

우리는 보통 시간에 대해 과거는 뒤에, 현재는 지금, 미래는 앞에 놓여 있다고 생각한다. 그러나 안데스 산맥에 살고 있는 인디안 부족들은 반대로 생각한다.

미국의 인지 심리학자 라파엘 뉴네스의 연구 결과에 따르면, 아이마라족은 과거의 위치를 물으면 시야의 앞쪽을 가리킨다고 한다. 이는 과거의 사건들은 이미 경험한 것이기 때문에 자신들이 볼 수 있는 앞쪽에 있다는 것이다. 같은 맥락에서 미래의 사건들은 알 수 없기 때문에 자신의 등 뒤에 있다고 생각한다.

이러한 시간 개념은 아이마라족의 생활에 깊숙이 배어 있다. 그들에게 '내일'은 '사람 등 뒤의 어느 날'이다. 오랜 조상은 앞쪽에 멀리 있고, 미래 세대는 어깨 뒤 저편에 있다. 그러므로 자신보다 앞서 있는 조상들의 지혜에서 인생을 배우고 깨닫는다. 따라서 아이마라족에게 보이지 않는 미래를 생각하는 것은 아무 의미 없는 일이다. 그들에게 미래를 물으면 어깨를 으쓱해 보이고는 평온하게 자신에게 다가올 시간을 기다린다.

우리가 시간을 어떻게 이해하느냐에 따라 우리의 시간 경험은 달라진다. 우리사회는 시간을 낭비하지 말고 귀중하게 활용해야 한다는 강박관념에 사로 잡혀 있다. 이 때문에 삶의 속도는 우리가 따라가기 힘들 만큼 빨라지고 이다. 이대로 가면 우리는 시간의 파도에 떠밀려 익사할지도 모른다. 시간의 부족함을 탓하기 전에 시간의 바다에서 헤엄칠 수 있는 방법을 찾아야 한다.

"세월을 아끼라 때가 악하니라."(엡 5:16)

우수한 품종의 말은 일부러 뒤로 돌아가 자신의 밟았던 풀을 절대로 먹지 않는다. 오직 눈 앞에 있는 신선한 풀을 먹기 위해 전진한다.

우리는 늘 지난 시간을 떠올리며 후회로 가득한 삶을 살아간다. 그러나 과거에 연연하는 사람은 영원히 전진할 수 없다. 우리 인생의 과거의 역할은 반성의 재료로 쓰이는 것 이상도 이하도 아니다. 왜 실패했는지 과거를 되돌아본 뒤에는 깨끗이 잊고 미래를 위해서 노력하지 않으면 안 된다. 과거는 과거일 뿐, 지나간 것에 미련을 두어도 돌아오는 것은 아무것도 없다. 이미 걸어온 길을 되돌아가 삶의 발자국을 지저분하게 만드는 것 보다, 끝이 보이지 않을 정도로 길게 뻗어있는 내 앞의 길에 새로운 발자국을 새기는 것이 진짜로 사는 법이 아닐까.

09
지혜로운 거짓말이 어리석은 진실보다 낫다

지혜로운 거짓말이 어리석은 진실보다 낫다
링컨의 원칙, 남을 함부로 비판하지 않는다
오늘을 사랑하고 내일을 창조하라
끊임없이 뛰는 사람이 고요함을 얻는다
불행한 가족은 그들만의 독특한 방식이 있다
이성은 인간을 창조하고, 감정은 인간을 이끌어간다
절대로 쉬운 성공은 없다

지혜로운 거짓말이 어리석은 진실보다 낫다

대부분의 사람들이 '거짓말'이라는 단어에 대해서 가지는 느낌은 '나쁜 것'이다. 그렇게 느끼도록 우리는 어렸을 때부터 듣고 배우고 말해왔다. 그리고 실제로 현자로 불리는 많은 사람들이 거짓말에 대해 그렇게 묘사하고 있다.

플라톤은 "거짓말은 그 자체가 죄일 뿐만 아니라 정신까지도 더럽다."고 말했으며 과학자 T.H. 헉슬리는 "도덕의 기초는 거짓말을 영원히 버리는 것이다."라고 말했고 프랑스 작가 장자르드는 "거짓말은 불행을 몰고 오는 여신의 기수다."라고 말했다. 이는 모두 거짓말이라는 것이 인간으로서 해서는 안 될 것임을 강력하게 주장하는 명언들이다.

하지만 나이를 먹어가면서 우리는 때로는 의도적으로, 때로는 본의 아니게 거짓말을 하게 된다. 문제는 의도적이든 그렇지 않든 간에, 거짓말하지 않는 것이 거짓말을 하는 것보다 더 나쁜 결과를 초래할 수도 있는 상황이다.

예를 들어 죽음이라는 것을 잘 알지도 못하고 감당할 수도 없는 아이에게 엄마가 죽었다는 사실을 어떻게 전달해야 할까? 누구는 아이 엄마의 죽음에 대해 설명하고 다시는 볼 수 없을 것이라고 진실을 말해야 한다고 하겠지만, 또 다른 누구는 아이의 엄마가 멀리 여행을 떠났다고 거짓말을 할 수도 있다. 과연 어느 쪽이 아이를 위한 것일까?

또 만약 얼굴 여기저기에 주름이 깊게 패인 아내가 결혼 40주년 기념일에 정성껏 화장을 하고 하얀 드레스를 입은 채로 남편에게 "자신이 세상 그 누구보다도 예뻐 보이냐"고 묻는다면 그 남편은 어떻게 대답을 해야 할 것일까?

또 만약 자신의 친부가 누구인지 모른 채 양자로 입양된 후 훌륭하게 성장하여 대학교 교수가 된 사람이 있는데. 그 사람의 친부가 마약 중독자나 살인자였다면 굳이 그 사실을 그 대학 교수에게 얘기해줄 필요가 있을까?

물론 정답은 정해져 있지 않다. 같은 사안이라도 어떤 사람에게 진실을 얘기해 주는 것이, 또 어떤 사람에게 거짓말을 하는 것이, 어떤 사람에게는 아무것도 말하지 않는 것이 좋을 수도 있다.

여기서 중요한 것은 진실을 얘기하는 것이 항상 옳은 것이 아니라는 사실이다. 그래서 『죄와 벌』의 작가 도스토예프스키는 "인생에서 무엇보다 어려운 것은 거짓말 하지 않고 사는 것이다."라고 토로했다.

나아가 악의적이지 않은 것이라는 전제 아래 거짓을 옹호한 사람들도 많았다. 영국의 교육가 R. 애스컴은 "때와 장소에 따라서는 해로운 진실보다 해롭지 않은 거짓말이 훨씬 더 낫다."고 말했으며, 중세 페르시아 시인 사디는 "호의에서 나오는 거짓말은 불화를 일으키는 진실보다 낫다."는 명언을 남겼다.

나아가 미국의 심리학자 W. 제임스는 "듣는 사람이 오해하는 진실보다 해로운 거짓말은 없다."고 말했으며 영국의 시인 W. 블레이크는 "악의로 말한 진실은 모든 거짓말을 능가한다."고까지 말했다. 이들은 상대를 배려하지 않는 진실보다 상대를 배려하는 거짓말이 낫다고 생각했던 것이다.

거짓과 진실 사이에서 어떤 것을 선택하는 것이 옳으냐는 결국 상대가 누구냐, 상황이 어떠한지에 따라 달라질 수밖에 없다.

우선 상대가 자기 자신이라면 항상 진실한 것이 옳다. 하지만 어떤 진실을 감당할 수 없는 사람에게 진실을 얘기해야할 상황이라면 고민에 고민을 거듭해야 하고 때로는 거짓을 말하거나 아무것도 말하지 않는 용기를 가져야 할 필요도 있다. "상처를 주는 진리보다 치유해주는 거짓말이 더 낫다."는 서양속담이 있다. 중요한 것은 말의 진위라기보다는 그 말을 듣는 사람의 입장인 것이다.

미국의 밀워키에 있는 버링턴 거짓말쟁이 클럽(Burlington Liar's club)은 매년 '최고의 거짓말쟁이'를 선발한다. 지난 1년 동안 접수된 거짓말 중 가장 우수한 내용을 뽑는 것이다. 1929년부터 악의가 없는 허풍과 기발한 재담을 매년 말 '올해 최고의 거짓말쟁이'로 선정한다.

2008년 최고의 거짓말쟁이는 무려 70대의 변호사였다. 70세라는 나이에 변호사라니! 그는 대체 무슨 거짓말로 '최고의 거짓말쟁이'라는 영예(?)의 주인공이 될 수 있었을까?

주인공은 위스콘신 주에 거주하는 변호사 거스 시하워다. 그는 손자를 이용해 거짓말을 했다. 그는 "내 손자는 얼마나 거짓말을 잘 하는지 2살 때 자신이 차고 있는 기저귀가 다른 사람이 더럽힌 것이라고 거짓말을 해 부모를 믿게 만들었다."는 거짓말을 접수했다.

말도 되지 않는 허풍으로 '최고의 거짓말쟁이'로 선정된 그는 "무엇이든지 세계 최고가 된다는 것은 기분 좋은 일이다. 다만 사람들이 변호사인 내 직업이 거짓말을 하는데 도움을 줬다고 생각하지 않았으면 좋겠다."며 너스레를 떨었다.

1929년 창립된 버링턴 거짓말쟁이 클럽은 전 세계에 2,000여명의 회원을 둔 단체다. 참고로 거짓말 클럽이 선정한 2위의 거짓말쟁이는 '비행기 여행 중 비행기가 불안정하게 흔들리기 시작하자, 바다장면이 방영되던 기내 화면에서 물이 넘쳐흘러 구명보트가 작동됐다는 내용의 거짓말을 한 사람에게 돌아갔다.

우리는 어릴 때부터 피노키오나 양치기 소년의 이야기 등을 통해 거짓말은 나쁜 것이라고 배워왔다. 그러는 사이 거짓말을 죄악시하는 도덕관념이 뿌리 깊게 박혔다. 하지만 세상은 이렇듯 거짓말과 속임수로 넘쳐난다. 사실을 은폐하거나 축소하는 일, 반대로 과장하거나 왜곡하는 일은 흔히 볼 수 있다. 실제로 대부분의 사람들은 크고 작은 거짓말을 하면서 살아간다.

이렇듯 좋지 않은 평가를 받는 거짓말이지만 1년에 딱 하루, 거짓말이 허용되는 날이 있다. '만우절(萬愚節)'이다. 매년 만우절이면 해외 언론들은 장난 기사를 내보내며 도덕적 일상의 탈출을 만끽한다.

역사 자료를 살펴볼 때 500년 이상 이어진 만우절은 1년 중 단 하루라도 다람쥐 쳇바퀴 돌듯 반복되는 일상에서 벗어나 뜻밖의 거짓이나 장난에 웃음 지으며 해방감을 맛볼 수 있는 단비 같은 날이다.

그러나 거짓말도 서로 호의적인 소재로 서로 속이고, 속고도 기분 좋은 그리고 즐거워하고 해학적인 것이라야 할 것이다. 공익을 해치는 거짓말로 화재 신고를 하여 소방차가 출동하고, 거짓으로 응급환자를 신고해 앰뷸

런스가 사이렌을 울리며 달려가고, 고의적이고 악의적인 것은 아무리 만우절이라도 금물인 것이다. 오히려 형사적 처벌을 면치 못할 것이다.

만우절이 오랜 시간 유지되고 거짓말이 우리 일상생활에 상존하는 것은 거짓말이 나름대로 긍정적 효과를 갖고 있기 때문이다. 최근 심리학자들이 거짓말에 대해 과학적인 관심을 기울이는 것 역시 그러한 이유다. 특히 거짓이 원만한 삶의 유지를 위해 꼭 필요하다며 거짓말의 긍정적 효과에 주목하는 경우가 많다.

미국의 정신과 의사 조지 서번은 '거짓말은 인간의 제2의 천성'이라고 주장했으며, 마하임 대학의 사회심리학자이자 거짓말 연구가인 마크 안드레 라인하르트는 '거짓말은 사회의 공동생활을 위해 매우 중요한 것'이라고 강조했다. 독일의 심리학자 클라우디아 마이어는 자신의 책 《거짓말의 딜레마》에서 '거짓말은 진화의 원동력이고 생존 전략이며 일종의 사회적 윤활제다. 거짓말을 함으로써 많은 행운을 불러올 수 있으며 거짓말은 우리세상을 결속시킨다.'고 주장했다.

인간의 거짓말은 선천적 능력이 아니라 습득되는 능력이다. 때문에 아이들은 4살 전후에 거짓말을 배우기 시작한다. 미국의 정신의학자인 찰스 포드는 교육의 정체성을 키우고 부모로부터 자신을 구분하기 위해 거짓말이 아동발달에 매우 중요하며 '거짓말은 일종의 탯줄 떼기 과정이고 사춘기에도 커다란 역할을 한다.'고 주장한다. 즉 거짓말하는 것을 배우지 않는 사람은 결코 어른이 되지 못한다는 뜻이다.

요즈음 우리나라는 만우절이란 낱말이 실종된 것 같다. 거짓말을 잃어버리고 정직한 사회가 되어서인가?

링컨의 원칙,
남을 함부로 비판하지 않는다

1842년 가을 링컨은 자부심이 강하고 도전적인 제임스 실즈라는 아일랜드 사람을 놀린 적이 있었다. 링컨은 스프링필드 저널에 무기명으로 편지를 보내 그를 조롱했는데 얼마나 재미있었던지 온 동네 사람들이 배를 잡고 웃었다. 예민하고 자존심이 강한 실즈는 그 기사를 읽고 불같이 화를 냈다.

그는 그 글을 쓴 사람이 링컨이라는 것을 알아내자마자 말을 타고 찾아와 결투를 신청했다. 그는 링컨에게 무기 선택의 자유를 주었다. 링컨은 기병의 장검을 택했고 육군사관학교 졸업생에게 검도까지 배웠다. 하지만 결전의 순간을 앞두고 조수들이 말리는 바람에 결투는 이루어지지 않았다.

그 일은 링컨의 일생에서 가장 끔찍한 사건이었다. 처세에 있어서 그는 더할 나위 없이 소중한 수업을 했던 것이다. 이후 다시는 함부로 다른 사람을 비평하지 않았다.

남북전쟁 때의 일이다. 매클래렌 포프, 번사이드, 후커, 그랜트 장군들이 연전연패하자 링컨은 실망하지 않을 수 없었다. 사람들이 장군들을 비방했지만 그들의 실수를 탓하지 않고 오히려 격려했다. 그가 즐겨 인용했던 구절 중의 하나가 "비판하지 말라 그리하면 너희가 비판을 받지 아니하리라…(눅 6:37)"였다.

링컨 부인과 다른 사람들이 남쪽 인사들에 대해 비방할 때에도 링컨은 이렇게 말했다. "그들을 비난하지 마시오. 똑같은 상황에 처했다면 나도 그들과 마찬가지였을 것이오."

1863년 7월 초 3일 동안 게티즈버그 전투가 벌어졌다. 7월 4일 저녁 남부군의 리 장군은 후퇴하는 군대를 이끌고 포토맥 강 앞에 이르렀다. 하지만 쏟아지는 폭우로 강물이 불어나서 도저히 건널 수 없는 상황이었고 뒤에는 기세등등한 북군이 버티고 있었다. 리 장군은 포위되어 도망갈 방법이 없었다. 링컨은 이것이 하늘이 준 기회라 생각하고 그들을 공격하여 전쟁을 끝내려 했다. 그래서 그랜트 장군에게 곧바로 공격 명령을 내렸다.

그러나 그랜트 장군은 명령을 어기고 군사회의를 소집하면서 공격을 계속 지연시켰다. 그러는 사이에 강물의 수위가 내려갔고 리 장군은 군대를 이끌고 포토맥 강을 건너고 말았다.

너무 화가 난 링컨은 아들 로버트를 불러 분통을 터트리며 말했다.

"대체 왜 이런 일을 벌인 거지? 정말 이해할 수가 없구나! 독 안에 든 쥐였어. 우리가 손만 뻗으면 잡을 수 있었는데, 그랜트 장군은 어찌하여 그토록 어리석은 짓을 한 것인지 이해할 수 없구나. 그런 상황이라면 누구라도 리 장군을 이길 수 있었을 텐데 말이다. 만약 내가 그곳에 있었다면 적을 전멸시키고 말았을 텐데."

몹시 실망한 나머지 고통스러움에 빠져 있던 링컨은 자리에 앉아 그랜트에게 편지를 썼다.

존경하는 장군.

장군은 리 장군의 도주로 인해 벌어진 엄청난 불행에 대해 잘 알지 못하는 것 같소. 당시 리 장군은 우리가 쉽게 장악할 수 있는 독안에 든 쥐나 다름없는 상황이었기 때문에 총공격을 가했다면 가볍게 제압할 수 있었소. 그러면 전쟁은 끝났을 것이요. 그러나 지금, 전쟁은 무기한 연장될 듯 하오. 지난 주 월요일 그를 치지 못했는데 강을 건너 간 그를 어떻게 공격할 수 있겠소? 장군은 지금의 상황을 바꾸지 못할 것 같소. 장군에게 기대하는 것 역시 말도 안 되는 희망인 듯하오. 천우신조의 기회를 놓친 것 같아 비통함을 한없이 느끼고 있소.

하지만 링컨은 이 편지를 보내지 않았으며 링컨이 죽은 후에야 그의 서류더미 속에서 이 편지가 발견되었다. 링컨은 이 편지를 보내지 않고 한쪽에 치워 놓았다. 자신의 뼈아픈 경험을 통해 어떤 상황 속에서도 날카로운 비판과 질책이 아무런 도움이 되지 않음을 배웠기 때문이다.

미국 남북전쟁 중에 링컨은 틈이 나는 대로, 병원을 방문했다. 이는 전쟁으로 인한 부상당한 병사들을 위로하기 위해 그렇게 한 것이다.

그러던 어느 날, 의사가 링컨을 거의 사망 직전에 있는 병사 침상 앞으로 안내를 했다. 링컨은 부상당한 병사에게 말을 건넸다.

"내가 당신을 위해 할 수 있는 일이 무엇일까요?"

그러나 그 말은 들은 병사는 링컨을 알아보지 못했다. 다만 병사는 링컨에게 물었다. "저의 어머니에게 편지를 써 줄 수 있나요?"

당장 종이와 펜이 준비가 되었으며, 링컨은 젊은 병사가 말을 하는 대로 편지를 쓰기 시작했다.

'그리운 어머니, 저는 저의 일을 하다가 심한 부상을 당했습니다. 회복은 불가능해 보입니다. 제가 먼저 세상을 떠나더라도 너무 슬퍼하지 마세요. 메리와 존에게도 저 대신 입 맞춰 주시구요. 신께서 아버지와 어머니를 축복해주시기를 빌겠습니다.'

그 후 병사는 기운이 없어서, 더 이상 말을 잇지 못했다. 그러자 링컨은 젊은이대신 편지 끝에 서명을 하고, '당신의 아들을 위해 에이브라함 링컨이 이 편지를 대신 썼습니다.'라고 썼다. 젊은 병사는 그 편지를 자기에게 보여 달라고 한 후, 편지를 읽은 후 깜짝 놀랐다.

"당신이 이 나라의 대통령이신가요?"

"네. 제가 바로 대통령입니다."라고 링컨은 말을 한 후, 다른 부탁할 것은 없냐고 물었다. 그러자 병사는 자기 손을 잡아 달라고, 그러면 편히 세상을 떠나갈 수 있다고 말을 했다. 링컨은 청년이 편안하게 죽음을 맞이할 수 있도록 따뜻하게 손을 잡아 주었다고 한다.

에이브라함 링컨은 미국의 제16대 대통령이었으며, 남북 전쟁에서 북군을 지도하여 점진적인 노예 해방을 이루었던 대통령이자, 우리들에게도 익숙한 수많은 명언을 남기기도 했다. 지금까지도 모든 이들의 귀감이 되는 대통령이다. 게티즈버그에서 한 연설 중 유명한 '국민에 의한, 국민을 위한, 국민의 정부'라는 불멸의 명언을 남기기도 하였다.

시어도어 루스벨트는 대통령이 되었을 때, 난처한 문제에 봉착하면 항상 뒤에 기대어 백악관 사무실에 걸린 링컨의 초상화를 보며 스스로에게 물었다고 한다. "만약 링컨이 나와 같은 상황이라면 어떻게 했을까? 그는 이 문제들을 어떻게 해결했을까?" 링컨이라면 아마 쉽게 비난하거나 질책하지 않고 다른 사람을 동정하며 이해해 주었을 것이다.

꼭 비난해야 한다면 우선 한 두 마디 동정의 말을 먼저 해서 상대방의 체면을 지켜주는 게 좋다. 먼저 칭찬하고 나중에 비판하며, 잘못이 있음을 간접적으로 깨닫게 하고 잘못은 얼마든지 고칠 수 있음을 일깨워 주어야 한다.

어쨌든 인간 본성의 약점을 피해 비난과 질책이 가져올 수 있는 부정적인 결과를 방지해야 한다. 이렇게 상대방의 반감을 줄일 수 있으며 이것은 인심을 얻는데 최소한의 조건이다.

데일 카네기는 누구나 인정받기를 원하고 부정에 거부감을 느끼는 것이 사람의 천성이라고 지적했다. 상식에서 벗어나는 행동은 100번 중 99번 하더라도, 자신이 한 일을 스스로 책망하는 사람은 드물다.

심리학자 셀리는 이렇게 말했다.

> "우리는 다른 사람의 칭찬을 갈구하는 것만큼 다른 사람의 질책을 두려워해야 한다."

이것은 인간 본성이 지닌 커다란 약점이다. 합리적인 것은 아니지만 그렇다고 쉽게 바꿀 수도 없다. 그래서 우리의 인성의 약점을 인정하는 대신 피해갈 방법을 찾으면서 선부른 행동을 자제하려 애쓰는 것이다.

오늘을 사랑하고 내일을 창조하라

사람의 욕심은 한계가 없다. 사람의 물욕은 끝을 모른다.

욕심의 한계를 모르고 모래성을 쌓으려고 무모한 도전을 하다가 무너지는 자들을 우리는 수없이 만날 수 있다. 그 무모한 도전은 대단히 위험하다 적당할 때 멈추는 지혜와 결단이 필요하다. '좋을 때 그만둘 줄'을 알아야 하는데 여기에는 한 가지 조건이 있다. 즉, 만족할 줄 아는 것이다. 진퇴를 모르고 망신을 자초하는 사람의 문제는 자족할 줄 모르는데 있다.

요즘 사회는 물욕이 일어나고 흥이 나도록 조성하고 선동하는 분위기다. 물욕이 사회진보를 추진하는 동력이 되면서, 마치 인간의 욕망이 개인적으로 성공신화를 이루고 더 나가서 강력하게 경제와 사회 발전이 더 빨리 이루어지고 하루아침에 세계 강국으로 뛰어 오를 수 있을 것 같은 착각을 가지도록 한다.

욕망이 긍정적인 면이 있는 것은 사실이지만 부정적인 면이 더욱 많음을 기억해야 한다. 욕심이 넘치면 도덕은 추락하고 사회는 부패하게 되는데 이것은 욕망만을 키워서 막놀아난 방종의 결과일 것이다.

인간의 욕망은 너무 지나쳐서도, 끝이 없어도 안 된다. 별이 있으면 달을 원하고, 달이 있으면 태양을 원하며, 온 우주가 자기 것이 될 수 없음을 안타까워하는 것은 일종의 병이다. 물욕은 끝이 없으므로 욕심을 내다보면 절대 만족이란 있을 수 없다. 한 가지 욕망이 충족되면 새로운 욕망이 생긴다. 진정으로 만족을 원한다면 우선 자족할 줄 알아야 한다. 자족할 줄 아는 사람만이 만족할 수 있다.

우리는 오랫동안 금전, 명예, 등의 유혹 속에 분주히 살아왔다. 그러다보니 내면 생활을 소홀히 하고 방랑자가 오랫동안 고향을 떠나온 것처럼 살고 있다.

우리는 종종 자신이 맡은 역할을 잃어버리고 외부세계나 금전 관계를 벗어던질 필요가 있다. 어떻게 하면 재산을 모을까, 어떻게 하면 성공할 수 있을까하는 복잡 다다한 고민을 잊어버리고 단 한 시간이라도 온갖 인간관계와 구속에서 벗어나 진정으로 자신에게 집중할 수 있어야 한다.

조용하고 편안하게 앉아서 또는 산책을 하면서 겹겹이 쌓인 옷을 벗어던지듯 모든 것을 털어 버리고 온 마음으로 사색을 해보자. 모든 것을 버린 후의 우리 생명은 어떤 모습일까? 나는 누구인가? 무슨 생각을 하고 있는가? 마음 속에 누가 있는가?

우리가 찾으려는 것은 결코 정답을 얻자는 것이 아니다. 중요한 것은 이러한 사색의 과정을 통해 마음을 다스리고 삶에 있어 보다 근원적인 부분을 성찰할 수 있어야 한다는 점이다. 그러므로 반드시 해답을 찾는 게 목적은 아니다. 이때 필요한 것은 감각, 순수한 느낌이다. 이름 없는 이성(理性), 사고(思考), 규범(規範)의 계약을 받지 않는 감각으로 이런 상태를 좀 더 오래 지속해야 한다. 설령 이런 상태에 이르지 못하더라도 더 많은 내재적인 것을 찾는 첫걸음으로 생각할 수 있다. 당신은 당장 더 많은 시간을 할애해 이런 방법 등을 시도해볼 수 있다.

'더 성숙한 자아'를 사색할 때 우리는 우주의 힘을 불러 모아 자신의 생명 속에 불어넣을 수 있다. 그 시간 우리는 더 숭고한 단계로 올라가며 빛을 발하게 된다. 그렇다고 일상생활을 하찮게 보자는 것은 아니다. 일상생활은 당연히 중요하다. 생명 역시 서로 보완하는 것으로, 이때 우리는 비로소 시공을 벗어나 영원 속에 살게 됨을 깨닫게 된다. 이런 영원은 비록 언뜻 보는 것처럼 순간 스쳐가는 생각이라 할 수 있을 뿐이라 하더라도, 정신을 집중한다면 더 많은 것을 이해 할 수 있게 된다. 이런 과정과 경험을 통해 일상이 더욱 풍요로워질 수도 있는 것이다.

더 높은 자아를 인식하는 방법을 찾게 되면, 더 크게 성장할 수 있으며 더 질적인 행복을 느낄 수 있을 것이다.

여기서 '만족'과 '행복'이란 개념을 구분해야 한다. 만족은 결코 행복이 아니며, 만족하지 못한다고 행복하지 않은 것은 아니다. 부족한 듯해도 거기서 행복을 발견할 수 있고, 반대로 넘쳐서 만족한 느낌을 받아도 불행할 수 있다.

더 나은 것을 향유할 수 있는 사람은 항상 차원 높은 행복을 추구한다. 그들은 항상 만족하지 않아도 대체로 행복한 삶을 산다. 반면에 행복의 개념이 떨어진 사람은 육체적인 욕망의 만족을 행복으로 삼는다. 비록 때때로 만족을 느끼지만 반드시 행복한 것은 아니며, 그들이 말하는 행복은 저급한 행복인 경우가 많다.

뮬러는 "인간은 고등 동물로서 자연스럽게 경험을 통해 양적인 행복 보다 질적인 행복선택을 추구한다." 질적인 행복은 당연히 정신적인 행복이며, 정신적인 행복은 육체적 행복보다 고차원적인 것이다.

자족하며 항상 즐겁게 생활하는 사람은 언뜻 소극적인 자세로 인생을 보내는 것처럼 보이지만, 사실 그것은 부단히 더 나은 행복을 추구하는 사람이다.

나폴레온 힐은 "오늘은 즐기고 내일을 창조하라. 오늘 얻은 것을 사랑하고 오늘 잃은 것은 반성하며, 다음 목표를 향해 나아가라. 우리가 지금 가지고 있고 아울러 머잖아 사라질 오늘을 사랑하라. 이는 오늘 얻은 것에 대한 만족을 의미한다."라고 말했다.

자족하며 항상 즐겁게 지낸다는 것은 낙관적 자세이며, 세상에 연연하지 않는 철학자의 마음을 가리킨다. 끊임없이 진취한다. 진취한다는 것은 만족할 줄을 모른다는 말과는 전혀 다른 의미이다. 진취적인 목표가 지향하는 것은 당연히 개인의 인생가치의 실현이다. 그것은 물질적이냐, 정신적이냐의 두 가지 중에 어느 쪽이 더 중요할까? 자기 인생에 적극적인 의의(意義)가 있으면, 물욕에 구속되지 않으며 금전의 노예가 되지 않는다. 그때 비로소 우리는 가벼운 차림으로 인생이라는 경기장을 달리며 더 높고 먼 목표를 향해 매진할 수 있다.

중국 전국시대는 인재를 중히 여기던 때로, 장자가 학문으로 천하에 이름을 떨치자 많은 군주들이 그에게 나라를 맡아 관리해 줄 것을 청했다. 하지만 장자는 모두 사양하고 사람들의 끊임없는 초청을 피하기 위해 복수라는 곳에 은둔해 살았다.

초나라 위왕이 이 소식을 듣고 장자를 재상으로 모시고자 경대부 두 명을 파견하면서 수맥명의 수행원과 산더미 같은 선물을 딸려 보냈다.

두 경대부가 복수에 도착하여, 장자를 재상으로 모시고자 온 뜻을 설명했다.

장자는 여전히 낚시를 하면서 "두 분께서 나의 취미를 방해하지 않았으면 좋겠습니다."라고 말했다. 두 경대부는 옆에서 낚시하는 것만 쳐다보고 있을 수밖에 별다른 도리가 없었다. 장자는 너 댓 시간이 지난 후 낚싯대를 거두고 집으로 돌아갔다. 마치 아무 일도 없다는 듯 자기의 길을 갈 뿐이었다.

두 경대부가 급히 그를 쫓아갔다. 가면서 초왕이 어떤 군주이며, 장자를 얼마나 흠모하며, 왜 장자를 반드시 모셔야 하는지 등 끊임없이 말을 했다. 장자는 더 이상 들을 수가 없어서 두 사람에게 말했다.

"내가 듣기에 초나라에 신(神)으로 여기는 거북이가 있었는데 너무나도 영험하여 사람들이 잡아 죽였다고 합니다. 죽은 신(神) 거북이를 초왕은 사찰에 제물로 바쳤는데 그 사찰은 호화롭기가 그지없었다지요. 신으로 받드는 거북이는 순금 상자에 모셔졌고 아름다운 비단옷감으로 포장했다고 하더군요. 만약 당신들이 그 거북이라면, 죽은 후에 부귀영화를 누리는 쪽을 택하겠소. 아니면 살아서 진흙탕에 꼬리를 쓸며 기어 다니는 쪽을 택하겠소?"

장자의 말을 들은 두 사람은 더 이상 강요할 수 없음을 깨닫고 멋쩍게 돌아갔다.

끊임없이 뛰는 사람이 고요함을 얻는다

현대인들은 너무나 바쁘다. 새벽같이 회사에 출근해서 밤늦게까지 일하는 어른들만 바쁜 게 아니라 학교수업을 마치고 미술학원이다 영어학원이다 해서 서너 곳의 학원을 기본으로 다니는 어린아이들도 바쁘다.

바쁜 것으로 끝나면 그나마 다행인데 우리가 사는 세상은 온통 소음으로 가득 차 있기도 하다. 특히 도시에서 산다는 것은 소음과 더불어 산다고 해도 과언이 아니다. 도로 주변에 있는 사무실과 아파트에는 자동차 소음이 끊이질 않고 지하철을 타도 수많은 사람들의 떠드는 소리에 귀가 먹먹할 정도다. 그렇게 소음 속에서 지내면서도 사람들은 습관처럼 텔레비전을 켜 다시 속이 빈 것처럼 헛헛한 세상 속으로 빠져든다.

이렇게 다들 시끄러운 세상에서 살다보니 현대인들은 고요함이 주는 선물을 잊어버린 지 오래다. 오히려 주변이 고요해지면 불안감을 느끼기까지 한다. 하지만 잠시라도 시간을 내어 산이나 바다로 떠나 간간이 들려오는 바람소리와 파도소리를 배경삼아 고요함 속에 빠져들면 그때서야 고요함이 얼마나 평화롭고 평안한 것이지 진실하게 느끼게 된다.

노자(老子)는 "바람은 자고 있고 물결 고요한 속에서 인생의 참된 경지를 볼 수 있고, 맛이 담담하고 사람 드문 곳에서 마음의 본성을 알 수 있다."고 했다. 고요함이 주는 가장 큰 선물은 노자의 말처럼 인생의 의미를 생각해보고 되돌아 볼 수 있다는 것인데, 이를 뒤집어 생각하면 정신 없이 달려가는 바쁜 일상 속에서 우리가 인생의 참된 의미를 발견하기 어렵다는 뜻이기도 하다.

사업이나 정치나 일에서 큰 성공을 거둔 많은 사람들이, 몇 십 년에 걸친 노력을 통해 이루어 놓은 자신들의 성취에 대해 결국은 '허망한' 것이라고 회고하는 이유가 무엇일까? 그것은 그 사람들이 바쁘게 사는 데에만 몰두 했을 뿐, 잠깐 멈춰서 고요한 가운데 자기 존재 의미를 생각하는 것의 가치를 잊어버리고 일 자체가 목적이 되는 삶을 살았기 때문은 아닐까? 아무리 훌륭한 성공이라 할지라도 그 성공을 더불어 누릴 수 없다면 무슨 의미가 있겠는가?

공자는 "사람은 흘러가는 물에 비춰볼 수가 없고 고요한 물에 비쳐보아야 한다. 오직 고요한 것만이 고요하기를 바라는 모든 것을 고요하게 할 수 있다."고 말했다. 정신없이 돌아가는 일상 속에서는 당연하게도 자기 자신과 자신의 삶에 대해 생각해볼 시간도 여유도 없다. 고요한 자신을 찾기 위해서는 고요한 시간과 장소에 머물러 있어야 한다.

많은 현대인들이 요가나 명상학원을 찾고, 방학이나 휴가시즌이 되면 깊은 산속의 절에 머물면서 마음을 수양하는 것은 바로 이 때문이다. 명상학원을 다니거나 템플 스테이를 한다고 해서 곧바로 자신의 참 모습이나 인생의 의미를 알 수 있는 것은 아닐 것이다. 학원 수강이나 템플 스테이가 끝나면 우리는 다시 바쁜 일상 속으로 들어가야 한다. 세상은 항상 변하고 우리 또한 변해야 하는 것이다.

그래서 고요함의 참된 경지는 시끄러움과 번잡함 속에서도 고요할 수 있는 것이다. 고요함이란 진실로 우리에게 필요하지만 역설적이게도 고요함은 시끄러움이 있기 때문에 그 가치가 발한다. 우리 모두가 항상 고요한 곳에서 살고 있다면 고요함은 더 이상 소중한 그 무엇이 아닐 것이다.

동양의 잠언서 『채근담』은 다음과 같은 가르침을 우리에게 선물한다.

> "고요할 때 누리는 고요함은 참된 고요함이 아니고, 움직일 때 얻을 수 있는 고요함이 바로 고요함의 참된 경지인 것이다."

불행한 가족은 그들만의 독특한 방식이 있다

오늘날 가정은, 그것을 구성하는 개인들에게는 어떤 의미를 지닐까? 가정의 의미가 옛날에 비해 변한 것도 있고 변하지 않은 것도 있으나, 분명한 것은 옛날에 비해 지금의 가정은 그 의미와 역할이 많이 퇴색했다는 사실이다.

그렇게 된 가장 큰 이유는 아마도 예전에는 경제활동의 단위가 가족이나 부족이었던 것이 지금은 각 개인으로 축소되었다는 사실에 있지 않을까? 생각한다. 경제 활동의 단위가 가족이나 부족이었을 때는 가족 구성원 전체가 함께 생활하며, 함께 먹고 자고, 함께 일해야 했기 때문에 가족 간의 화합과 사랑이 매우 중요했을 것이다. 그러나 사회가 분업화되고 생계 수단이 다양해짐에 따라 예전에는 가족이 담당했던 많은 일들을 사회라는 조직이 대신하게 되었다. 그로 인해 가족은 예전처럼 큰 규모를 유지할 필요가 없어졌고, 자의적이든 강제적이든 함께 생활할 필요성도 줄어들었으며, 그에 따라 가족 간의 유대감도 느슨해질 수밖에 없게 된 것이다.

그럼에도 가족은 여전히 존재한다. 가족의 의미를 완전히 잃지는 않았으며 앞으로도 그럴 것이다. 왜냐하면 가족이란 모든 개인의 삶의 출발점이자 전체 인생의 터를 닦는 기반이기 때문이다. 한 인간으로 태어나 완전히 자립하기까지 제대로 된 가족의 보살핌이 없다면 이후로도 그의 삶은 고난의 연속일 가능성이 크다. 물론 좋은 가족을 만나지 못했거나 고아로 버려진 경우라도 스스로의 힘으로 일어서는 경우가 없지 않지만, 확률적으로 보면 단란하고 행복한 가족 속에서 긍정적이고 능동적인 개인이 탄생할 가능성이 높다.

그래서 『우주전쟁』의 작가 H. G. 웰즈는 "가정이야말로 고달픈 인생의 안식처요, 모든 싸움의 자취를 감추고 사랑이 싹트는 곳이요, 큰 사람이 작아지고 작은 사람이 커지는 것이다. 가정은 안심하고 모든 것을 맡길 수 있으며, 서로 의지하고 사랑하며 사랑받는 곳이다."라고 표현했다.

가족의 특성 가운데 영원히 변하지 않는 것이 자식에 대한 부모의 사랑이리라. 양육에 대한 의무를 저버리는 부끄러운 부모가 없는 것은 아니나 대부분의 부모는 자식에 대해 조건 없는 사랑을 베푼다. 그리고 자식에 대한 부모의 사랑은 그 자체가 부모의 기쁨이다. 그래서 교육가 페스탈로치는 "가정의 단란함이 이 세상에서 가장 빛나는 기쁨이다. 그리고 자녀를 보는 즐거움이 가장 거룩한 즐거움이다."라고 말했다.

또한 철학자 미슈래이는 "아내도 자식도 없는 사나이는 책이나 세상을 통해서 몇천 년을 연구를 한다 하더라도 가정의 신비성에 대해서 무엇 한 가지도 알아낼 수 없으리라."고 말함으로써 가족 간의 사랑이란 직접 경험하지 않으면 알 수 없는 것이라고, 그래서 가정을 꼭 만들어보라고 조언했다.

하지만 행복한 가정을 꾸려나가는 일은 결코 저절로 되는 일이 아니며 쉬운 일도 아니다. 한사람의 인생조차 예측하기 어려운데 여러 사람이 모여 있는 가정사를 예측한다는 것은 더더욱 어려운 일이다. 찰스 디킨즈가 "아무리 잘 가다듬어진 질서 있는 가정이라 해도 예기치 않는 일이 생기게 마련이다."라고 설파한 것은 그런 이유 때문이다.

그렇다면 행복한 가정을 만들기 위해서는 어떻게 해야 할까? 첫 번째 비결은 일본의 기독교 지도자 우찌므라 간조의 말에서 찾을 수 있다. 그는 "가정은 행복을 저축하는 곳이지 행복을 캐내는 곳이 아니다. 얻기 위해 이루어진 가정은 반드시 무너지고, 주기 위해 이루어진 가정은 행복하게 된다."고 강조했다. 이는 특히 부모 입장에서 보다는 자식이나 형제의 입장에서 새겨들어야 할 말이 아닌가 생각한다.

두 번째는 공자의 말에서 찾아볼 수 있다. 그는 "아내가 아내답고, 남편이 남편답고, 아버지가 아버지다워야 집안이 편하다."고 말했는데, '답다'는 것의 의미를 사람마다 다르게 해석할 수는 있겠지만, 가족 구성원 각자가 처한 입장에서 무엇을 하는 것이 가장 행복하게 만드는 것인지 끊임없이 고민해봐야 한다는 의미로 해석한다면 훌륭한 조언이라 할 수 있다.

톨스토이는 『안나 카레리나』에서 "모든 행복한 가족들은 서로서루 닮은 데가 있다. 그러나 불행한 가족은 그 자신의 독특한 방법으로 불행하다."고 말한다.

이 말이 뜻하는 말이 무엇일까? 행복한 가족의 구성원들은 서로가 서로를 배려한다는 점에서 하나같이 행복하지만, 불행한 가족의 구성원들은 각자 자기만을 생각하기 때문에 모두가 다른 차원에서 불행한 것이 아닐까?

이성은 인간을 창조하고, 감정은 인간을 이끌어간다

국어사전을 보면 감정(感情)이란 '느끼어 움직이는 마음속의 기분이나 생각'이라 정의하고 있다. 사물의 현상에 느끼어 움직이는 마음의 작용 중에서 상쾌(爽快), 불쾌, 기쁨, 슬픔, 분노, 그리움, 우울함 등이 감정이다. 쉽게 말하자면 중국 북송시대의 문장가 소철(蘇轍)은 "급하면 하늘을 부르고 아프면 부모를 찾는 것이 사람의 참된 감정이다."라고 말했다.

감정은 흔히 이성(理性)과 비교된다. 이성 또한 국어사전을 보면 '사람이 논리적으로 사유하는 능력' 또는 '본능이나 감성적인 충동은 어떤 일에 대하여 즉각적인 반응'이라고 한다면 이성이란 즉각적인 반응이 아닌 한 번 걸러진 생각이라 할 수 있다. 그것이 사람이 다른 동물들과 구별되는 인간의 특유한 사고능력이라 할 수 있다. 그래서 사상가 H. J. 모링브록은 "욕망과 감정은 인간성의 용수철이다. 이성은 그것을 통제하고 조절하는 브레이크다."라고 말했다.

감정에 대한 이러한 생각 때문인지 지금까지도 감정을 제대로 추스르지 못하고 즉각적(卽刻的) 표출하는 것은 사람답지 못하며 어리석은 태도로 여겨진다. 우리나라 사람은 성정이 불같고 급하다. 즉각적이라는 말은 상대와 말을 할 때 자기 스스로에 매몰되어 전혀 객관적이지 못하고 즉시 분출하는 것을 말한다. 이것은 동물적 태도이다. 말이나 행동을 하고서 곧 후회를 한다. 대자적 태도는 이와 반대로 주관인 자기 자신까지도 객관화하여 반성하고 관찰하는 태도이고, 이렇게 할 수 있다는 것이 인간이 가진 다른 동물과의 차이점이다.

그래서 많은 현인들은 이러한 감정의 즉각적인 표출을 경계해야 한다고 지적한다. 새뮤얼 존슨은 "외적인 영향에 좌우되고 싶지 않다면 자기 자신의 격렬한 감정부터 초월해야 한다."고 했으며 철학자 알랭은 "우리의 일상생활에서 가장 조심해야 할 것은 사소한 감정을 어떻게 처리하느냐 하는 문제다. 사소한 일은 계속 발생하며, 그것이 도화선이 되어 큰 불행으로 발전하는 일이 적지 않기 때문이다."라고 말했다. 또 화담 서경덕(徐敬德)은 "일에 감정이 작용하면 일을 그르치기도 한다. 그 차이가 처음에는 사소하지만 끝에 가서는 성인과 미친놈의 차이만큼 된다."라고 까지 말했다. 이러한 명언들은 조금 과장된 측면도 없지 않지만, 모두가 일면 진실을 내포하고 있다.

현대에 들어와서 과학과 의학이 발전함에 따라 감정은 다시 조명되기 시작했다. 현대 정신의학에서는 감정에 대한 지나친 통제와 억제가 오히려 병이 될 수 있음을 지적한다. 현대인들 사이에 우울증이 급속도로 퍼지고 그로 인해 자살률이 늘어나는 것은 감정에 대한 지나친 억압과 억제에 기인한다는 연구 결과도 있다.

감정이 어떤 일에 대해 느끼는 일차적 기분이라면, 감정 그 자체는 좋은 것도 나쁜 것도 아니다. 그것은 일종의 본능이다. 하지만 많은 사람들은 이성의 잣대로 본능이나 우울함 같은 부정적 감정은 나쁜 것이고 기쁨이나 즐거움 같은 긍정적인 감정은 좋은 것이라 생각한다. 그러나 다시 강조하거니와 감정 그 자체로 좋은 것도 나쁜 것도 아니다. 그것은 그냥 본능적인 반응일 뿐이다. 그것이 삶에, 그리고 생활에 좋은 것이 되느냐, 나쁜 것이 되느냐는 감정이 생겨난 이후 그것을 어떤 식으로 처리하느냐에 달려 있다. 그 처리 과정에서 중요한 몫을 담당하는 것이 이성이다. 그 처리 과정에서 감정과 이성적이 뒤섞여 서로 충돌하고 타협하고 협상을 한다. 우리는 흔히 이성적으로 판단을 내리는 사람이 현명하다고 생각하지만 과도한 이성으로 감정을 억압하게 되면 당장은 아무렇지 않을지 몰라도 나중에 반드시 문제가 생겨난다.

중요한 것은 감정이나 이성 자체가 아니라, 감정과 이성의 적절한 조화다. 우리는 수백만 년 된 인간의 진화 역사에서 그 대부분의 기간 동안 인간의 뇌를 지배한 것이 감정이었다는 사실을 먼저 받아들여야 한다. 이성의 역사는 기껏해야 수천 년에 지나지 않는다. 따라서 아직도 우리의 생각과 판단의 90% 이상은 감정에 의해 좌우된다.

이와 같은 맥락에서 18세기 영국의 정치가이자 철학인 필립 체스터필드는 "십중팔구는 감정이 이성을 지배한다."고 말했다. 이러한 감정에 대해 이성이라는 장치를 숨 돌릴 틈 없이 주입하여 무차별적으로 감정을 공격하는 것은 당연히 화를 자초할 수밖에 없다. 이성의 입장에서 감정을 다스려야 할 대상이 아니라 조화시켜야 대상이다. 따라서 감정과 관련하여 우리는 프랑스 철학자 장 자크 루소의 명언을 음미해 볼 필요가 있다.

"이성이 인간을 만들어낸다고 하면, 감정은 인간을 이끌어 간다."

절대로 쉬운 성공은 없다

요즈음 광고를 보면 자주 등장하는 말은 '빨리'와 '쉽게'다. 요즈음 우리는 모든 것을 '빠르고' '쉽게' 얻으려 한다. 땀 한 방울, 눈물 한 방울 없이 성공하려고 한다.

그러나 현명한 사람들은 그렇지 않다. 그들은 인생에서 중요한 것은 쉽게, 빨리 얻어지는 결과가 아님을 잘 알고 있다. 값진 결과일수록 '고된' 일과 '실수'와 '자기희생'에서 비롯되는 경우인 것을 잘 알고 있다. 현명한 사람들은 열심히 일하는 것을 고역이라 생각하지 않는다. 이것이 바로 우리가 배워야 할 점이다. 일은 '힘든 것'이 아니라, 우리의 생활에 활력과 즐거움을 안겨주는 훌륭한 것이다.

또 하나, 우리가 반드시 기억해야 할 것이 있다. '열심히 일하는 것'이 당신의 임무라는 점이다. 일은 할 만 한 가치가 있으며, 그 일을 할 때는 최선을 다할 때 만족감을 얻을 수 있다.

행운아라고 해도 늘 성공할 수는 없는 것이다. 누구나 한 번쯤은 실패를 경험한다. 지금까지 줄곧 평안했다고 해서 앞으로도 영원히 그럴 것이라고 생각해서는 안 된다. 실패란 언젠가는 찾아오게 마련이다.

실패가 주는 타격은 누구에게나 똑같이 참혹하지만 그 결과는 사람에 따라 전혀 다른 모습으로 나타난다. 어떤 사람은 절망의 나락(奈落)에 빠져 죽을 날만 기다리며 다시는 산꼭대기에 올라 태양을 볼 생각을 하지 않는다. 상처는 서서히 아물어가지만 맥박은 점점 희미해지고 "무엇보다 큰 슬픔은 죽어버린 마음"처럼 희망이 없고 절망이라고 얘기한다.

반면 어떤 사람은 상처를 딛고 꿋꿋하게 일어나 하늘을 본다. 상처에서는 여전히 피가 흐르지만 마음의 고통은 점점 고조된다. '죽다 살아난' 꿋꿋한 생명력으로 다시 도전하려고 일어선다. 세상에 순조롭기만 한 일은 절대 없다. 실패를 거듭하고 몇 번의 도전을 통해 승리에 이르는 것이다. 한 번의 실패 앞에서 힘없이 무너지는 사람이야말로 진짜 실패자라고 할 수 있다.

성공과 실패는 인류 발전의 두 축으로, 실패는 성공을 이끈다. 그 둘은 아주 작은 차이일 뿐이며, 실패가 우리에게 가르쳐 주는 것은 마지막까지 노력을 포기하지 말라는 것이다.

에디슨은 수만 번의 실험을 했다. 실패를 거듭하면서 그는 더 많은 것을 깨달아갔다. 수천 번의 시도와 착오 끝에 최고의 발명왕이 될 수 있었다. 따라서 그에게 수많은 실패는 999번의 쓸모없는 방법을 발견한 것일 뿐이었다. 이 위대한 과학자는 자신의 '거듭된 실패와 도전'의 경험 속에서 소중한 경험을 얻었던 것이다. 그는 우리에게 이런 교훈을 들려준다.

"실패 역시 나에게 필요한 것이다. 성공과 실패는 똑같은 가치를 지닌다. 나는 쓸데없는 모든 방법을 알고 난 후에 비로소 잘 할 수 있는 방법을 알 수 있었다."

영국의 물리학자 윌리엄 톰슨은 세계의 최초의 대서양 해저 전력 케이블을 건조했는데 한 달 반 가량을 쓰고 나니 고장이 나버렸다. 다시 7년 동안 전력 케이블을 새로 설치했지만 중간까지 가다가 그만 갑자기 끊어져 버렸다. 수십만 파운드를 투자하여 9년 동안 들인 노력이 한순간에 물거품이 되고 만 것이다. 마치 바보가 돈을 대서양에 던져버린 꼴이 되었다. 그러나 톰슨은 사장을 설득해 다시 한번 '바보'가 되자고 했고 결국은 성공했다. 톰슨은 말년에 이렇게 말했다. "50년 과학 발전을 위한 나의 분투를 가장 잘 대표할 수 있는 말이 있다면 바로 '실패'다."

라이트 형제가 나오기 전, 많은 발명가들이 비행기 발명의 아주 가까운 단계까지 갔다. 라이트 형제는 다른 사람이 실패했던 곳에서 한 걸음 더 나아가 성공했을 뿐이다. 우리가 포기하지 않는 이상 실패는 없다. 성공은 끝까지 포기하지 않고 끊임없이 도전하는 자의 것이다.

미국의 유명한 실업자이자 해머(Armand Hammer)의 이야기를 들려주고자 한다. 해머는 목표를 한 번 세우면 끝까지 해내는 정신의 소유자였으며 이런 정신이 그에게 부와 명예를 가져다주었다.

1969년 해머는 리비아 땅을 밟게 되었다. 리비아의 국왕 아드리스 1세는 해머를 맞으며 "이슬람교도인 당신이 리비아에 와서 기쁘다"고 말했다. 이는 해머라는 세계적으로 유명한 인물에 대한 존경과 환영의 표시였다.

리비아에 도착한 후 해머는 미국이 군사기지를 유지하기 위한 원조 외에 다른 재정원조가 없다는 것을 알았다. 일찍이 이탈리아가 점령하고 있던 기간에 무솔리니가 석유 개발을 위해 천만 달러를 쓰고 빈손으로 돌아간 적이 있었다. 에쏘석유공사 역시 수백만 달러를 썼지만, 유전을 발견하지 못하고 철수하고 말았다. 그밖에 석유회사 쉘도 5천만 달러의 개발비를 쏟아부었지만 석유는 나오지 않았고, 프랑스 역시 리비아에서 재미를 보지 못했다.

하지만 많은 사람들이 리비아에 흥미를 가졌지만 이 땅이 노다지일지 모른다는 기대를 버리지 않았다. 해머가 리비아에 왔을 때는 리비아 정부가 2차 조차지(租借地: 다른 나라에서 일시적으로 영토의 일부를 빌리는 일) 양도 협상을 진행하던 때였는데, 거론된 조차지는 대부분 다른 회사에서 개발을 하다가 포기한 지역이었다. 석유가 나오지 않으면 조차지의 일부를 리비아 정부에 반환해야 하는 조건이었다.

협상이 시작된 후 9개 나라의 40개 회사가 입찰에 참가했다. 대부분 자금력이 대단한 에쏘, 모빌, 쉘 같은 서방의 일류 석유회사였고 해머 같은 서방의 석유회사가 두 번째 그룹으로 형성했는데 규모는 작지만 작업 경험이 풍부했다. 세 번째 유형은 투기적인 하청회사로 목표를 이루면 곧 팔아 치워 그사이에 이득을 취하였다.

해머는 아드리스 국왕과 개인적으로 좋은 관계를 유지하긴 했지만, 회사의 실력에는 한계가 있었다. 해머와 황급히 달려온 이사들이 협상 추이를 분석하고, 네 개의 조차지에 신청을 했다. 해머는 그중 두 곳을 얻었다. 하나는 쉘 등 몇 개의 회사가 만든 그룹이 석유가 나올 희망이 없다고 포기한 곳이고 다른 하나는 모빌사가 100만 달러를 쏟아부었지만 빈손으로 철수한 곳이었다.

해머는 두 곳 모두 만족스럽지 않았다. 그러나 이미 적지 않은 자금을 들였기 때문에 유전 개발을 착수할 수밖에 없었다. 처음에 작업한 세 유정 모두 석유가 나오지 않았다. 서방석유공사의 두 번째 대 주주인 리드가 리비아에서 철수할 것을 주장했다.

"이곳은 우리같이 작은 회사가 있을 곳이 아니요. 벌써 500만 달러를 버리지 않았소. 얼마나 더 버틸 수 있겠소?”

그것은 경험에서 나온 말이었다. 작은 회사가 큰 자본을 써가며 희망도 없는 땅에 매달릴 수는 없었다. 그러나 해머의 직감은 이곳을 포기할 수 없게 만들었다.

몇 주 후 서방석유공사는 몇몇 대석유회사가 포기하고 간 땅에서 석유를 퍼 올렸고, 이어서 8개의 유정을 계속 팠다. 이곳에서는 질이 좋은 원유를 매일 10만 통씩 생산할 수 있었다. 더욱이 유전이 수에즈 운하의 서쪽에 있어, 생산한 석유를 지중해와 지불로터 해협을 거쳐 10일 안에 유럽국가로 운송할 수 있는 이점이 있었다.

해머의 운은 여기서 그치지 않았다. 두 번째 조차지에서도 석유가 쏟아져 나왔다. 그로 인해 해머의 서방 석유회사는 리비아 최대 유전의 주인이 된 것이었다.

우리는 해머에게서 ‘목표를 정하고 끝까지 노력을 포기하지 않는 집념’을 배울 필요가 있다. 수박 겉핥기식으로 조금 해보다 문제에 부딪히면 포기해 버리는 식으로 성공은 요원하다.

10
실패는 우리를 단련시키는 엄격한 시험이다

실패는 우리를 단련시키는 엄격한 시험이다
최선을 다하라, 최선의 이익이 돌아온다
사물의 이름을 정확하게 말하고 쓰는 것
인생의 지름길, 대부분은 위험하다
언제 어디서나 진심은 통한다
말하는 것의 두 배는 듣도록 하라
감사한 마음은 겸허한 마음에서 나온다
유대인은 머리 속에 문화를 지니고 다녔다

실패는 우리를 단련시키는 엄격한 시험이다

옛날 지혜롭고 총명한 왕이 대신들을 소집해서 '고금지혜록(古今智惠錄)'을 만들게 하고 그것을 자손들에게 남기고자 했다. 대신들은 오랜 연구 끝에 열두 권의 대작을 완성했다. 왕이 너무 두꺼우니 줄이라고 하자 대신들은 또 오랜 노력을 기울여 한 권의 책으로 만들었다. 그럼에도 왕은 만족하지 않고 너무 길다고 했고 한 페이지, 한 단락으로 줄여나가다가 마지막에는 한 문장으로 완성했다.

총명한 왕은 그제서야 비로소 만족하면서 "이것은 영원한 진리의 결정이다. 전국 각지의 사람들이 이 진리를 깨닫게 되면 모든 문제를 해결할 수 있을 것이다."라고 말했다. 그 문장은 "세상에 공짜는 없다."라는 문장이었다.

책임감 있는 사람이라면 이 말에 백번 공감할 것이다. 일하지 않고서는 수확을 얻을 수 없으며 성공의 길을 걸으려면 땀을 흘려야 한다. 또한 용감하게 좌절과 실패를 직시해야 한다.

실패에서 배우는 교훈은 성공을 향한 발판이 되어 준다. 성공한 사람들의 환경을 관찰해보면 그들의 배경이 각기 다르다는 것을 발견할 수 있다. 대기업의 사장, 정부의 고위 관리와 여러 분야의 유명인사들 중에는 가난하고 어려운 가정 출신이 많이 있다. '실패'한 사람, '평범'한 사람, '성공'한 사람을 서로 비교해보면 능력, 사회적 배경, 국적 등 개관적인 조건은 모두 비슷하다. 한 가지 차이가 있다면, 바로 좌절을 경험했을 때의 반응이다.

'실패'는 넘어질 때 다시 일어나려는 용기를 가지지 못한다. 그저 땅에 누워 자기 운을 탓한다. '평범'은 땅에 꿇어앉아 두 번 다시 타격을 받지 않기 위해 평탄한 길을 찾아 도망치듯 피하려 한다. 그러나 '성공'의 반응은 다르다. 넘어지자마자 반사적으로 즉각 일어나며 동시에 이 소중한 경험을 받아들이고 앞을 향해 전력투구한다.

뛰어난 업적을 이루어 놓은 사람치고 시련을 겪지 않은 사람은 없다. 그러나 그들 모두 끝까지 견디고 이겨냈기 때문에 결국 찬란한 성과를 거둘 수 있었다.

세상 어디에도 노력하지 않고 얻을 수 있는 일은 없다. 만약 좌절과 실패를 이용해서 자신을 한 단계 발전시킬 수 있다면 분명 자신의 이상을 실현할 수 있을 것이다. 우리는 실패를 승리로 바꿀 수 있다. 좌절에서 교훈을 얻을 수 있으며 그것을 잘 이용한다면 실패에서 좌절하지 않고 오히려 태연하게 대처할 수 있다.

실패의 책임을 운명 따위에 전가하지 말고 실패의 원인을 철저하게 분석하고 연구하여야 한다. 내 인생에 뜻하지 않는 시련을 당하고 화가 미칠 수 있으나 우리는 그것에 대해 방관자가 아니라 전화위복(轉禍爲福)의 기회로 삼고 일어서야 할 것이다. 전화위복이 당장은 어렵더라도 그것에 너무 연연해서 급하게 서두를 것이 아니라 가던 길을 멈추고 잠깐 쉬고, 숨을 고르듯 내 마음의 여유를 가져야 할 것이다. 뭔가 부족해서 실패가 된 것임을 깨닫고 한 수 배워야 할 것이다. 아마 수양이 부족하거나 아직 나의 때가 아니었기 때문일 것이다.

일반적인 상황에서 '실패'라는 말은 부정적인 말이지만 이 말에 새로운 뜻을 부여할 필요가 있다. '실패'와 '잠깐의 좌절'의 차이를 비교해보자. 또한 지금 실패라고 여기는 일이 사실은 '잠깐의 좌절'은 아닌지, 그리고 이런 '잠깐의 좌절'이 일종의 행복이 아닌지를 생각해 보자. 왜냐하면 '잠깐의 좌절'은 우리를 분발하게 하고 우리가 노력해야 할 방향을 조정하여 더 나은 방향을 향하게 하고 전진하도록 하기 때문이다. 잠깐의 좌절이든, 역경이든 거기에서 어떤 교훈을 배울 수 있다면 그것은 더 이상 실패가 아니다. 그리고 우리는 실제로 거기에서 값진 교훈을 배울 수 있다.

좌절은 '침묵의 언어'라고 말하기 때문에, 우리는 잘 알아듣지 못한다. 만약 그렇지 않다면 우리는 똑같은 실수를 범하지 않을 것이며 또한 이런 착오에서 배우고 터득한 교훈을 얻을 수 없었을 것이다. 좌절을 실패라고 받아들일 때 좌절은 비로소 파괴적인 힘이 된다. 만약 좌절이 우리를 가르치는 교사라 생각한다면 그것은 장차 성공의 디딤돌이 될 수 있다.

실패는 대자연의 계획이다. 이런 실패를 통해 우리를 시험하고, 미래를 준비하게 한다. 실패는 대자연이 우리에게 주는 엄격한 시험이다. 그 시험을 통해 우리는 더욱 단련되어 강도 높은 이용에 견뎌낼 수 있고 자신을 더욱 큰 그릇으로 만들어져서 사용되게 된다.

개인이나 기업이나 국가나 모두 어려움과 좌절을 겪게 마련이다. 그러나 좌절이 곧 실패는 아니다. 포기할 때 비로소 실패가 되는 것이다. 좌절에서 얻은 교훈을 잘 이용하기만 하면 성공을 향해 나갈 수 있다. 그러므로 실패만큼 좋은 스승은 없다.

유대인들은 기쁘고 영광스런 날을 기념할 뿐만 아니라 패배한 날이나 굴욕스런 날도 기념하고 있다. 패배를 기억함으로써 새로운 힘이 생겨난다고 믿고 있기 때문이다. 많은 민족들이 승리한 날만을 기억하고, 실패한 날을 잊어버리려고 노력한다. 그러나 실패를 잊어서는 안 된다. 실패는 너무나 귀중한 교훈인 까닭이다.

유대인의 명절 가운데 가장 큰 명절은 '유월절'이다. 옛날 유대인이 이집트 노예로 잡혀 있다가 해방되어 이스라엘 땅으로 되돌아온 것을 기념하는 날이다. 온 세계에 있는 유대인 지역사회에서는 이날을 기념한다.

유대인들이 모세의 인솔에 따라 사막을 건너 이스라엘 땅에 도착했던 것은 아주 옛날의 일이다. 하지만 오늘날에도 역시 유월절을 기념할 때마다 유대인은 이집트 노예로 있을 때에 먹던 '맛소'라고 하는 누룩 없는 빵을 그날 밤에 먹는다. 이것은 유대 민족이 받았던 굴욕을 다시 맛본다는 의미를 지니고 있다.

유월절은 축제의 날이다. 하지만 바로 그날, 유대인들이 이집트에서 노예로 붙잡혀 학대받고 모욕받았던 그 체험을 부모는 아이들에게 이야기해 주는 것이다. 유월절 만찬 때마다 그들은 몇천 년 동안 정해진 음식을 먹어왔다. 예를 들면 유월절 식탁에는 쓴맛을 지닌 잎사귀가 올라온다. 이런 쓴맛을 지닌 잎사귀(쓴나물, 출12:8)는 축제 음식으로 어울리지 않는 음식이지만 옛날 겪었던 패배의 쓴맛을 맛보기 위해서 내어놓는다. '맛소'라는 빵(무교병)도 그러하다. 식탁에는 반드시 단단하게 찐 계란이 나온다. 그리고 마지막에 '아라차'라고 하는 술을 마시는데 이것은 최후의 승리를 의미하고 있다.

그럼 왜 찐 달걀을 먹는 걸까? 다른 식품은 찔수록 물러지지만 계란은 찔수록 단단해지기 때문이다. 고난을 만날수록, 패배를 거듭할수록 강해진다는 뜻이 담겨져 있다.

어떤 문제에 대해서 어떻게 행동하는가를 배우자면 실제의 행동을 통해서 배우는 수밖에 없다. 인생에서는 성공하는 일이 있는가 하면 실패하는 일도 있다. 성공한 일만 기억하고 있는 사람은 또다시 실패하기 쉽다. 성공은 사람을 오만하게 만든다. 그러나 실패는 사람을 긴장시키고 경계하도록 만든다. 그런 뜻에서 실패는 좋은 스승이다. 많은 대가를 치르고 배운 것은 쉽게 잊어버리지 않을 것이다. 사람은 스스로의 체험을 통해서 배우게 된다. 한번 실패했다고 해서 부끄러운 것은 없다. 그러나 두 번, 세 번 실패를 되풀이하면 부끄러워해야 한다. 그러므로 실패는 과거로 돌려버리고 미래라는 공간에는 성공을 받아 들여야 한다.

실패의 체험을 익혀 둔다는 것은 매우 중요한 일이다. 우리는 흔히 괴로울 때는 즐거웠던 때를 생각해 내지만, 즐거울 때에는 괴로웠던 과거를 잊어버리기 쉽다.

배운다는 것은 고통을 함께하는 것이다. 고통을 다시 생각해 내는 것도 배워야 한다. 실패를 잊고자 하는 것은 사람의 본성이기에 실패는 그 충격이 크면 클수록 언제나 기억하도록 해야 한다. 미래에 기다리고 있을지도 모르는 실패는 불유쾌한 것이지만 과거의 실패는 도움이 되는 것이다.

최선을 다하라,
최선의 이익이 돌아온다

"나를 둘러싸고 있는 환경이 어떤가? 지금 내가 처해 있는 상황은 어떤가?" 그것은 우리 인생에 그렇게 큰 문제는 아니라고 본다. 문제는 내가 최선을 다하고 있는가? 최선을 다하라는 격언은 흔하게 듣고 있지만, 이것처럼 실천으로 옮기기 힘든 격언도 드물다. 여기서 최선을 다한다는 것이 진정으로 어떤 것인지 살펴보도록 하자.

누군가 최선을 다하지 않았다면 우리가 만나지 못했을 작품이 있다. 누구나 한 번쯤은 제목으로라도 접해봤을 작품이다. 비비안 리와 클라크 케이블 주연으로 유명한 영화「바람과 함께 사라지다」가 그것이다.

"내일은 내일의 태양이 뜬다."라는 유명한 대사로도 잘 알려진 이 영화는 1939년에 첫 번 상영되었으며 그해 아카데미 11개 부문의 수상기록도 가지고 있다. 1980년대 우리나라 개봉관과 재개봉관에서 심심찮게 상영되어 올드팬들의 향수를 달래주기도 했는데, 놀라운 것은 인플레이션을 감안 했을 때 이 작품이 북미 전 지역에서 아직도 흥행 1위를 차지하고 있다는 점이다. 「타이타닉」은 6위이고, 2위는 「스타워즈 에피소드4」이다. 이 영화의 원작은 1936년 애틀란타에 살던 마가렛 미첼이 썼다. 여기서 하고자 하는 이야기는 이 작가와 관련된 것이다.

마가렛 미첼은 원래 저널리스트를 꿈꾸던 아가씨였다. 하지만 낙마 사고로 발목을 다쳐 그 꿈을 접을 수밖에 없었다. 저널리스트의 꿈을 포기한 그녀는 대신 문학에 매진해 10년 만에 1,000페이지가 넘는 대작을 완성하기에 이른다. 이것이 그녀의 첫 장편이자 마지막 작품이 된 『바람과 함께 사라지다』다. 이 작품은 자칫하면 출판이 되지 않을 뻔했다. 이유는 작품 분량이 너무 많다는 데 있다. 1929년 대공황 발발 이후 불황이 만성으로 접어들던 시대였던 탓에 어떤 출판사도 그만한 분량을 출판할 모험을 감행할 수 없던 것이다. 하지만 더 큰 이유는 그녀가 무명이었다는 점이다.

원고는 3년 동안 여러 출판사를 돌며 거듭 퇴짜를 맞았다. 실의에 빠져 있던 그녀에게 실낱같은 희망의 소식이 전해진다. 그것은 당시 미국에서 가장 큰 출판사 중 하나였던 맥밀란사의 사장이 그녀가 살던 애틀란타로 온다는 소식이었다. 그가 여장을 푼 호텔에 접근조차 할 수 없었던 그녀는 사장이 애틀란타를 떠나는 시각을 확인한 후 기차 플랫폼에서 기다렸다.

맥밀란 사장이 탄 기차가 막 떠나려는 순간 그녀는 객실 안으로 원고뭉치를 던져 넣었다. 원고를 돌려받지 않기 위해서였던 것이었다. "꼭 읽어주십시오!"라는 말도 객실 안으로 던져 넣었지만 일정을 끝내고 돌아가는 사장의 피곤한 눈에 그런 원고가 들어올 리 없었다. 원고는 선반 위에 그대로 방치되었다.

그런데 기차가 다음 정거장에 도착했을 때 사장에게 마가렛 미첼의 전보가 도착한다. "원고 읽어보셨습니까? 안 읽으셨으면 첫 페이지라도 읽어 주세요." 이 후 사장은 그녀의 전보를 세 번이나 더 받는다. 그때서야 비로소 사장은 "도대체 이렇게 끈질기게…." 하며 원고를 읽기 시작했고 뉴욕에 도착할 때 쯤엔 어느덧 출판의 결심이 서게 된다. 결과는 대성공이었다.

출판이 되기까지 마가렛 미첼이 보인 모습은 거의 집착에 가까운 광기라고 할 수 있다. 그녀는 10년 동안 썼으며, 3년의 퇴짜에도 굴하지 않았고, 원고를 객실로 던져 넣은 것만으로 끝이라 생각하지 않았던 것이다. 그야 말로 최선의 끝을 본 셈이다.

"최선을 다하라. 그렇게 할 때 최선의 이익이 돌아온다."는 세계적 동기부여가 지금 지글러의 명언은 그녀에게 꼭 맞는 말이었다.

하지만 이처럼 최선을 다하기 위해서는 무엇보다도 자신의 능력에 대한 무한한 믿음이 필요하다. 자신에 대한 믿음이 바탕이 되지 않고는 이 같은 최선을 다할 수가 없을 것이기 때문이다. 그러면 이런 믿음은 어떻게 생기는 것일까?

철학자 새뮤얼 F. 키서는 "믿음이란 온 힘을 다해 노력하는 것이며, 어떤 상황도 불사하는 힘이다."라고 말했다. 믿음이란 최선을 다하는 것에서 온다는 뜻이다. 마가렛 미첼은 자신의 능력에 대한 믿음을 갖고 최선을 다해 성공의 결실을 얻었다. 이는 뒤집어 말하면 최선을 다해야만 믿음이 생긴다는 진리와 상통한다. 최선을 다하는 것과 능력에 대한 믿음은 이처럼 서로에게 깊이 의지하고 있다.

마가렛 미첼은 커서의 말처럼 10년 동안 글을 썼으며(온 힘을 다한 노력), 플랫폼에서 기다렸다가 원고를 던져 넣고는 전보를 쳤으며(과감한 모험), 3

년 동안의 퇴짜에도 불구하고 굴하지 않았다.(어떤 상황도 불사) 미첼이 자신의 능력은 믿지 않고 어느 순간 좌절했다면 결코『바람과 함께 사라지다』는 빛을 볼 수 없었을 것이다.

"무엇이 자신에게 최선인가를 알고 있는 것은 자신뿐이고, 그것을 손에 넣기 위해 의지할 수 있는 것 또한 자신뿐이다."라고 말한 심리학자 엘레노어 S. 필드의 지적은 무명작가에 불과 했던 마가렛 미첼을 통해 탁월하게 증명된다. 결국 무엇이 최선의 길인가는 우리 자신이 더 잘 알고 있다. 또 모든 최선은 자신에 대한 믿음에서 시작된다.

사물의 이름을
정확하게 말하고 쓰는 것

공자의 『논어』 정언(正言) 편에 제자가 공자에게 "정치의 요체(要諦)가 무엇입니까?" 다시 말하면 "정치의 핵심이 무엇입니까?"라고 묻자 공자는 제자의 물음에 대해. "사물의 이름(명칭 또는 명분)을 정확하게 쓰고 말하는 것이다."라고 대답했다. 다시 말하면 검은 것은 희다고 할 것이 아니라 검다고 해야 하고, 악은 선이 아니라 악이라고 칭해야 하고, 사슴은 말이 아니라 사슴이라고 불러야 하고 말은 사슴이 아니라 말이라고 칭해야 하고…, 이처럼 모든 형태나 성격이나 관계나 형상의 본질을 정확하게 인식하고, 그 실체를 정확하게 표현하는 언어를 사용해야 인간 상호간의 생존에서 혼란을 예방할 수 있고. 또한 그 사고(思考)의 주체인 개인의 의식에 괴리가 생기지 않는다. 다시 말하면 '검은 것은 검고, 흰 것은 희다' 예(yes)면 예, 아니면(no)아니오로 어떤 처지, 경우를 막론하고 바르게 말하여야 한다.

이런 사실은 구약성서의 그 유명한 바벨탑 이야기에 잘 표현되고 있다. 사람들이 분수를 모르고 하늘나라를 넘보면서 서로 말하되 "자, 우리가 벽돌을 만들어 견고히 굽자 하고 이에 벽돌로 돌을 대신하고 역청으로 진흙을 대신하여 성읍과 탑을 건설하자." 그리고 그 탑 꼭대기를 하늘에 닿게 하여 우리 이름을 내고 온 지면에 흩어짐을 면하자고 의견을 모았다.

여호와께서 건방지고 교만한 인간들을 꾸짖기 위하여 사람들이 건설하는 그 성읍과 탑을 보려고 내려 오셨다. 여호와께서 이르시되 "이 무리가 한 족속이요 언어(말)도 하나이므로 이 같은 일을 도모하기 시작하였으니 이 방자한 일을 그대로 두면 사람은 더 불행한 일을 면치 못할 것이다. 자, 이 교만 방자한 인간들의 행위를 꾸짖기 위해 우리가 내려가서 그들의 언어를 혼란하게 하자." 서로의 말을 주고받지만 소통이 안 되면 결국 인간들은 혼란 속에 흩어질 것이다. 그들이 서로 말은 하되 말의 뜻이 달라 알아듣지 못해 답답한 것이 문제가 아니라 도저히 함께 할 수 없어 온 지면에 흩어지게 될 것이고 바벨탑은 더 이상 건설할 수 없고 도시를 건설하는 일은 그것으로 그칠 것이다. "그 이름을 바벨이라 하니 이는 여호와께서 거기서 온 땅의 언어를 혼잡하게 하셨음이니라, 여호와께서 거기서 그들을 온 지면에 흩으셨더라."(창 11:11~19)

이집트의 피라미드보다 훨씬 앞서 세워진 고층의 건축물이 있다면 그것은 바로 '바벨탑'이다. 바벨탑은 세계에서 가장 유명한 고대의 건축물일 뿐 아니라 성서가 사라지지 않는 한 앞으로도 영원히 유명할 것이다.

인간들이 자신의 이름을 떨치기 위해서 하늘에 닿을 만큼 높은 탑을 짓기로 하는데, 신이 인간의 오만함을 벌(罰)하여 서로 말을 알아듣지 못하게 했고, 결국 탑을 끝까지 쌓지 못한 채 사람들은 온 세상에 흩어졌다는 내용이다. 그러나 이 이야기를 신의 권위에 도전하는 인간의 오만함으로만 해석한다면 좀 아깝다는 생각이 든다.

바벨탑을 쌓으려 했던 이들은 노아의 후손이었다. 하나님은 "내가 너희와 언약을 세우리니 다시는 모든 생물을 홍수로 멸하지 아니할 것이라"(창 9:11)고 분명히 말씀했음에도 그들은 대홍수에 대한 대비책으로 높은 탑을 쌓으려고 했다. 신의 입장에서 괘씸했을 것이다. 하나님은 "다시는 대홍수를 내리지 않겠다."고 약속했는데 그들은 그 언약을 불신한 것이다. 그래서 그 벌로 서로 말을 알아듣지 못하게 했다. 사실 말이 통하지 않아도 건축물을 쌓는 것이 불가능하진 않았을지도 모른다. 그러나 성서가 전하려는 주제는 왜 바벨탑이 실패했느냐가 아니라, 한데 모여 살던 인간들이 어쩌다 세계 곳곳으로 흩어지게 됐었느냐이다. 그 이유는 성서에 따르면 '서로 말을 알아듣지 못해서'이고 그것은 신에게 받은 벌이었던 것이다. 그리고 이 장면은 역설적이게도 인류가 이룬 문명의 힘이 무엇으로부터 시작하는지를 알려주는 것이다. 바로 '소통'이다. 인간과 하나님과의 소통이다. 하나님과의 소통이 되지 않는 상황아래 사람과 사람 사이에 무슨 대화가 통하겠는가? 어떻게 뜻을 모을 수 있다고 생각하겠는가?

〈창세기〉에 따르면 그때 세상은 '온 땅의 언어가 하나요, 말이 하나'였다고 한다. 상상만 해도 참 멋지지 않은가? 그래서 아르헨티나의 설치미술가 마르타 마누힌은 바벨탑에 대해 이와 같은 해석을 내놓은 적이 있다. "모든 예술가들의 꿈, 모두 같은 언어를 사용하고 내부 갈등이 없는 곳."이라고 말했다.

바벨탑을 모두가 하나의 언어를 사용하고 말이 통해서 갈등이 없는 곳으로 해석한 것이다. 하나님과 사람이 소통하고 모두가 소통할 수 있는 곳이야말로 이상향이라고 할 수 있을 것이다.

인생의 지름길, 대부분은 위험하다

우리나라 고전 가운데 제일 많은 독자를 보유하고 있는 책 중에 하나가 중국역사 소설 삼국지(三國志)가 아닌가 하는 생각이 든다. 삼국지는 너무나도 유명하여 많은 사람들이 몇 번씩 즐거운 마음으로 읽고 또 읽어 그 내용을 잘 아는 고전 이야기로 우리나라 국악 판소리 다섯마당 가운데 '적벽가' 있을 정도니 더 말할 필요가 없지만 오는 몇 가지만을 살펴보고 교훈을 얻고자 한다.

삼국시대 동오의 명신(名臣) 주유(侏儒)는 유비를 제거하기로 결심하고, 곰곰이 생각한 끝에 한 가지 묘책을 낸다. 손권(孫權)의 여동생과의 혼담을 빌미로 하여 유비를 속여 데리고 온 후 죽인다는 계책이었다. 그래서 주유는 손권과 모의 한 후 촉에 사람을 보내 혼담을 꺼냈다. 동오에서 혼담을 위해 사자를 보내자 제갈량은 무슨 꿍꿍이속인지 즉각 알아차렸다. 단번에 혼담을 받아들이고는 유비에게 손견(孫堅)의 사위가 되라고 한 뒤, 조운

(朝雲)을 함께 보냈다. 떠날 때 제갈량은 조운에게 세 가지 묘책을 주었다.

유비 일행이 동오에 도착하자 조운은 500명의 군사를 불러 유비가 동오에 온 것은 손권 여동생과 결혼하기 위해서라고 소문을 퍼뜨리게 했다. 반나절이 지나자 그 결혼 소식은 온 도시에 퍼져 나가 가는 곳곳마다 사람들의 입에 오르내렸다. 손권의 어머니 오국태(誤國太)는 그 소식을 듣고는 화가 나서 손권에게 어찌된 일이냐고 물었다. 그때서야 손권은 주유의 작전이라고 말했다. 하지만 오국태는 손권을 호통치며 이렇게 말했다.

"못난 놈, 오죽 지혜가 없으면 네 동생을 미끼로 미인계를 쓰려 하느냐? 네가 유비를 죽이면 그 애는 시집도 못간 채 과부가 될 텐데 뒷날 누구와 혼인을 시키겠느냐?" 다음날 오국태가 유비를 만났는데 그의 인물 됨됨이를 보고 좋아하며 "정말 내 사위로구나!"라고 말했다.

혼례식 날, 주유는 사람을 감로사에 보내 암살을 계획하고 피로연에서 유비를 죽이려 했다. 그러나 유비가 오국태에게 주유의 음모를 알려주자 오국태는 화가 나서 분통을 터트렸다. 어머니가 화내는 모습을 보고 손권은 계획을 취소할 수밖에 없었다.

그 후에도 손권과 주유는 여러 계책을 세워 유비를 죽이려 했다. 그러나 유비는 제갈량이 전해준 묘책으로 위기 상황을 슬기롭게 극복할 수 있었다. 더욱이 오라버니 손권이 자신을 이용했음을 안 손부인은 확실히 유비와 결혼함으로써 완전히 유비의 사람이 되었고, 그들은 안전하게 촉으로 돌아갈 수 있었다.

반면 유비를 죽이기 위해 갖은 책략을 쓰던 손권은 매번 실패의 쓴맛을 경험해야 했다. 그때 제갈량이 주유에게 편지를 한통 써 보냈다. "당신의 묘책으로 천하가 편해졌는데, 당신이 얻은 것 없이 천하의 웃음거리만 되었구려." 제갈량의 편지를 읽은 주유는 너무나 화가 난 나머지 피를 토하고 쓰러졌다.

주유의 '미인계'는 전형적인 '양날의 칼'이다. 성공하면 대단한 묘책이 되지만 실패하면 웃음거리가 되고 만다. 승산이 얼마나 되는지 곰곰이 생각해보라. 제갈량은 이런 위험한 길을 절대로 가지 않는다.

얄팍하게 머리를 쓰다보면 종종 대사를 그르치게 되는데, 그럼에도 얕은 꾀를 부리는 까닭은 지름길로 가기 위해서이다. 지름길로 가려는 것은 어쩌면 인간의 본능이다. 누구든지 적은 노력으로 더 빠른 방식으로 자신의 목적을 달성시키고 싶지 않겠는가? 불행한 것은 지름길은 대부분 위험하다는 것이다.

현대인들의 지혜와 전략에 대한 비결은 극에 이른 상태다. 서점에는 무슨 비결이니, 전략이니, 비법전수니 하는 책들이 즐비하다. 중국 역사에서 사람들에게 가장 광범위하게 받아들여지는 것은 권모술수다. 또한 서양에서 들어온 많은 책들 역시 실용적인 전략서로 읽히고 응용되고 있다. 사람들은 카네기의 책에서 인간관계를 다루는 처세를 배울 뿐, 성실하고 선량한 사람이 되기 위해 행동으로 옮기는 자는 아주 극소수이다.

오늘날 사람들은 지적인 면에서 왜 후퇴하는 것일까? 왜 선한 성품이 인간의 근본이며 지혜로움의 표상으로 보지 않고, 지혜와 기술을 하찮게 여겨, 이것으로는 큰일을 이룰 수 없다고 보는 것인가?

지혜와 기술에 대해 분명히 알아야할 것은 교활함이란 일종의 모험이며, 그것이 가져오는 이익과 손해 중 어느 것이 큰지는 쉽게 판단할 수 없다는 점이다. 지혜와 기술로 남을 교활하게 이용하는 것은 양날의 칼을 가지고 춤을 추는 것과 같다. 진정 지혜로운 사람이라면 이런 위험한 일에 목숨을 걸지 않는다.

언제 어디서나 진심은 통한다

지혜와 권모술수에 있어서 고금을 통틀어 제갈량만한 사람이 있을까? 그러나 지혜와 전략의 화신인 제갈량은 오히려 '죽을 때까지 나라를 위하여 온힘을 다한' 사람으로, 오직 유비만을 섬기며 절대적인 충성을 보여주었다.

유비의 삼고초려 후 제갈량은 은거생활을 청산하고 유비의 연이은 실패와 조조 대군의 남벌의 위험 속에서, 동오로 유세(遊說)를 가서 손권과 유비의 연합을 추진하여 그 유명한 적벽대전(赤壁大戰)의 승리를 거두었다. 이후 유비를 보좌하여 형주를 얻고 익주(益州)를 빼앗았다. 유비가 황제가 되자 그는 승상이 되어 법으로 촉나라를 다스려 정치와 민심의 안정을 이루었다.

유비는 영안에서 병으로 위독해지자 성도에 있는 제갈량을 불러와 나라의 훗일을 부탁했다. 유비는 제갈량에게 "자네는 재능이 조비(曹丕)보다

열배나 뛰어나니 분명 초나라를 안정시키고 강성하게 하여 천하를 통일할 수 있을 것이네, 만약 유선을 보좌 할 수 없거든 자네가 대신하게나."라고 했다.

제갈량은 울면서 "신이 어찌 감히 최선을 다하지 않을 수 있겠습니까, 군주의 팔이 되겠습니다! 신은 죽을 때까지 대사에 최선을 다하겠습니다."라고 했다.

유비는 안심한 듯 고개를 끄덕이며 아들 유선에게 "이 후에는 승상과 일을 함께하고 늘 아버지처럼 대하라!"라고 말했다.

제갈량은 금사강(金沙江)을 건너 불모의 땅으로 깊이 들어가 남중(지금의 운남, 귀주지역) 호족들의 반란을 평정하고 당근과 채찍을 이용하는 정책으로 촉의 후방을 안정시켰다.

제갈량은 한차례 군대를 이끌고 기산(祁山)을 치고 북벌을 진행하며 조조와 위를 멸망시키고 한왕실을 부활시키려 했으나 병력이 현저히 떨어져 실패하자 이를 마음에 두고 있었다. 가정(街亭)이 함락되자 후주 유선에게 상소하기를 이는 자신이 인재를 잘 쓰지 못한 탓이니 스스로 지위를 3등 강등하겠다고 했다. 후주가 상소를 보고 "군인에게 이기고 지는 것은 늘 있는 일이거늘, 승상은 어찌 이리 지책하는가!"라고 했다.

시중(侍中) 비진(備盡)이 "나라를 다스림에 있어 법을 받드는 것은 대단히 중요합니다. 만약 법이 지켜지지 않으면 어찌 여러 사람을 따르게 하겠습니까? 승상이 전쟁에 패해 스스로 지위를 강등하겠다고 한 것은 옳은 결정입니다."라고 말했다.

비진의 간언(諫言)을 듣고 후주는 제갈량을 우장군으로 강등하고 대신 승상의 일을 대행케 하여 여전히 군대를 지휘 하도록 했다.

제갈량은 장수들에게도 "국가의 미래를 보고 나의 잘못을 기탄없이 지적해 주기를 바라오. 내 과실에 내가 책임져야 한왕실의 위업이 이루어 질 수 있으며 반란의 무리들을 물리칠 수 있는 것이오."라고 했다.

제갈량은 피로가 병이 되어 군영에서 병사 했는데, 지금의 성서성 면현 동남쪽 정군산에 묻어 달라고 유언했다. 분묘는 겨우 관을 겨우 묻을 수 있을 정도로 소박했다.

그는 후주에게 올리는 글에서 이후의 일에 대해 언급했는데 그의 너그럽고 소탈한 마음을 엿볼 수 있다.

"성도에 뽕나무 800그루가 있고 척박한 밭 열다섯 이랑이 있으니 아들 딸들이 입고 먹는 데에는 여유가 있을 것입니다. 내가 외지에서 일하느라 다른 수입은 없었습니다. 먹고 자고 입는 것 전부 공께서 주시었고 다른 것은 하지 않았습니다. 내가 죽은 후에 집에 재산이 많이 쌓이게 하지 마시고, 폐하께 부담이 되지 않게 해주십시오."

제갈량은 생질에게도 "사람이 뜻을 품었으면 숭고하고 원대한 목표를 가져야 한다. 이전의 성현을 추모하고 사욕을 없애라."고 경고했다. 그리고 제갈량은 자기 아들에게는 "군자는 품행을 수향하는 데 전념해야 하며 겸손하게 자기 도덕을 함양해야 한다. 명리(明利)를 추구하며 담담하게 살지 않으면 포부를 드러낼 수 없으며, 안정적으로 전념하지 않으면 원대한 목표에 도달할 수 없다."고 말했다.

고대의 걸출하고 지혜롭고 진실한 사람으로 제갈량을 일컫는다. 제갈량은 총명함과 지혜를 보여주었을 뿐 아니라 한 왕조 부흥이라는 대업에 무한한 충성을 보여주었다. 이런 이유로 사람들이 오늘 날에도 그를 칭송하고 공경해 마지않는 것이다.

동서고금을 통하여 진실은 가장 숭고한 미덕이다. 옛날 로마시대에 저택이나 유명한 공공장소에 신상(神像)으로 장식되어 있는 곳을 흔히 볼 수 있다. 아마도 그런 장식을 하지 않으면 시대에 뒤떨어졌다고 여겼던 것 같았다. 그래서인지 옛날 로마에서는 조각하는 일이 흔한 직업이었던 것이다. 그러나 조각상에도 질적인 차이가 있었다. 조각가도 실수를 하게 마련인데 이때는 초를 이용해서 금이 가거나 구멍 난 부분을 감쪽같이 보수했다. 이 같은 '땜질' 기술이 얼마나 뛰어 났던지 보통사람들은 거의 알아 볼 수 없었다.

그러므로 진짜 완벽한 조각상을 얻으려면 로마의 미술품 시장에 가서 받침에 '초칠하지 않았음' 이라는 명패가 걸린 조각상이야말로 땜질하지 않은, 질 좋은 조각상이다.

우리는 어떤 일을 하든 언제나 진실을 추구하여야 한다. 우리의 진실을 대표하는 사람과 함께 사물을 추구하는 것은 그것이 가장 숭고한 미덕, 즉 '성실과 정직'을 대표하기 때문이다. '성실과 정직'을 결합하면 지혜가 된다. 지혜라는 것은 행위에 있어서 조금의 가식도 없는 지식을 말한다. '인과 법칙'은 한사람이 성실하고 성실하지 않은가를 보여 주는 것이며, 일정한 시간이 지난 후에야 필연적으로 나타나는 결과다. 불성실하게 대처하면 진정한 성공을 거두기 어렵다. 초로 빚은 인형이나 집은 상황에 따라 녹을 수 있다. 그러나 속마음이 성실하지 않은 사람은 결국 진면목이 드러나게 마련이다.

어떤 철학자는 인성의 성실과 진실함을 '심중의 거울'이라고 했다. 그는 사람의 생각은 행동으로 보여 질 수밖에 없으며 이는 일종의 반사라고 했다. 정치가가 중요한 공직 경선에 출마할 때 그의 지지자들은 항상 걱정에 빠진다. 과거에 어떤 불명예스러운 사건이 경선 기간에 다시 제기 되지 않을까 우려해서다.

시장 소매업자들이 거짓말 탐지기의 도움을 받아 직원을 뽑으려 한다는 슬픈 현실의 이야기를 들은 적이 있다. 오늘날 이해관계는 예나 지금이나 변함없는 덕목으로 성실과 정직을 대신할만한 것이 없는 것이다.

돈만 있으면, 또는 연줄이 있으면 직위를 사거나 논문을 살 수도 있다. 학사, 석사, 박사학위까지도 될 수 있다. 그러나 그렇게 해서 얻는 것은 모두 가짜이다. 그러나 존경과 명예는 돈을 주고 살 수 없다. 그것은 오직 성실을 통해서만 얻을 수 있으며 꼼꼼한 조사나 시간의 경과라는 이중 시험에서도 녹아내리지 않는다. '초칠 한 것이 아니기' 때문이다.

교묘하게 간사한 것보다 우둔하지만 성실한 것이 낫다. 만일 제갈량이 그저 전략가일 뿐 충성심이 없었다면 어떻게 간사한 영웅 조조와 다를 수 있겠는가? 연극 무대에서 흰 얼굴로 분장을 한 조조는 줄곧 사람들의 조롱을 받는데 제갈량은 존경을 한 몸에 받고 있지 않은가? 지혜가 제갈량 같고 충성스런 품성을 갖기를 원한다면 중생들이 어찌 '양날의 칼'을 마구 휘두르며 간사하게 굴겠는가? 제갈량은 후인들의 존경을 한 몸에 받고 '제갈공명'이라 일컫는다.

제갈공명에 대하여는 다음과 같은 이야기가 전한다.

명(明)나라 태조 주원장(朱元璋)을 도와 명나라를 세우고 개국 공신으로서 성의백(誠意伯)에 봉해진 유기(劉基)가 천하를 두루 구경하던 중 옛날 촉한 땅에 들어섰다. 역사의 고적과 풍물들을 두루 구경하면서 날이 저물어 어떤 절에서 하룻밤을 쉬게 되었다. 새벽 첫닭이 울 무렵이 되어 잠이 깨었는데, 어디선가 닭 우는 소리가 들려왔다. 유기는 혼잣말로 중얼거렸다.

"인가가 워낙 멀리 떨어져 있어 닭의 울음소리가 들리지 않을 터인데 웬 닭의 울음소리일까?" 아침에 일어난 그는 궁금하여 주지에게 물었다.

"절에서 닭의 울음소리가 들리니 웬일이오?" 주지는 웃음 띤 얼굴로 대답하였다.

"이 절에는 옛날부터 전해 내려오는 보물이 있사온데 그것이 바로 흙으로 빚어 만든 닭이옵니다. 그 닭은 옛 촉한 시절의 제갈공명이 이 절에서 하루 저녁을 지내고 가시다가 기념으로 빚어 놓은 닭이라 하옵는데 공교롭게도 새벽 닭 우는 시간이 되면 영락없이 울어 시간을 알려주곤 합니다."

원래 유기는 제갈공명을 과소평가했었다. 자신은 명태조를 도와 천하를 통일하여 명나라를 세우게 하였는데, 비하여 제갈공명은 겨우 천하를 삼분하는 데 그쳤으니 자신보다 못하면 못하지 절대 나을 것이 없다고 평소 생각하고 있었다. 그런데 공명이 빚은 흙 닭이 오랜 세월이 지난 지금에까지 시간을 맞추어 운다니 새삼 놀랄 일이 아닐 수 없었다. 도대체 흙 닭 속에 무엇을 넣었기에 그토록 신통하게 시간을 맞추어 우는 것일까? 그는 그 속에 무엇이 있는가를 확인해보고 싶은 충동을 느꼈다. 그는 그 흙 닭을 가져오라 하여 팽개쳐 깨뜨렸다. 그 안에서는 아무런 신기한 것은 발견할 수 없었고 오직 글발이 적힌 조그마한 종이 두루마리가 있을 뿐이었다. 그 두루마리에는 '유기는 내가 만든 흙 닭을 깨뜨릴 것이다(劉基破土鷄)'라는 5자가 적혀 있을 뿐이었다.

유기는 고개를 갸우뚱거리며 자신도 흙 닭을 하나 빚어 시험해보았다. 그러나 유기가 빚은 흙 닭은 울기는 울되 도대체 일정한 시간 없이 밤낮으로 울어대는 것이었다.

이 일이 있은 후 유기는 제갈공명에 대한 평가를 다시 하게 되었으나 여전히 자신을 우위에 놓았다.

다음날 유기는 제갈공명의 사당이 있는 지역으로 들어섰다. 제왕이나 위인들의 사당에 참배하려면 신분과 상관없이 사당에 이르기 전 하마비가 세워져 있는 곳에서 모두 말에서 내려야 한다. 그러나 유기는 하마비에서 내리지 않고 그대로 말을 타고 통과하려 하였다. 제갈공명을 대수롭지 않은 인물로 보았기 때문이었다. 그러나 그 하마비를 통과하려는 순간 말 발굽이 땅에 달라붙어 말이 옴짝달싹도 못하였다. 할 수 없이 유기는 말에서 내려 종자로 하여금 말발굽 밑을 파보도록 하였다. 그곳에서도 유기를 훈계하는 듯, 한 내용의 글발이 나왔다.

'때를 만나면 천지도 함께 힘을 도와주어 일이 순조롭게 이루어지지만, 운수가 없으면 영웅의 계략도 들어맞지 않는 법이라오(時來天地皆同力 運去英雄不在謀).'

유기는 머리를 한 대 얻어맞은 듯 정신이 퍼뜩 들었다. 마치 자신의 행동을 지켜보는 것 같아 저절로 머리가 숙여졌다. 온갖 미사여구를 다 동원하여 제갈공명을 칭찬하던 사람들을 비웃던 유기는 두 번에 걸친 공명의 신통력에 그저 감탄할 따름이었다.

공명의 사당 참배를 마친 유기는 공명의 묘소로 발길을 옮겼다. 공명의 묘소가 시야에 들어오자 유기는 고개를 갸우뚱거렸다. 공명이 지리(地理, 음양 풍수설)에 너무 어둡다는 것을 발견했기 때문이었다. 공명의 묘소 뒤 쪽에는 제왕지지(帝王之地)가 될 만한 큰 명당자리가 있는 데도 공명은 그것을 모르고 보잘 것 없는 묏자리에 자신을 장사 지내게 하였으니 과연 공명은 유기 자신이 평소 생각한 대로 그렇게 훌륭한 인물이 아니라는 생각이 들었다.

유기는 공명의 묘소에 올라 참배를 마치고 일어서려는데 이상하게도 무릎이 땅바닥에서 떨어지질 않았다. 일어서려고 힘을 쓰면 쓸수록 더욱 굳게 달라붙는 것이었다. 종자를 시켜 그곳을 파보니 이런 글발이 나왔다.

'충신은 죽어서도 제왕의 곁을 떠나지 않는 법이라오(忠臣不離君王側).'

"내가 어찌 지리를 모르겠는가? 죽어서도 제왕을 모시기 위하여 이곳에 묻혔음을 알라." 유기의 귀에는 제갈공명의 말이 들려오는 것 같았다. 유기는 감탄한 나머지 한숨을 몰아쉬며 이렇게 말하였다.

"유사 이래 현세에 이르기까지 공명만한 사람 없고, 역사가 이어지는 영원한 앞날에서도 공명만한 사람은 없을 것이다(前無後無諸葛武侯)."

유기는 마침내 제갈공명에게 머리를 숙이고 지난날의 그릇되었던 자신을 부끄럽게 여겼다.

말하는 것의 두 배는 듣도록 하라

'말을 많이 해서는 안 된다. 말하는 것의 두 배는 듣도록 하라.'

하나님은 왜 사람에게 두 개의 귀를 만들고, 입은 하나 밖에 만들지 않았을까? 그것은 말하는 것의 두 배는 듣도록 하라는 하나님의 가르침이다.

'행복하고 건강하게 살려고 생각한다면, 코로 신선한 공기를 가득 들어 마실 수 있도록 입을 다물고 있도록 하라.'

즉, 현명한 자는 자기의 지성을 숨기고, 어리석은 자는 스스로 어리석음을 노출시킨다는 가르침이다. 입은 바로 화(禍)의 근원이 될 수도 있다는 것을 명심해야 한다.

주위를 둘러보아도 말을 잘하는 사람보다 잘 들을 줄 아는 사람이 더욱 존경을 받고 있음을 알 수 있다. 말을 잘 들을 줄 아는 사람은 지성을 나타내고 있다. 항상 떠들썩하게 자기주장을 하는 사람은 어리석다. 그래서 '현명한 사람이라면, 미소를 지을 정도의 일을 보고 어리석은 자는 소리 내어 웃는다.'고 말하고 있다.

말하는 방식에도 미소 짓는 듯한 방식과 요란하게 웃는 듯한 방식이 있다. 만일 침묵이 현명한 사람에게 커다란 이익을 가져다준다면, 평범한 사람들에게는 얼마만한 이익을 가져다줄까? 누구라도 자가 인생을 되돌아본다면 비밀을 지키고 있었던 것을 후회하는 일보다 말을 해버린 것을 후회하는 일이 훨씬 많다. 말을 하지 않아 후회하는 것보다 하지 말아야 할 말을 함으로써 후회한 경험이 얼마나 많은가? 불교에서는 묵언수행(默言修行)하여 제2의 눈을 만들라는 말이 나온다. 가톨릭 또한 '들음의 훈련'을 위해 묵언수행을 한다. 그러므로 '우리도 침묵의 기간을 갖는 것이 필요하다.'는 생각을 한다. 중세 기독교 성자 토마스 아 켐피스는 이렇게 얘기했다.

> "밖으로 나기지 않으면 무성한 소문에 대해 듣지 않게 된다. 차라리 집에 있으면서 복된 무지를 누리는 편이 낫다. 밖에서는 최신 소식을 듣는 기쁨이 있을지 모르지만 분명 그 결과 해결해야 하는 혼란스런 문제를 만날 것이다."

'자기 혀에 침묵을 가르치는 것은, 인생에 있어 커다란 이익이라고 할 수 있다.' 〈탈무드〉는 '보물처럼 자기 혀를 신중히 다르도록 하라'고 가르치고 있다. '침묵은 금이요 웅변은 은이다.'라고 하는 것은 그와 같은 뜻에서다. 그러나 얘기하는 것보다는 입을 다물고 있는 것을 배우는 것이 더 어렵다.

사람은 누구나 자기가 알고 있는 것을 말하고 싶다는 본능을 지니고 있다. 그러므로 말을 잘하는 사람은 다른 사람의 그러한 욕망을 가로막게 된다. 그 결과, 상대방은 후회할만한 일을 말하지 않을 것을 고맙게 여기기보다 말할 기회를 얻지 못한 것을 달가워하지 않을 것이다.

흔히 혀는 칼에 비유된다. 조심해서 다루지 않으면 다른 사람을 다치게 할 뿐 아니라, 자기 자신도 다치게 한다. 훌륭한 칼잡이가 되어야 한다. 칼은 정말로 필요할 때가 아니면 빼지 않는 것이 좋다. 혀는 눈이나 귀와 다르다. 눈이나 귀는 우리 마음대로 보고 싶은 것, 듣고 싶은 것을 보고 들을 수가 있지만 혀는 아무것도 볼 수도 들을 수도 없다. 그러나 혀는 자기 스스로 조절할 수가 있다. 혀는 본래 훈련이 가능한 것이다. 어리석은 자에 대해서 '저 사람은 말이 많다.'고 하는 경우가 많다. 사람은 지나치게 술을 마시거나 음식을 먹는 것을 주의 하지만, 지나치게 말을 많이 하는 것에는 그다지 주의를 하지 않는 것 같다. 그 결과는 모두 마찬가지로 위험한 일이다.

〈탈무드〉는 말한다. '말은 당시의 입안에 있을 동안에는 당신이 말의 주인이지만, 한번 입 밖에 나와 버린 다음에는 당신은 그 말의 노예가 된다.' 또 '입은 문과 같은 것이다.'라고도 한다. 문은 필요할 때에는 열어 두어야 하나, 항상 열어둔다면 도둑이 들 염려가 있다.

사람은 말에 대해서 어떠한 태도를 지녀야 할 것인가, 말은 셀 수 있는 것이 아니다. 말은 하나하나 그 무게를 달아봐야 하는 것이다. 말은 또 약에다 비유하기도 한다. 적당한 양의 약은 도움이 되지만, 지나치게 사용하면 해가 된다. 귀, 눈보다 혀에 관한 훈계가 많은데 그만큼 혀로 인하여 실수 하는 사람이 많기 때문이다.

'귀는 듣기에 생소한 것은 불쾌하게 생각하며, 눈은 눈에 선한 것만을 찾는다. 그런데 혀는 너무 분방하다.'

'혀에는 뼈가 없다. 그러므로 조심하라.'

'마음이 혀를 움직여야 한다. 마음이 혀로 인해서 움직여서는 안 된다.'

감사한 마음은 겸허한 마음에서 나온다

사람의 본성 중, 누구나 갖고 있는 특성의 하나는 감사하는 마음이다. 어떤 일에든 감사하는 습성을 지니는 것은 중요하다.

진정으로 감사한 마음은 겸허한 마음에서 우러난다. 그리고 겸허해지면 자기 스스로 보는 시야가 크게 넓어진다. 지금까지 상대도 하지 않았던 사람이나 물건이 눈에 들어온다. 그리하여 농부에게 말을 걸었던 잡초처럼 저쪽에서 당신에게 접근해 올 것이다. 우리들은 물건을 팔아야 하는 상인이나 다름없다. 허리를 굽히는 상인은 거만하고 잘난 척하는 상인보다 고객이 많은 법이다.

그러나 비굴하라는 말은 절대 아니다. 상대편의 마음에 진정으로 감사하는 마음이 전해지도록 겸허한 마음을 갖는 것이 중요하다는 말이다. 겸허함은 감사하는 마음의 샘에서 솟아나는 물이라는 것을 기억하기 바란다.

감사하는 마음에 온전한 정신이 깃든다. 마음이 온화해지고 순해지며 걱정거리도 줄어들고 탐욕도 사그라진다. 불만족스럽던 일들을 감사한 마음으로 바라보라. 그리고 나를 불만족하게 했던 사람과 일들이 있으므로 내가 성장했고 발전하고 있다고 감사하라. 그런 사람에게 만족은 자연스럽게 찾아올 것이다.

유대인은 머리 속에 문화를 지니고 다녔다

전 인류 중 유대인은 1천3백만 명밖에 안 된다. 이런 소수 민족이 세계 곳곳에서 항상 화제의 중심에 서 있다. 경제학, 물리학, 예술 분야 등에서 그들의 행보는 세계의 중심에 서 있는 듯하다.

노벨상을 예로 든다면, 물리, 화학, 의학 가운데 12% 이상을 차지했다. 유대인이 오늘날까지 종교, 과학, 문학, 음악, 경제, 철학 등 모든 분야에서 인류에 공헌한 업적은 실로 엄청나다고 할 수 있다. 유대인의 이와 같은 힘은 어디서 왔는가 하는 것을 설명하려면 교육의 힘을 말하지 않을 수 없다.

알버트 아인슈타인은 원자력 시대를 열었다. 유대인이며 심리학자였던 프로이트는 근대 심리학의 새로운 분야를 개척했다. 유대인은 이처럼 인류에 크게 공헌하면서도 1948년까지 거의 3천 년 동안 나라를 가지지 못했다. 유대인은 바빌로니아인·희랍인·로마인·아랍인의 틈바구니에서 살아왔다. 유대인이 방랑의 생활을 하고 있는 동안 주변의 강대한 제국들은 흥망성쇠를 거듭해 왔다.

중국·인도·이집트 같은 오랜 역사를 가진 민족 역시 한때 융성했다가는 쇠퇴했다. 그러나 그들은 나라 밖으로 쫓겨나지는 않았다. 그러나 오늘날 그리스에 살고 있는 희랍인과 이태리에 살고 있는 로마인은 옛날의 지위를 차지하고 있지 않다.

희랍인들을 살펴보면, 고대 희랍 문화가 쇠퇴한 뒤 희랍민족은 과거의 영광을 잃어버리고 목축에 전념해 왔다.

이집트나 로마를 예를 들어봐도 과거의 위대한 유적에 의해서 기억되는 위대한 문화는 많이 남아있다. 이에 반해서 유대인은 유적을 가지고 있지 않다. '유대인의 유적' 같은 말은 그다지 들어본 적이 없을 것이다. 그들은 눈에 보이는 형태의 유적이 아니라 사람의 가슴에 영원히 변하지 않을 유적을 세웠기 때문이다. 유대인은 나라가 없었기에 힘이 없었다. 이미 기원전부터 유대민족은 소멸될 위기에 처해있었다. 처음 유대인은 사막을 떠돌아다니는 유목민이었다. 그들을 둘러싸고 있었던 것은 바빌로니아·앗시리아·페키니아·이집트·페르시아와 같은 대제국들이었다. 대 제국들의 무력 앞에 유대인은 흩어지고 강제로 쫓겨나는 수모를 수없이 당하면서도 망할 수밖에 없는 상황 속에서도 망하지 않고 자기들의 독특한 문화를 잃어버리지 않았다.

유대인들은 끈질기게 살아남아서 자기들의 이상을 위해 노력해 왔다. 3천 년 동안이나 나라가 없었으면서도 이질적인 문화 사이에서 스스로의 독자성을 잃지 않았다. 그들은 자기 말이 아닌 이민족의 언어를 사용하면서도 여러 가지 업적을 남겼다. 프랑스어·독일어·영어·라틴어·희랍어와 같은 거의 모든 언어를 유대인은 사용해 왔다.

많은 사람들은 유대인은 부자가 많다고 잘못 생각하고 있다. 여러 나라에서 박해를 받으며, 쫓겨 도망 다니는 유대인들이 그와 같은 부를 축척하기에는 매우 어려웠을 것이다. 일부의 유대인은 돈 많은 유대인도 없는 것은 아니었지만 그러나 대개의 유대인은 무력했다. 만일 유대인에게 힘이 있다면, 그것은 인간이 가지고 있는 힘이었을 것이다.

'유대인은 구약성서'의 백성이라고 일컬어지다시피 성서와 더불어 오랜 전통과 역사를 계승하고 있었다. 그런 좌절을 극복하는 그들의 힘은 어디에서 나오는 것일까? 그러한 힘은 바로 성서를 뒷받침한 지성에서 나온다고 생각한다. 지성의 뒷받침을 받는 용기와 의지가 얼마나 강한 힘을 나타내는가 하는 것을 유대의 역사가 잘 보여주고 있다.

유대인이 오늘까지 살아남을 수 있었던 것은 기적에 가까운 일이다. 그것은 재력(財力)에 의한 것도, 무력에 의한 것도 아니었다. 그것은 오로지 의지(意志)와 지력(智力)에 의한 것이었다. 유대인은 다른 민족과 달라서 지위·재력·무력에 의지하는 일이 없었다. 의지하는 일이 없었다라고 보기보다는 힘이 없었던 것이다. 심지어 그들의 문화를 꽃피울 국토도 없었다.

유대인은 문화를 항상 유대인 개개인의 가슴에 가지고 다녔던 것이다. 유대인 전통과 발상법 등과 같은 것을 지켜왔던 것은 한 사람, 한 사람의 인간일 수밖에 없었다.

"용기는 지성에서, 지성은 책에서 나온다."

유대인 가정의 책에 대한 태도를 살펴보자. 유대인 가정에서 아이들이 철이 들 무렵이면 〈성서〉를 펼치고 거기에 꿀을 떨어트린다. 그리고 아이들이 입을 맞추도록 한다. 이것은 책이 달다는 사실을 가르치기 위한 의식이다. 유대인의 철저한 교육은 문맹이 없다는 사실에서 드러난다. 유대인에게 〈성서〉를 읽는 것은 의무였기 때문이다. '바미츠바'라고 하는 성인식 때면 사내아이는 반드시 교회에서 〈성서〉의 한 구절을 사람들 앞에서 읽어야만 했다. 또 유대인 묘지에는 흔히 책이 놓여 있었다. 요컨대 생명이 다하더라도 공부는 끝나지 않았다는 것을 의미한다.

11
세상에 기여하며 살아라

세상에 기여하며 살아라

사람을 얻는 능력

아직도 화(火)를 내고 있는가

거꾸로 가는 것이 도(道)이다

디테일에 강하라

제티슨(Jettison) 인생

행복지수를 높이는 방안

세상에 기여하며 살아라

사회가 복잡해지면서 사람들은 그냥 바쁘게 살고 삶이 분주하다. 무슨 생각을 하고 사는지, 자신이 어떻게 세상과 연계되고 나아가 무엇을 통해 세상에 기여해야 하는지에 대해 더 이상 생각하지 않게 되었다. 그 결과 사람들은 불만족과 공허함에 빠지게 되었는데, 이것은 감정의 파산이라고 할 수 있다.

우리가 하는 일이 무엇이든 우리 생활에 기여를 하고 있다. 자신이 하고 있는 일을 생각해보고 어떻게 내가 무엇을 세상에 기여하고 있는지 이해하도록 노력해보라. 우선 자신의 일과 다른 사람들 사이에서 직접적인 연결고리를 찾아라. 그것을 찾게 된 후에야 비로소 우리가 하는 일에 대해 충족감을 느낄 수 있다. 삶에 열정을 나누고 당신을 즐겁게 일을 하는 것은 당신의 영혼을 표현하는 수단이다. 그리고 그것은 당신이 할 수 있는 세상에 대한 가장 큰 공헌이다. 세상은 당신이 사랑하는 일을 실행하고 있는 멋진 공동체이고, 공동체는 모든 구성원들에게 기여한다. 세상에 기여함으로써 당신은 만족감을 얻을 수 있는 것이다. 당신이 가장 좋아하는 일을 하는 것이 결국에는 진정으로 뜻 있는 일에 기여하는 것이다.

> "안식일에 예수께서 한 바리새인 지도자의 집에서 떡을 잡수시려 들어가시니 그들이 엿보고 있더라 주의 앞에 수종병 든 한 사람이 있는지라 예수께서 율법 교사들과 바리새인들에게 이르시되 안식일에 병 고쳐 주는 것이 합당하냐 아니하냐 하니 그들이 잠잠하거늘 예수께서 그 사람을 데려다가 고쳐 보내시고 또 그들에게 이르시되 너희 중에 아들이나 소가 우물에 빠졌으면 안식일이라도 곧 끌어내지 아니하겠느냐 하시니 그들이 이에 대답지 못하니라"(눅 14:1~6)

예수는 자기가 감시당하고 있는 것을 알고 계셨다. 안식일에 고통당하고 있는 병자를 불쌍히 여겨 고칠 수 있으면 당연히 고쳐주는 것이 마땅하거늘 사람이 만든 율법에 얽매여 사람 도리를 못하면서 율법을 지킨다는 저들의 잘못됨을 책망하는 것이다. 그러나 무엇도 그리스도의 사랑과 힘을 막을 수는 없었다. 만약 사람이 자기의 가축을 위해 마음을 쓴다면, 그리스도가 사람 위해 마음 쓰심을 보이시는 것은 당연한 일이다. 예수님 말씀에 길을 가다가도 아들이나 소가 물에 빠져 허우적거리고 있다면, 그 아이를 구하는 것이 인간이 가지고 있는 당연한 마음이 아니겠는가?

측은지심(惻隱之心)이라고 맹자는 말했다. 이는 곧 우리 인간의 본성의 한 축을 이룬다는 것이 분명한 것이다. 기본적인 예의를 지켜야 하는 사람도리를 못 하면서 율법이 어떻고 떠들고 유식을 떨면서 하나님의 복이나 챙기겠다고 하는 자가 있다면 과연 그에게 어떤 빛이 있겠으며, 그 빛이 어떻게 어둠의 세상을 어떻게 밝힐 수 있겠는가?

사람을 얻는 능력

흔히 저 사람은 덕이 있다, 혹은 덕이 없다는 얘기를 많이 한다. 사람은 똑똑한데 덕이 없단 말이야라는 말도 곧잘 한다. 우리 주변에 똑똑하고 잘난 사람은 차고도 넘친다. 하지만 똑똑한 것과 덕이 있는 것은 다르다. 자식을 잘 키운 사람은 늘 자식들에게 재승덕(才勝德)하지 말고 덕승재(德勝才) 해야 한다고 가르친다. 이 말은 재능으로 덕을 이기지 말고 덕으로 재능을 이겨야 한다는 말이다. 도대체 덕이란 무엇인가? 덕을 쌓기 위해 무엇을 어떻게 해야 할까?

덕이란 희생이다. 남을 위해 자신을 희생하는 사람이 덕 있는 사람이다. 자신의 재물과 지식을 국가와 사회를 위해 쓰는 사람이 덕 있는 사람이다. 우리가 이만큼 잘살게 된 것도 선대의 희생 때문이다. 국가를 위해 기꺼이 자기 한 몸을 바친 분들 덕분이다. 리더가 되려는 사람은 무엇보다도 희생정신이 있어야 할 것이다.

옛말에 "덕이 있으면 외롭지 않다." 덕불고(德不孤), 필유린(必有隣) 사람들이 그의 희생을 보답하려고 하기 때문이다. 그 반대로 덕이 없으면 외롭다는 말일 것이다. 독거노인이 되는 것을 목표로 사는 사람은 없다. 하지만 옆에서 독거노인이 되어가는 사람들이 있다. 가부장적인 파워를 휘두르면서 가족들에게 함부로 하는 사람들이 그렇다. 늘 자기만을 위해 살고 모든 초점이 자신을 향한 사람이 그렇다. 부자인 것은 세상이 다 알지만, 일가친척에게 밥 한 번 안 사는 사람들이 그들이다.

베푼 덕에 대해서 언젠가 보답을 받는다. 당대에 받지 못해도 후대가 이를 받는다. 노자의 도덕경 73편에 '천망회회(天望恢恢)하니 소이불실(疎而不失)'이라 하였으니 "하늘은 법망 그물은 엉성하지만 아무리 작은 것이라도 놓치는 법이 없다."고 쓰여 있다. 성경에는 "내가 주의 신을 떠나 어디로 가며 주의 앞에서 어디로 피하리이까(시편 139:7)."라고 하고 있다.

얼마 전 스탈린의 막내딸이 이혼을 여러 번 한 후 어렵게 살다 죽었다는 기사를 읽었다. 스탈린은 아들이 둘이 있었는데 하나는 알코올 중독자로 죽고, 또 다른 아들은 독일군 포로로 잡혔는데 아버지 스탈린이 포로교환을 거부함으로 아들은 포로로 죽었다는 기사였다. 이 기사를 읽고 '뿌린 대로 거둔다.'는 말처럼 악을 심은 자는 악을 거둘 것이고 선을 심은 자는 선을 거둘 것이다는 의미를 새겨 듣게 된다.

덕은 무엇일까? 마음을 얻는 것이다. 덕은 득(得)이다. 덕은 도덕적 품성을 품성만을 가리키는 것이 아니라, 사람을 얻는 능력까지를 의미하는 것이다. 덕이 있는 통치자는 탁월한 신하를 얻을 수 있다. 그러므로 스승의 덕은 제자다. 덕은 무력이나 재력과는 또 다른 능력이다. 무력이나 재력으로는 몸을 잡아 둘 수 있지만 마음을 얻기는 어렵다.

삼국지에 유비와 조자룡의 이야기가 나온다. 조자룡은 장비나 관우처럼 도원결의를 하여 맺어진 사이가 아니다. 조조의 백만 대군이 유비를 압박했을 때 유비는 조자룡에게 두 명의 부인과 자신의 아들 아두를 부탁한다. 하지만 조자룡은 끝내 부인 한 명을 지키지 못하고 간신히 유비의 아들만을 보호하는 데 성공한다. 조자룡은 유비의 아들을 건네며 자신의 죄를 청했다. 그때 유비는 아들을 땅바닥에 던져 버리면서 이렇게 말했다. "이까짓 어린 자식 하나 때문에 하마터면 나의 장군을 잃을 뻔했구나." 조자룡은 황망히 허리를 굽히고 우는 아두를 끌어안는다. 자신이 어떻게 하면 주공의 은혜에 보답할 수 있겠느냐며 통곡하며 운다. 이게 덕이다.

삼국지는 조조가 이끄는 위나라와 손권이 이끄는 오나라 그리고 그중에서 가장 작은 나라로 유비가 이끄는 촉나라 삼국이 패권(霸權)을 다투는 역사소설이다. 삼국지연의는 유비, 관우, 장비가 의형제를 맺는 도원결의를 하는 장면으로 시작된다. 유비 중심의 이야기로 전개된다. 유비의 촉나라는 삼국 중에 영토도 제일 적고 군사도 제일 적었으며 나라를 세운 일도 제일 늦었다. 그리고 삼국을 통일시켰던 패자(霸者)도 아니다. 그럼에도 인간이 지켜야 할 의(義)와 충(忠)성심을 기본으로 겸손과 덕으로 사람을 얻고 뜻을 이루는 동양의 최고 고전으로 감동과 감격을 안겨주고 있다.

죽은 사람보다 더 불행한 사람은 잊혀진 사람이다. 살아있지만 아무도 찾지 않는다면 그 자체가 죽음보다 훨씬 더 잔인한 것이다. 하지만 어떻게 기억되느냐가 더욱 중요하다. 이를 위해서는 주기적으로 스스로에게 질문을 해야 한다. 현재 주변 사람들은 나를 어떻게 인식하고 있을까? 죽은 다음 사람들은 나에 대해 어떤 얘기를 할까? 그 핵심이 바로 덕이다. 다른 사람의 마음을 얻는 것이다. 힘으로 지키는 자는 홀로 영웅이 되고, 위엄으로 지키려는 자는 한나라를 지킬 수 있다. 하지만 덕으로 지키려는 자는 천하를 세울 수 있다.

아직도
화(火)를 내고 있는가?

가는 말이 고와야 오는 말이 곱다. 나는 평생 말(言)을 많이 하여야 하는 사람으로 몸가짐이나 언행에 조심하는 마음을 가지려고 "유순한 대답은 분노를 쉬게 하여도 과격한 말은 노를 격동케 하느니라"(잠언 15장 1절)는 성경 말씀을 기록한 액자를 거실 벽에 걸어 놓고 늘 유념(留念)하고 있다.

우리나라 사람은 성정이 급하고 화를 잘 내고 큰소리를 버럭 지르는 과격한 사람들이 많다고 한다. 하루에 몇 번씩 화를 내고 사는 사람이 있다면 개인적으로도 불행할 것이고 그 주변에 있던 사람들은 결코 유쾌할 수 없을 것이다.

우선 화를 냈다면 누가 가장 큰 손해를 볼까? 그것은 격한 말을 듣는 사람보다 화를 낸 본인이 가장 손해라는 것이다. 건강을 해치고 자칫 죽을 수도 있다. 믿거나 말거나 한 정보이지만 북한의 김정일의 사망원인이 바로 화였다는 이야기를 들은 적이 있다. "화천의 발전소가 부실 공사로 인해 누수 현상이 심각하다"는 보고를 받은 김정일은 대로(大怒)하여 "빨리 수리하라"고 호통을 친 뒤 분을 삭이지 못한 채 자강도 현장 시찰을 서두르다가 급사했다는 것이다.

성숙한 사람은 좀처럼 화를 내지 않는다. 미성숙한 사람들은 마치 화를 낼 만한 준비를 하고 있는 것처럼 자기 마음에 들지 않으면 벌컥 화를 낸다. 화를 내면 주변 사람들이 불편하다. 그런 사람을 좋아할 사람은 세상에 아무도 없다. 독거노인이 되고 싶으면 자주 화를 내면 된다. 화를 자주 낸다는 것은 그만큼 당신의 성격이 미성숙하다는 증거다. 화는 상황에 대한 당신의 반응이다. 똑같은 일에 대해서도 상대에 따라서 화가 나기도 하고 나지 않기도 한다.

사람들은 왜 화를 낼까? 화를 낸다고 달라지는 것이 있을까? 화가 나는 이유가 무엇일까? 자기 삶이 마음에 들지 않기 때문이다. 나도 화를 자주 내듯 말한 적이 있다. 상대방의 말을 먼저 들어보고, 아니 끝까지 들어보고 내 할 말을 해야 하는데 별일 아닌 것에 불같이 화를 내는 자신을 보면서 "내가 왜 이러지"라고 의아해하며 후회한 적이 있다. 계획하는 일들이 자꾸 지연되고, 뜻하지 않은 일들이 돌출될 때 답답하고 짜증이 나고 화가 난다.

"분을 내어도 죄를 짓지 말며 해가 지도록 분을 품지 말고(엡 4:26)
마귀에게 틈을 주지 말라"(27)

화가 갑자기 분출하듯 일어나는 사람을 '벌떡증'이 있는 사람이라 부른다. 또 벌컥 역정을 내는 사람들은 성정이 급한 사람들로 대사를 그르치는 일을 흔히 본다. 이런 사람은 말하기보다 숨 고르기를 먼저 배워야 할 것이다. 우리가 흔히 하는 국민체조도 숨쉬기 운동으로 시작하여 숨쉬기 운동으로 마무리한다.

심신 수련에 가장 중요한 것 중 하나가 호흡법이다. 입으로 숨 쉬는 것을 피하라. 입으로 숨 쉬는 것은 위험하다. 그러므로 항상 코로 숨을 쉬도록 하라. 이것은 말을 먼저 하기 전 코로 한번 숨을 쉬고 고른 다음 말하는 습관이 되어야 할 것을 교훈하는 것이다.

주기적인 단식이 육체적·정신적으로 건강을 주듯 복잡한 시대에는 주기적으로 자신을 사회로부터 차단하는 것도 필요하지 않을까? 하는 생각도 해본다.

말을 아끼고 사랑하고 신중하게 하되, 겸손히 예의를 갖추어 말을 할 수 있다면 우리의 생활은 평안한 중에 고요를 찾을 수 있고 서로의 대화는 깊고도 친밀함을 더할 수 있을 것이다.

거꾸로 가는 것이 도(道)이다

1967년, 박정희 대통령은 4명의 건설사 대표들을 초청한다. 현대, 대림, 삼환기업, 삼부토건 등이다. 거기서 박정희 대통령은 소양강댐 계획을 얘기한다. 너무 엄청난 얘기에 다들 숨이 멎을 지경이었다. 머릿속이 복잡하다. 이 정보를 접한 사람들은 어떻게 하면 '이 공사에 참여할 수 있을까'를 생각했다. '낙찰가를 어떻게 할까? 입찰가는 얼마 정도 될까?'를 골몰하게 생각했을 것이다.

하지만 정주영은 달랐다. 회사로 돌아온 그는 다른 임원들을 다 집으로 돌려보내고 재무 담당자만 불러 지금 회사에 현금을 얼마나 가지고 있는지 묻는다. 그리고 당장 현금 보유를 두 배로 늘리라고 지시한다. 정주영은 소양강 댐으로 인해 상습 침수지역을 벗어나게 될 곳을 지도상에 그리고 그 땅을 집중적으로 매입하기 시작했다. 그게 바로 지금의 압구정이다. 압구정은 당시에 한강 물이 1년에 몇 번씩 범람함으로 상습지역은 쓸모가 없는 땅이었다. 이때부터 현대는 엄청난 부를 축적하기 시작한다.

이 같은 정보를 갖고도 대응 방법이 이렇게 다른 것이다. 보는 눈이 다르다. 당장 입찰하여 낙찰되는 것에 심혈을 기울이지만 그는 댐이 강원도 양구 쪽의 변화될 모습만을 상상한 것이 아니라 서울이 어떻게 변화될지를 생각하고 다른 사람은 감히 꿈도 꾸지 못할 침수지역에 버려진 땅을 바라보고 그곳이 금싸라기 땅이 될 것을 예견하였다. 소양강댐 건설에 참여한 것만을 감지덕지하고 큰 행운으로 여겼던 다른 사람과 달리 거기에서 얻어지는 수익만을 생각한 것이 아니라 그것보다 더 큰 사업을 펼쳤던 것이다.

1960년대에 높이뛰기 코치들은 예외 없이 "정면을 보면서 바를 향에 머리로 돌진하라"고 가르쳤다. 자신이 떨어질 곳을 보면서 도움닫기를 하면 심리적으로 안정되고 뛰어오던 탄력 때문에 높이 뛰어오를 수 있다고 생각들을 하고 있었다.

하지만 딕 포스베리란 젊은이는 이런 상식을 비웃듯 몸을 비틀어 등으로 바를 넘는 새로운 기술을 선보였다. 시사주간지 〈타임〉조차 "유사 이래 가장 웃기는 방법"이라고 혹평했다. 모든 사람들이 그를 비웃었다. 심지어 공식 대회에서 이런 방법을 인정하면 안 된다는 소리마저 나왔다.

그러나 포스베리는 온갖 비웃음을 견디면서 배면도약법을 지켰고 마침내 1968년 멕시코 올림픽에서 금메달을 목에 걸었다. 그동안 자신을 비웃었던 사람들에게 한 방 제대로 먹인 것이다. 그 후 육상계는 배면도약법을 '포스베리법'으로 공식 인정했다. 현재 모든 높이뛰기선수들은 배면도약 방식으로 바를 넘고 있다. 뻔한 생각, 나도 알고 너도 아는 방식, 누구나 할 수 있는 생각으로는 세상을 바꿀 수 없다. 프로는 생각하는 방식이

다르다. 역발상에 능하다. 거꾸로 생각한다. 역발상을 하는 자는 엉뚱한 생각을 잘한다. 거꾸로 생각한다. 반대로 하면 어떨까 하면 어떨까 안 하면 어떨까를 생각하여야 한다. 예전에 플라스틱 연구를 할 때의 일이다. 모든 연구원들은 강하고 질긴 소재 개발에 목숨을 걸었다. 그때 어떤 친구가 엉뚱한 제안을 했다. 잘 부서지는 플라스틱을 개발하면 어떨까? 누군가 그걸 개발해서 뭐하게 라고 하자 다른 친구는 이렇게 얘기했다. "용도가 왜 없어? 화재경보를 울릴 때 벨 위에 있는 플라스틱도 잘 깨져야 하고 영화를 찍을 때 쉽게 깨져야 사람들이 부상을 안 당할 거 아니야?" 맞는 말이었다.

기막힌 제품들은 그처럼 거꾸로 생각하다 나온 경우가 많다. 풀이 그렇다. 풀은 접착력이 핵심이다. 붙지 않는 풀은 풀이 아니다. 그래서 보통 강력한 접착력을 가진 풀을 최고로 생각하고 접착력이 약해 붙었다 떨어지는 풀은 불량으로 간주했다. 하지만 3M의 포스트잇은 약한 접착력 때문에 세계적인 히트 상품이 되었다. 녹음기도 그렇다. 녹음기는 소리의 기록이 생명이다. 어느 날 녹음기를 만드는 공장장 직원이 녹음기에서 녹음 장치를 떼어내고 대신 재생 장치를 첨가해 스테레오 음악을 즐기는 현장을 목격한다. 녹음이 안 되는 녹음기, 녹음기를 재생으로 바꾼 발상에서 워크맨이 탄생했다.

이를 위해서는 '전문가의 저주'에서 벗어나야 한다. 자기 분야에 대해서 너무 잘 안다는 생각이 때로는 장애물이 될 수 있다. 농담처럼 "모르면 용감하다."는 말을 하는데 농담이 아닌 사실이다. 전문가란 한 분야만을 오랫동안 한 우물을 판 사람을 말한다. 박사 학위 소유자가 대표적이다. 학위를 가진 사람들은 "Ph.D는 디펜스(defense)를 하는 순간 '방어'하는 삶을 산다."는 농담을 하기도 한다. 박사학위를 위해 최종적으로 여러 사람들 앞에 자기 논문이 옳다는 것을 증명해야 학위를 받을 수 있고, 이후에는 그런 식으로 방어만 하다 삶이 끝난다는 얘기다. 즉 새로운 것에 도전하기보다는 자기 영역을 지키고 자기주장이 옳다는 것을 증명하는 데 시간을 투자한다. 그래서 다른 사람보다 유연성이 떨어지고, 다른 영역에 대해 알려고 하지 않는다. 때문에 의외로 허점이 많을 수 있다.

모 증권 회사는 고객 숫자가 급증하면서 서버를 엄청 늘려야 하는 문제에 봉착했다. 비용도 문제지만 더 큰 문제는 시간이었다. 자칫하면 서버가 다운될 상황이었다. 그때 작은 벤처에서 자신들이 개발한 소프트웨어를 사용하면 10분의 1 비용으로 10배 이상 용량을 키움으로써 문제를 해결할 수 있다고 주장했다. 기술 분야에 훤한 실무자들은 말도 안 되는 이야기라며 강하게 반대했다. 하지만 부서장은 IT를 잘 모르는 사람이라 한번 해보자고 결정했고 성공했다. 그 결과 서버를 추가하지 않고 해결했다. 토러스 증권의 손복조 사장이 대우증권 전산부장을 할 때의 일이다.

자기에게 없는 것보다 있는 것을 가지고 생각해 보는 것도 한 방법이다. 사람들은 흔히 자신이 가진 것은 생각하지 않고 없는 것을 한탄하는데 시간을 보낸다.

전라남도 함평에는 세가지가 없다. 천연자원도 없고, 관광자원도 없다. 산업자원도 없다. 하지만 새로 취임한 이석형 군수는 아무것도 없다는 것에서 출발하여 '나비축제'를 생각해 내고 최고로 혁신적인 지자체를 만든다. 다른 할 것이 많았다면 굳이 나비 같은 것을 생각하지 않았을 것이다.

하지만 나비 축제는 봄 한 철에만 붐빈다는 것이 약점이다. 여름에 무엇을 팔 것이 없을까 고민하던 공무원은 그 동네 돌머리 해수욕장을 떠올린다. 그곳은 다른 해수욕장에 비해 경쟁력이 떨어진다고 생각했다. 뻘만 잔뜩 있어 밀물 때는 괜찮지만 썰물 때는 수영을 할 수 없기 때문이다. 그런 얘기를 나누는 중 한 직원이 이를 갯벌체험장으로 활용하면 어떻겠냐는 의견을 낸다. '주다야싸'(주간에는 다방, 야간에는 싸롱)처럼 밀물 때는 해수욕장, 썰물 때는 갯벌체험장으로 변신시켜 팔기 시작했다. 아이들이 마음껏 뛰놀게 하고 싱싱한 뱀장어, 게, 조개, 바지락, 망둥어, 짱뚱어, 고둥 등을 잡게 하는 것이다. 없는 바닷물 타령 대신 갖고 있는 갯벌에 주목하자는 역발상의 결과는 기대 이상이었다. 여름 한 달에 20만 명 넘는 사람이 다녀가는 동네 명물이 되었다.

관점의 전환도 필요하다. 엔지니어 출신의 벤처기업이 망하는 이유 중 하나는 신기술로만으로 승부를 걸기 때문이다. 고객이 누군지, 시장이 어떻게 반응할지는 생각하지 않고 그저 '끝내주는' 기술 개발에만 목숨을 걸기 때문이다. 끝내주는 기술이 핵심은 아니다. 그 기술로 무엇을 만들고 그것이 고객들에게 어떤 가치를 주느냐가 더 중요하다. 하지만 대부분의 조직은 고객 입장보다 내 입장에서 생각하고 개발하는 데 익숙하다. 내 입장이 아닌 고객 입장에서 사물을 보는 것이 거꾸로 보고 생각하는 핵심이다. 그러기 위해서는 고객이 누군지, 고객들이 정말 보고 싶어 하는 것이 무엇인지를 볼 수 있어야 한다.

일본 촌구석에 있는 아사히야마 동물원도 그렇다. 보통 동물원은 장사가 되지 않는다. 너무 볼 것이 없기 때문이다. 동물들 대부분은 자거나 어슬렁거린다. 냄새도 난다. 이들은 고객 입장에서 생각해 보았다. 고객들이 정말 보고 싶어 하는 것은 무엇일까, 무얼 보여주면 고객들이 좋아할까를 생각했다. 그 결과 전시 방법을 바꾸기로 했다. 동물들의 능력을 보여주기로 한 것이다. 새로운 위치에서 동물을 볼 수 있게끔 공간을 재설계했다. 예를 들어 북극곰의 경우 수영하는 모습을 밑에서 볼 수 있게 만들었다. 매일 자거나 어슬렁거리는 모습만 보던 고객들에게는 실로 놀라운 경험이었다. 원숭이는 위에서 볼 수 있게 했다. 그 결과 엄청난 관개들이 몰려드는 동물원으로 거듭났다.

창조하기 위해서는 버려야 한다. 주기적으로 자신만이 가진 것을 버릴 수 있어야 한다. 기업의 위기는 과거의 지식을 버리지 못하고 고집하는 데서 출발한다. 파이어스톤 타이어는 튜브 방식으로 대성공을 거두었다. 그러다가 프랑스의 미쉘린 타이어가 튜브가 없는 레디알 방식을 만들자 파이어스톤 회사는 위기에 봉착했다. 급하게 기존의 방식으로 레디알 타이어를 만들었는데 품질 문제로 1971년에만 34명의 사람이 사망하는 사건이 발생하고 결국 다른 회사에 팔리고 말았다.

새로운 발상에서 가장 큰 장애 중 하나가 타성이다. 기존의 성공에 안주하는 것이다. 성공은 그 자체로 비극의 씨앗을 품고 있다. 몇 번 성공하게 되면 사람들은 성숙하게 되고 자신의 하던 방식에 안주하게 된다. 그러다 의외에 것에 일격을 당하고 무너진다.

꿀벌과 파리 중 누가 적응력이 강할까? 말할 것도 없이 파리가 강하다. 꿀벌은 조금만 공기가 나빠도 살지 못한다. 파리는 극한 지방이든 고산지대이건 가리지 않고 산다. 이런 시험을 했다. 파리와 꿀벌을 어두운 병 속에 가둔다. 처음에는 입구를 막았다가 나중에는 한쪽 출구를 열어주고 반대편에 빛을 준다. 파리는 2분쯤 헤매다 모두 탈출에 성공한다. 하지만 꿀벌은 끝내 탈출하지 못했다. 꿀벌은 밝은 곳이 입구라는 고정 관념을 버리지 못하기 때문이다. 남들과 똑같은 생각과 행동을 하면서 결과가 바뀌길 기대하는 것만큼 어리석은 일은 없다. 남들과 다르게 살고 뭔가 차별화하기 위해서는 남들과 다른 생각을 하여야 한다.

노자의 도덕경에는 "거꾸로 가는 것이야말로 진정 도의 운동성"이라고 말한다. 도덕경 40장에 나오는 일명 "반자도지동(反者道之動)"의 화두이다. 모든 사람이 옳다고 하는 길에는 반드시 함정이 있고 안전하고 편하게 보이는 길이 가장 위험할 수 있다. 그러므로 지혜로운 사람은 항상 다르게 생각할 수 있는데 익숙하여야 한다.

디테일에 강하라

세계적인 컨설턴트 톰 피터스는 리더의 네 가지 역할로 "최고가 되려는 집념, 디테일에 대한 집념, 창의성 개발 지원, 실패를 딛고 일어서려는 집념"을 꼽는다. 그중 디테일에 대한 집념이 눈길을 끈다. 성공한 사람들은 대부분 디테일에 강하다. 대충 넘어가고 얼렁뚱땅 지나가면서 성공하는 사람은 없다. 그래서 보통 사람들은 이런 면을 이해 못한다. 그리고 한마디 한다. "뭘 저렇게까지 하나 대강 하지, 융통성 없는 사람, 저래서야 피곤해서 어떻게 살까?" 하지만 모르는 소리다. 그렇게 디테일에 집착했기 때문에 인정을 받고 공을 이룬 것이다. 그렇다면 왜 디테일이 그렇게 중요한 걸까?

첫째, 사업의 승부는 비전이나 전략 같은 큰 아젠다(Agenda, 의사일장)보다는 아주 적은 디테일에 결정 나는 경우가 많기 때문이다. 그래서 디테일이 중요하다. 어느 회사나 기업의 비전과 전략은 비슷비슷하다. 고객만족

같은 구호가 대표적이다. "우리 회사는 고객만족 따위는 신경 쓰지 않습니다."라고 얘기하는 간이 부은 회사는 없다. 중요한 것은 실제 고객들이 이를 체감하고 있는가?인데 이것은 디테일에 승부가 난다. 주차장 문제, 콜센터 등이 그렇다.

단적으로, 주차장에 들어가면 그 회사 수준을 알 수 있다. 모 전자상가는 장사가 안 되기로 유명하다. 휴일에도 대부분의 가게가 파리를 날린다. 하지만 주차할 데가 없다. 주차하기 편한 지하 1층과 2층은 평일에도 대부분 만석이다. 그곳에 직원들이 먼저 주차하기 때문이다. 고객들은 불편을 감수하고 지하 5층이나 6층까지 내려가야 한다. 말로는 "고객이 제일이다!"라고 떠들지만 주차장을 보면 "우리는 고객의 편의 따위는 신경 쓰지 않습니다."라고 외치는 셈이다.

반면 강남의 모 백화점은 주차 천국이다. 우선 주차장이 넓다. 입구부터 직원들을 배치해 운전자들이 빈 곳을 찾아 이동할 필요가 없다. 별 것 아닌 주차장 하나에서 큰 차이가 난다. 하지만 대부분의 경영자들은 주차장에 관심이 별로 없다. 아주 적은 일이지만 쉽게 넘길 일이 아니다. 고객을 제일 먼저 생각하고, 친절하고 편안하게 기분 좋게 맞이할 때 그 사업은 성공할 수 있는 것이다. 고객 만족을 위해 있는 콜센터가 고객을 불편하게 만든다면 어떻게 되겠는가? 그 사업이 과연 원활하겠는가? 그래서 대부분 기업은 주차장과 콜 센터의 중요성을 알고 아웃소싱(outsourcing)을 하고 있다. 정해진 인력을 가진 기업이 모든 분야에서 최고의 위치를 유지하기 어렵기 때문에 자기들이 가장 잘하는 분야에 인력을 집중시키고 나머지 활동은 외부의 전문 기업에 맡김으로써 생산성과 효율성을 최대한 높이는 전략이 바로 아웃소싱인 셈이다.

둘째, 디테일이 강해야 제대로 된 관리를 할 수 있기 때문이다. 아무리 많이 벌어도 버는 것보다 쓰는 것이 많은 개인과 조직은 살아남지 못한다. 반면 버는 것이 다소 적고 이익율이 낮아도 세심한 관리를 지속하면 가능하다. 승승장구하던 벤처기업들이 무너진 이유 하나는 관리 소홀 때문이다.

'삼성'하면 누구나 '관리의 삼성'을 연상한다. 어떤 이들은 부정적으로 생각한다. 너무 철저한 관리가 정확성을 죽일 수 있고 사람들을 숨막히게 한다는 생각 때문이다. 물론 일리가 있다. 하지만 나는 반대의 질문을 던지고 싶다. 만약 창업자 이병철 회장이 관리를 대충했다면 오늘날 삼성이 존재할 수 있을까? 그는 디테일에 관한 한 입신의 경지에 이른 사람이다. 작은 시그널(signal)에서 큰 징후를 읽는 능력을 지녔다. 그가 공장을 방문했을 때 세 가지를 봤다는 얘기는 유명하다. 현장의 청결 상태, 공장 앞 나무들의 건강 상태, 기숙사의 정리정돈 여부, 그 정도 보면 현직 직원들의 정신 상태, 충성도, 만족도 등을 어느 정도 눈치챌 수 있었다.

KD 운송그룹은 대한민국의 최고의 운수회사이다. 운수업은 특성상 수익이 1~2%밖에 되지 않는다. 그래서 많은 운수회사가 도산하고 사업을 포기한다. 하지만 이 회사는 철저한 관리를 통하여 승승장구하고 있다. 우선 연료 절감에 목숨을 건다. 연비를 높이기 위해 스페어타이어를 싣지 않는다. 60억을 투자해서 철제 휠(48kg)을 알코아 휠(23kg)로 바꾸었는데 2년 만에 본전을 뽑았다. 심지어 몸무게가 많이 나가는 기사의 채용을 꺼릴 정도였다. 또 보험료 전략을 위해 운전자들을 주기적으로 교육하고 평가와 보상도 연비와 보험료에 연계해서 하고 있다. 이처럼 사소한 것을 잘 관리해 발전하고 있다. 티끌 모아 태산이다. 티끌을 모으지 않으면 태산도 없다.

셋째, 디테일이 강해야 리스크를 줄일 수 있기 때문이다. 사람은 큰 돌에 넘어지지 않는다. 큰 돌은 보이기 때문에 피해갈 수 있다. 개인도 그렇고 조직도 그렇다. 오히려 작은 것을 소홀히 했다가 큰 손실을 입는다. 넘어진다. 어떤 글로벌 제약회사는 엄청난 연구비를 투자해 요실금 치료제를 개발했고 이를 전 세계에 특허를 출원했다. 그런데 한 직원의 실수로 한국을 North Korea로 표기했다. 그 바람에 한국에서는 그 제품을 마음대로 카피할 수 없었고 이로 인해 수백억의 손해를 봤다. 믿어지지 않는 실수다.

모 회사는 운송비 절감을 위해 기존의 해운 회사 대신 새로운 회사들과 협상을 하고 있었다. 이를 위해 거래 가능성이 있는 곳에 대외비로 문서를 보내야 했다. 너무 중요한 문건이어서 매니저급 직원에게 직접 팩스 송신을 지시했다. 그런데 얼마 후 경쟁회사가 그 내용을 훤히 알고 있는 것이 아닌가. 원인을 파악해보니 팩스기기에 달려 있는 단축 다이얼을 엉뚱하게 눌러서 잘못 발송된 것이었다. 그로 인하여 회사가 입은 손해는 말로 다 표현할 수 없었다. 꺼진 불도 다시 봐야 한다. 중요한 사안들을 확인할 뿐만 아니라 크로스로 체크해야 한다.

넷째, 디테일이 강해야 고객의 신뢰를 얻을 수 있기 때문이다.

인터넷 쇼핑몰의 강자 중 하나인 인터파크는 디테일의 중요성을 인식해 살아남은 회사이다. 성공 여부를 묻는 질문에 이상규 대표는 이렇게 말했다. "이 사업은 기본적으로 디테일에 강해야 합니다. 비즈니스 모델은 어디나 비슷합니다. 제 때 물건을 배송하고 반품을 받아주고 전화 응대를 잘하고, 고객의 불만을 그때 처리하고…… 생각보다 힘이 들고 정성이 들어가며 신뢰를 얻는 데 시간이 걸립니다. 저희들은 디테일에 중요성을 간파했고 거기에 힘을 쏟았습니다."

신뢰는 말로 얻을 수 없다. 신뢰받을 만한 행동을 할 때 얻을 수 있다. 모 광고 회사는 우수한 인재들이 많은 회사였다. 하지만 자유분방한 분위기를 가지고 있어 간섭이나 규제가 전혀 없었다. 그러다 보니 약속 시간을 안 지키는 것이 기업의 문화로 자리 잡았다. 모기업을 대상으로 PT(프레젠테이션)가 예정되어 있었는데 이 회사가 가장 유망했다. 실적도 좋고 참여 멤버도 빵빵했다. 무엇보다 그 기업과 인맥까지 연결되어있었다. 하지만 시연 당일 멤버 중 두 사람이 늦게 도착했고, 그 때문에 사전 미팅을 할 수 없었다. 복장도 통일되지 않았다. 어떤 사람은 캐주얼, 어떤 사람은 정장을 입었다. 반면 경쟁사는 30분 전에 도착하여 실무 책임자들과 환담을 나누어야 했었다. 프레젠테이션은 그런대로 잘 끝났다. 하지만 고객의 질문에 서로 다른 답변을 하고 말았다. 사전에 의견 조정을 하지 못하는 바람에 일어난 일이다. 결국 PT에서 이 회사는 지고 말았다.

다섯째, 인생에서 뭔가 의미 있는 것을 이루려는 사람이라면 필수적으로 디테일에 신경을 기울이어야 한다. 뭔가 비범한 것을 창조하기 위해서 집요할 정도로 작은 디테일에 몰두해야 한다.

둔한 사람은 절대 성공을 이룰 수 없다. 예민하고, 까다롭고, 집착증세가 있는 사람이 성공에 유리하다. 특히 품질에 관한 한 병적일 정도가 되어야 한다. 소소한 고객의 클레임(claim)을 당하지 않도록 밤잠을 설치야 한다. 그 문제점을 해결할 때까지 노심초사 할 수 있어야 한다. 더러운 사무실 상태를 보고 흐트러진 기강을 읽을 수 있어야 한다. 직원들의 처진 어깨를 보고 자신을 돌아 볼 수 있어야 한다. 충성 고객 하나를 잃게 되면 왜 그 사람이 떠났는지 집요하게 파헤칠 수 있어야 한다. 한마디로 고수는 촉이 발달해야 한다. 작은 시그널에서 위기를 읽을 수 있고 동시에 기회의 싹을 볼 수 있어야 한다. 그러므로 사소한 것은 결코 사소한 것이 아니다.

제티슨(Jettison) 인생

제티슨(Jettison)이란? 비행기나 선박이 위기에 처했을 때 무게를 줄이기 위해 짐을 버리는 행위를 말한다. 무게를 줄이지 않으면 배가 침몰하거나 비행기가 안전하게 착륙하기가 힘들다. 물건이 아무리 아깝다 해도 사람의 생명을 대신할 수는 없으니 버려야 한다. 노련한 선장은 화물 투하를 시작한다. 화물을 바다에 내던져 배의 무게를 줄이고 속도를 높여야 하는데, 이때 선장은 바다에 던져야 할 것들을 신속하게 결정해야 한다. 가장 무거운 것, 가장 무가치한 것, 없어도 되는 것들을 골라서 바다에 과감히 던져야 한다. 이것을 흔히 '제티슨(Jettison)'이라고 부른다.

제티슨은 인생에도 필요하다. 잘 버리려면 자신에게 꼭 필요한 것이 어떤 것인지를 먼저 선별해야 한다. 만만해서 좋은 것이 있고, 가벼워서 좋은 것이 있으며, 오래 써서 정이 든 것이 있다. 이것저것을 생각하면 한 가지도 애착이 안 가는 것이 없으리라. 그러나 버려야 살 수 있는 것이다. 양

손에 가득히 쥐고 어떻게 새것을 가질 수가 있겠는가?

우리가 큰 병이 들어 암에 걸렸다 하자. 현명한 의사는 암 덩어리를 떼어내는 수술을 하여야 한다고 말한다. 어떻게 하겠는가? 지금까지 내 몸 속에 지니고 살던 장기가 아닌가? 결국 수술을 해야 한다. 더 이상 시기를 놓칠 수 없다. 가차 없이 서둘러 버려야 한다.

무소유는 아무것도 소유하지 않는 것이라 생각하기 쉬운데 자신에게 꼭 필요한 것만 가지고 생활한다는 뜻이다. 사람은 쥐고 있던 것을 내려놓을 때 진정 행복을 느낀다.

제티슨은 인생에도 필요하다. 나는 몇 사람의 죽음을 보았는데 그들은 모두 지극히 평온한 모습으로 하나님 품에 안겼다. 그들의 얼굴에 평온이 감도는 것은 신속한 제티슨에 성공했기 때문이다. 인생의 무거운 짐을 내던지고 그 대신 참 진리인 예수 그리스도의 손을 잡은 사람들을 지켜보며 신앙의 위대함을 절감했다.

> "수고하고 무거운 짐 진 자들아 다 네게로 오라 내가 너희를 쉬게 하리라"(마 11:28)

여러분은 자신의 인생을 책임지는 선장이다. 지금 여러분이 가지고 있는 것 중에서 무엇을 먼저 버릴 것인가? 먼저 여러분의 꿈과 희망을 실족하게 하는 무거운 짐을 버려야 한다.

> "실족하게 하는 일들이 있음으로 말미암아 세상이 화가 있도다. 실족하게 하는 일이 없을 수는 없으나 실족하게 하는 그 사람에게는 화가 있도다."

예수님께서 직접 제자들에게 하신 말씀인데, 주목되는 부분이 "실족하게 하는 일이 없을 수는 없으나……"라고 하시며 "실족케 하는 그 사람에게는 화가 있으나 네 손이나 네 발이 범죄하게 하거든 찍어 내버리라 장애인이나 다리 저는 자로 영생에 들어가는 것이 나으니라."고 결단을 촉구하시고, 더 나아가서 "만일 네 눈이 너를 범죄하게 하거든 빼어버리라 한 눈으로 영생에 들어가는 것이 두 눈을 가지고 지옥 불에 던져지는 것보다 나으니라"(마 18:7~9)고 말씀하셨다. 손과 발을 찍어 버리고 눈을 빼어 버릴 만큼 각오를 가진다면 못할 일이 무엇이겠는가?

행복지수를 높이는 방안

만약 내가 원을 하나 그려놓고 이것이 무엇이냐고 묻는다면, 대부분의 사람은 원, 또는 원반, 또는 공이라고 둥근 것들을 대답할 것이다. 아마 그것은 벽에 뚫린 구멍이라고 대답하는 사람은 거의 없을 것이다. 대부분의 사람은 바깥쪽보다 안쪽을 먼저 생각하기 때문이다. 하지만 사실은 이 두면은 항상 함께 다닌다. '바깥'이 없으면 '안'도 있을 수 없다.

다시 말해서, 우리가 있는 장소가 우리의 사람됨에 결정적인 역할을 한다는 뜻이다.

여기서 장소라는 말은 물리적인 환경뿐만 아니라 문화적 환경도 가리킨다. 우리는 문화라는 바닷속에서 헤엄친다. 이 바다가 워낙 침투력이 뛰어나고 모든 것을 집어 삼키기 때문에 우리는 그 바다에서 나오기 전에는 그 존재를 깨닫지 못한다. 이건 생각보다 중요한 문제다. 우리는 지리와 행복을 잠재 의식적으로 통합한다. 우리는 행복을 찾아 나선다는 거나 만족을 찾는다고 말한다. 마치 제대로 된 지도와 항해술만 있다면 찾아갈 수 있다고 생각하기도 한다. 찾아갈 수 있는 지도상에서 실제로 존재하기라도 하는 것처럼 의식하고 있다는 것이다.

예를 들어 남태평양 섬 같은 그럴듯한 좋은 곳으로 휴가를 가서 갑자기 '여기서 살면 행복하겠다.'라는 생각이 섬광처럼 머리를 스치고 지나가는 경험을 해본 적이 누구든지 있을 것이다. 마치 이것은 잠시 기분 좋은 환상처럼 잡을 수 있을 것 같으면서 어른거리다 사라진다. 사람의 애를 태우는 개념, 즉 이것이 낙원이라는 개념이다. 이 개념이 우리 인간을 현혹한 지는 좀 오래되었다. 플라톤은 행복이 지중해의 따스한 물처럼 흐르는 축복받은 섬을 상상했다.

18세기까지 사람들은 성경에 나오는 에덴동산이 정말로 존재한다고 믿었다. 그 성경 속의 낙원은 공교롭게도 티그리스와 유프라테스강이 합류하는 지점, 즉 현재의 이라크 자리에 표시되었다. 그러나 요즈음은 여기에 에덴동산이 있다고 믿는 사람도 없으며 찾아가는 사람도 없다. 만약 여기에 지금까지 에덴동산(낙원)이 있다면 인간 욕심에 피 터지는 전쟁이 끊이지 않고 일어날 것이요, 결국은 지구는 낙원 때문에 망했을 것이다.

천국 여행안내서가 성경이라고 말하지만 지금은 시상천국을 안내하는 곳은 성경이 아니다. 수 없는 여행사가 마치 천국을 안내하는 것 같이 선전하고 있다. 에릭 호퍼는 이런 말을 했다. "행복을 탐색하여 찾는 것이야말로 인간이 불행하게 되는 중요 원인 중 하나이다."

종교가 행복의 안내자 역할을 하는 것을 빼면 종교에 무엇이 남겠는가? 모든 종교는 신자들에게 행복에 이르는 방법을 가르친다. 금세(今世)의 행복을 가르치는 종교도 있고 내세(來世)의 행복을 가르치는 종교도 있다. 행복에 이르는 방법도 복종, 명상, 헌신 등 다양하다. 기독교는 죄책감으로 고민하고 절망하며 슬퍼하는 자가 예수를 믿고 회개하면 행복에 이른다고 배운다.

"하나님의 나라는 볼 수 있게 임하는 것이 아니요 또 여기 있다 저기 있다고도 못하리니 하나님의 나라는 너희 안에 있느니라."(눅 17:20~21)

사람들은 "당신은 지금 얼마나 행복하십니까?" 하는 질문에 대개의 사람들은 놀라울 정도로 정확한 대답을 내놓는다. 사람이 병에 걸렸는데 본인은 아직 그 사실을 모를 수도 있다. 하지만 행복에 관해서는 그렇지 않다. 다시 말하면 자신이 행복하지 않다면 그 사실을 모를 수는 없다. 반면 행복한 사람은 자신이 행복하다는 사실을 반드시 알게 마련이다.

행복으로 가는 길에는 과속 방지턱이 하나 더 있다. 사람마다 행복을 다르게 정의한다는 점이다. 여러분이 생각하는 행복은 내가 생각하는 행복과 다를 수 있다.

내가 좋아하는 행복의 정의는 노아 웹스터가 1828년에 미국 최초의 영어사전을 발행하면서 미국의 사용언어를 표준화시키고 영어의 세계화를 이루는 데 크게 공헌했다. 그 사전에 행복은 "좋은 것을 즐길 때 나타나는 기분 좋은 느낌"이라고 정의했다. 여기에 모든 것이 담겨있다. '기분 좋은 느낌'이란 행복의 느낌이라는 뜻이다. 한글 대사전에 기록된 행복은 "생활에서 부족함이 없이 만족을 느끼는 흐뭇한 상태(Happiness)"라고 언급했다. '기분 좋은 느낌'이란 곧 행복이라는 뜻이다. '즐긴다'는 말은 행복이 순수한 동물적 쾌락 이상의 것임을 뜻한다. 그럼 무엇을 즐기는 걸까? 아리스토텔레스는 "행복은 영혼의 고결한 행동"이라고 말했다.

세계에서 가장 행복한 나라가 어느 곳인가? 세상에서 가장 부유하고 가장 힘이 센 나라는 미국이라고 자타가 공인하지만, 행복이라는 측면에서는 결코 미국이 초강대국이 아니다. 미국보다 더 행복한 나라가 많다.

무슨 이유에서인지 행복이란 사다리의 밑바닥에서부터 위로 올라가기로 결정한다. 가장 행복하지 않은 나라가 어디일까? 당연히 아프리카의 많은 나라가 이 범주에 들어갈 것이다. 탄자니아, 르완다, 짐바브웨 등은 행복이라는 우물이 거의 바닥에 있는 나라들이다. 가나처럼 중간층까지 경제가 발전을 이루고 올라간 것처럼, 그런 아프리카의 일부 국가도 몇 있지만, 그것이 전부다. 이유는 뻔하다. 지독한 가난이 행복에 전혀 도움이 되지 않는다는 것, 행복하고 고결한 야만인 이야기는 문자 그대로 환상에 불과하다. 기본적인 욕구가 충족되지 못하면 행복해지기 힘들다.

미국인들은 50년 전에 비해 평균 세 배나 부자가 되었는데도 더 행복해지지 않았다. 일본을 비롯한 많은 산업국가의 사정도 마찬가지다. 런던 스쿨 오브 이코노믹스의 레이어드 교수의 말을 생각해보자. "돈은 더 많아졌고, 일하는 시간은 줄었고, 휴일도 늘어났고, 여행도 더 많이 다니고, 수명도 길어졌고, 건강도 좋아졌다. 그런데도 그들은 더 행복해지지 않았다." 과학 문명의 발달로 삶이 풍요로워지고 살기가 좋아졌다. 그러나 사는 것이 편리해진 것은 사실이지만 행복해졌다고는 말할 수 없다. 사람들은 "때로는 돈으로 행복을 살 수 있다"고 한다. 하지만 그것을 잘 분석해보아야 한다. 돈은 목적을 이루는 수단이 될 수는 있다. 그런데 그걸 목적으로 생각해버리면 문제가 생긴다. 행복은 관계인데, 일반사람들은 관계를 맺는 데 돈이 필요하다고 생각한다. 하지만 그렇지 않다. 중요한 것은 돈보다 신뢰이다. 신뢰가 행복의 선행 조건이라는 말, 정부와 제도에 대한 신뢰뿐만 아니라 이웃에 대한 신뢰도 필요하다. 사실 행복을 결정하는 데서 소득은 물론 심지어 건강보다 신뢰가 더 큰 영향을 미치는 가장 중요한 요인이라는 연구가 나와 있다.

남태평양에 많은 섬이 기후가 맘에 들고 아름답고, 물가도 저렴하고 풍요롭다. 이곳을 찾아오는 많은 관광객은 모두 이곳이 낙원이라고 말한다. 그럼에도 그곳에서 살겠다는 사람은 드물다. 또한 그곳의 사람들은 웬일인지 행복하다고 말하지 않는다.

'세계에서 제일 행복한 나라가 어느 곳인가?' 질문을 한다면 흔히 스위스를 행복한 나라로 첫손가락을 꼽는다. 스위스는 부유하고, 깨끗하고, 훌륭하게 관리되고 사회·정치·경제가 가장 안정된 나라라는 이미지가 워낙 매력적이기 때문에 다른 나라들은 자기네 지역의 '스위스'라는 공상에 빠진다. 싱가포르는 아시아의 스위스이고, 코스타리카는 중앙아메리카의 스위스다. 스위스는 불행의 원인을 잘 막아주는 나라로 화장실, 수돗물, 도로 등이 깨끗하기로 이름이 나있다. 그러나 이것들이 행복의 원천이 될 수 없다.

세계에서 제일 행복한 나라 중에는 자살률 또한 높은 곳이 많다. 그중에서 스위스가 1위로 손꼽힌다. 안락사가 법적으로 허용되고 있다. 스위스는 안락사에 대해 세계에서 가장 자유로운 법을 가진 나라이다. 유럽 전역에서 사람들이 이곳으로 죽으러 온다고 한다. 자기 원하는 때에 평안히 죽고, 그렇게 죽고 싶은 사람들이 찾아오는 곳이다. 이 나라의 자살률은 세계 최고 수준이다.

1984년에 로저 얼리치라는 심리학자가 펜실베이니아 병원에서 쓸게 수술을 받고 회복 중인 환자들을 연구했다. 그는 환자들을 두 집단으로 나눠 한 집단에는 낙엽수 몇 그루가 보이는 방을 배정했고, 다른 집단에는 벽돌담이 보이는 방을 배정했다. 얼리치는 이 연구 결과를 다음과 같이 설명한다.

"창문으로 자연을 바라볼 수 있었던 환자들은 수술 뒤 병원에 머무는 기간이 비교적 짧았고, 간호사의 메모에 등장하는 부정적인 말도 적었으며…… 투약이 필요할 만큼 끈질긴 두통이나 메스꺼움 같은 사소한 합병증도 비교적 발생하지 않는 편이었다. 벽돌담을 바라본 환자들은 강력한 진통제 주사를 훨씬 더 많이 맞아야 했다."

별로 유명하지 않은 이 연구에 내포된 의미는 엄청나다. 자연과 가까이 있으면 단순히 따스하고 보들보들한 감정만 생겨나는 것이 아니라, 우리의 신체 또한 측정할 수 있는 큰 변화를 일으킨다는 것이다. 이를 바탕으로 자연과 가까이 있으면 행복도 커진다는 결론을 내리더라도 지나친 비약이라고 할 수 없을 것이다. 그래서 빈틈이라고는 전혀 없을 것 같은 사무용 건물에도 공원이나 안뜰이 설치된다(행복한 직원이 생산성이 더 높다는 믿음 때문임이 분명하다.). 스위스의 장점은 자연과 함께하고 자연을 느끼며, 자연의 영향을 받고 사는 나라이기에 행복한 나라가 된 것이 아닐까?

자, 그렇다면 국가나 개인이나 수치로 따져 국민 지수가 얼마인가, 얼마나 행복한가? 1973년에 부탄의 왕축 국왕이 처음으로 퍼트린 개념이 '국민행복지수' GNH(Gross National Happiness)이다.

국민행복지수 GNH(Gross National Happiness)란 무엇인가? 인간은 '행복'을 추구하는 감정의 존재다. 고대 철학자 아리스토텔레스는 '인간이 행위를 통해 도달할 수 있는 목적 가운데 최고선을 행복'이라 정리했다. 무엇이 행복이냐 묻는다면 아마 모든 사람들의 기준은 각기 다를 것이다.

그래서 인간의 공동 집합체가 되는 사회의 보편적 가치 요소를 도출해 그것을 근거로 행복지수를 매긴다. 특히 유엔 산하 '지속가능발전해법네트워크'(SDSN)는 매년 세계 국가들의 행복지수를 평가해 공표하고 있다.

매년 3월 20일은 유엔이 정한 '세계행복의 날'(World Happiness Day)이다. 이 기념일은 2011년 남아시아 소국 부탄이 유엔에 제안하여 2012년에 공식 선포됐다. 이는 행복과 안녕이 세계 인류의 삶에서 보편적인 목표이자 열망이며, 이와 관련 공공정책 목표 인식의 중요성을 특정한 것이다.

이를 계기로 유엔 산하 지속가능발전해법네트워크(SDSN)는 매년 세계 국가들의 행복지수를 평가해 공표하고 있다. 올해 발표된 '2020 세계행복보고서'에 따르면 한국은 153개국 중 61위로 작년에 비해 행복지수가 7단계 후퇴한 것으로 나타났다.

세계행복지수는 6개 항목을 평가해 순위를 산정하게 된다. 한국은 1인당 국내총생산(GDP)과 건강 기대수명에서는 비교적 상위권에 속했다. 하지만 관용, 부정부패, 사회적 지원, 삶의 선택 자유 부문에서는 중하위권에 머물렀다.

한국은 경제적으로 물질 풍요와 건강 의료 면에서는 앞서있다. 그렇지만 사회적 측면에서는 갈등, 차별, 불신에 불평등과 불공정의 풍조가 반영된 것으로 풀이할 수 있다. 한마디로 경제성장에 따라 생활 수준은 높아졌지만, 빈부격차와 사회적 투명성 결여에 따른 갈등과 대립이 더 심화했다는 반증이다.

한국은 2018년에 1인당 국민소득(GNI)이 3만 달러를 넘어섰다. 이렇듯 경이로운 경제성장에도 불구하고 사회적 갈등지수가 높아 대립과 분열은 더욱 심화하고 행복지수는 낮은 단계에 있다. 다시 말해 생활환경이나 삶의 질은 향상되었는데도 국민의 행복 체감 또는 증대와 비례하지 못하고 있다.

물론 사람이 살아가는 공동체에는 어디나 갈등이 존재할 수밖에 없다. 하지만 한국 사회는 누리고 있는 것과 누리지 못한 것에 대한 괴리감이 증폭되고 있다. 어찌 보면 물질이 덜 풍요로웠던 시절보다 욕구는 더욱 강해져 만족이 없는 사회가 되었고 서로가 신뢰하지 못하는 국가 사회가 되어버린 것이다.

그래서 가진 것에 감사하고 누린 것을 함께 나누기보다 사회는 승자독식의 이상에 사로잡혀 있다. 또 개인들은 물욕의 포로가 되어 버린 것이다. 지금은 한국 사회에 중산층의 개념조차 없어지며 풍요 속의 빈곤 의식이 팽배해 있다.

한편, 국민소득이나 경제발전보다 행복 가치를 더 중시하는 국가인 부탄은 사회적 갈등이 별로 없다. 여러 가지 통제가 많은 사회인데도 국민들은 '하루 세끼 먹고 잘 곳과 입을 것이 있는 것만으로 행복'을 느낀다고 한다. 그러다보니 세계에서 삶의 수준에 비해 행복도가 가장 높은 나라로 일컬어진다.

미국에는 행복한 사람이 생각보다 적지만, 한 가지 분명한 것은 모두 끊임없이 행복에 관한 이야기를 한다. 부탄에서는 대부분의 사람이 행복하지만, 행복에 관해 이야기하는 사람은 하나도 없다. 이 나라에는 자기성찰이 없다. 자기개발서도 없고, 안타깝게도 실존적인 고난도 없다. 그럴 필요를 못 느끼며 살고 있다. 사실 이 나라에는 정신과 의사는 딱 하나뿐이라고 한다.

부탄에서는 '개인적인 행복'이라는 말은 그들에게 전혀 말이 되지 않는다. 카르마 우라는 이렇게 말했다.

> "우리는 로빈슨 크로스의 행복을 믿지 않습니다. 모든 행복은 관계 속에 있어요."

이에 비하면 한국은 급속한 산업화 과정을 거치면서 물질적 소유와 사회적 위세(位勢)를 좇는 습성이 고착됐다. 여기에 서열과 위상을 중시하는 수직적 가치관으로 인해 사회의 공정성이 결여돼 갈등이 분출하고 있다. 그래서 자기 위치와 환경에 만족해하는 안분지족의 심성(深省)을 일구지 못하고 있다.

분명한 것은 외형적인 경제력이 국민들의 내적인 행복을 담보하지는 않는다는 사실이다. 지금처럼 물질만능주의 세태에서는 개인적인 비교의식과 경쟁심리 때문에 사회적 경계심이 높아 끊임없이 욕망을 충족시켜 나가야만 하는 길로만 가고 있다.

본질적으로 자신이 갈구하는 것을 채우고자 하는 욕망에는 한정이 없다. 하나의 욕구를 실현하면 또 더 높은 단계의 것을 갈망하게 되는 게 인간의 속성이다. 그러면서 원하는 쾌감이나 만족감을 얻지 못하면 감정적 긴장상태가 증대하게 된다. 그러면 이것이 욕구불만이 되고 갈등으로 이어진다. 만족이나 행복의 느낌이 멀어지는 이유다.

지금 한국 사회는 과거에 비해 생활이 윤택해졌는데도 부족감을 느끼면서 물질적 욕구는 더욱 강해지고 있다. 그것은 전보다 향상된 생활양식을 유지해나가다 보니 경제적 소요가 더 많아질 수밖에 없게 되어서다. 이것은 곧 물질과 행복이 정비례하지 않는다는 것을 입증하는 것이다

이런 현상을 심리학자 필립 브릭먼과 도널드 캠벨은 '쾌락의 쳇바퀴(hedonic treadmill)'로 정의했다. 일단 물질적 만족을 경험하게 되면 새로운 행복을 찾아 더 많은 것을 가지려 하기에 끊임없이 긴장 상태를 유지해야만 한다. 계속 행복이라는 쾌락을 얻기 위해서 다람쥐처럼 쳇바퀴를 굴려대야 한다.

이제 이런 현실을 벗어나기 위해서는 국민의 가치관을 전환하는 범사회

적 노력이 필요하다. 물질적으로 치우친 사고방식에서 벗어나 인간의 행복 기준을 외형적 허울보다 내면적 가치에 두는 정신적 구조조정이라도 해야 할 판이다.

곧 행복의 척도를 물질적 충족보다 정신적 충만함에 둘 수 있도록 계도해 나가야 한다. 미국의 시인 헨리 벤 다이크는 '세상에 돈으로 살 수 있는 행복이라 불리는 상품은 없다'고 했다. 분수를 지켜 만족할 줄 아는 사회가 되도록 해야 한다. 그렇게 될 때 한국이 행복지수가 높은 진정한 선진국이 될 수 있을 것이다.

| 산방(山房)에서 지혜의 길을 묻다 |

산방일기

발 행 일 | 2021년 5월 8일
지 은 이 | 박래훈
펴 낸 이 | 박희정
펴 낸 곳 | 출판기획에디아
등록번호 | 제2-2217호(1996.7.30)
등록된곳 | 04557 서울시 중구 퇴계로37길 14 기종빌딩 6층
전 화 | 02-2263-6321
팩 스 | 02-2263-6322
ISBN • 978-89-87977-25-6 03810

지은이 연락처 |
29155 충청북도 영동군 양강면 신기1길 17-12(괴목리) 애천가
T. 043-742-1071/010-6261-1829